O MERCADO DAS CRENÇAS

Obras de Eduardo Giannetti publicadas pela Companhia das Letras:

Vícios privados, benefícios públicos? — A ética na riqueza das nações (1993)
Auto-engano (1997)
Felicidade — Diálogos sobre o bem-estar na civilização (2002)

EDUARDO GIANNETTI

O mercado das crenças

Filosofia econômica e mudança social

Tradução
Laura Teixeira Motta

Companhia Das Letras

Título original
Beliefs in action — Economic philosophy and social change

Capa
Angelo Venosa

Preparação
Wladimir Araújo

Índice remissivo
Luciano Marchiori

Revisão
Olga Cafalcchio
Otacílio Nunes

Dados Internacionais de Catalogação na Publicação (CIP)
(Câmara Brasileira do Livro, SP, Brasil)

Fonseca, Eduardo Giannetti da, 1957-
O mercado das crenças : filosofia econômica e mudança social / Eduardo Giannetti da Fonseca ; tradução Laura Teixeira Motta. — São Paulo : Companhia das Letras, 2003.

Título original: Beliefs in action.
Bibliografia.
ISBN 85-359-0433-6

1. Economia - Filosofia 2. Mudança social
I. Título.

03-5723 CDD-330.01

Índices para catálogo sistemático:
1. Economia : Filosofia 330.01
2. Filosofia econômica 330.01

[2003]

EDITORA SCHWARCZ LTDA
Rua Bandeira Paulista 702 cj. 32
04532-002 São — Paulo — SP
Telefone (11) 3707-3500
Fax (11) 3707-3501
www.companhiadasletras.com.br

Para Phyllis Deane

Sumário

Abreviaturas

Obras de David Hume

THN	*A treatise of human nature*
1ºE	*An enquiry concerning human understanding*
2ºE	*An enquiry concerning the principles of morals*
E	*Essays moral, political, and literary*
Adam Smith	
TMS	*The theory of moral sentiments*
WN	*An inquiry into the nature and the causes of the wealth of nations*
EPS	*Essays on philosophical subjects*
John Stuart Mill	
CW	*The collected works of John Stuart Mill*
Alfred Marshall	
PEC	*Principles of economics*
Periódicos	
JHI	*Journal of the History of Ideas*
HOPE	*History of Political Economy*

As referências a essas obras são feitas entre parênteses no texto e nas notas no final do livro. As abreviaturas são seguidas pelo volume (quando for o caso) e pelo número da página. Por exemplo: CW8,57 = Mill, *Collected works*, v. 8, p. 57. Os detalhes sobre as edições consultadas encontram-se na bibliografia.

Prefácio e agradecimentos

Este livro trata essencialmente do papel da filosofia política e econômica ("idéias") nos processos de formação das crenças e mudança social. Procurei trazer à luz e examinar mais detalhadamente um assunto que, em grande medida, não foi devidamente discutido pelos filósofos da economia de todas as escolas, e também abordar uma questão — as relações entre idéias, interesses e comportamento — que com grande freqüência tem sido objeto de asserções veementes e peremptórias mas que raramente é alvo de uma discussão crítica e sistemática. O propósito deste trabalho é melhorar nossa compreensão do comportamento do agente econômico individual, evidenciando e examinando a função das disposições e motivações não-racionais ("paixões") na determinação das crenças e dos objetivos do agente.

Tomando por base a psicologia da economia formulada por David Hume, Adam Smith e alguns outros "iluministas céticos", procuro mostrar que os agentes agem conforme o que acreditam ser de seu próprio interesse, porém é mais apropriado entender que essa opinião quanto ao interesse é determinada pela parte não-racional (ou sensível) da mente humana em vez de pela parte racional (ou cogitativa). Segundo essa concepção, o homem *não* é um animal racional, e sim alguma coisa mais incerta, mais emocional, mais instável e talvez também mais interessante: um animal que possui a *capacidade da razão*. Exercer essa capacidade e manter-se à altura dela, a meu ver, é uma luta interminável e por vezes espinhosa.

Nos capítulos principais do livro procurei esmiuçar os mecanismos e modos específicos por meio dos quais as "paixões da imaginação" acabam por afetar *1*) nossa compreensão e conduta na vida prática enquanto consumidores, produtores e tomadores de decisão, *2*) a transmissão, entre gerações e pessoas, das "idéias" por meio da linguagem, *3*) mostrar como a preocupação com esse problema está no cerne de uma importante tradição da filosofia moral britânica. Argumento também que a ênfase no componente não racional de nossos mecanismos de fixação das crenças tem uma implicação importante: contribui para esclarecer e restringir acentuadamente asserções a meu ver exageradas e enganosas feitas com freqüência por filósofos utilitaristas, marxistas, keynesianos e neoliberais que salientam, todos, o poder supremo das "idéias" — a persuasão e o choque de ideologias rivais — para moldar e mudar a conduta humana e as instituições da vida prática.

O livro divide-se em duas partes. A primeira parte ("A guerra das idéias") examina os limites da filosofia econômica e as restrições ligadas à autonomia ou "liberdade para fazer" do agente econômico individual. A segunda parte ("Modalidades de mal-entendidos") trata dos processos de formação de crenças e, em particular, dos problemas e armadilhas na transmissão de sistemas abstratos de pensamento econômico e político. O objetivo na segunda parte é desenvolver uma taxonomia ilustrada dos mal-entendidos na comunicação intelectual, juntamente com uma análise dos mecanismos distintos de mal-entendidos.

Os principais problemas examinados, a estrutura geral da argumentação e as relações entre as duas partes são apresentados nos sumários analíticos que antecedem cada uma das partes. Em ambas, procurei *a*) ater-me ao princípio do individualismo metodológico e *b*) situar a discussão em uma perspectiva histórica, mobilizando e introduzindo, na medida do possível, os recursos embutidos na história das idéias ligados ao tema em questão. Uma pressuposição metodológica adicional que fundamenta a argumentação em ambas as partes é *c*) a concepção de que a melhor forma de abordar a racionalidade e a boa comunicação é por meio do estudo da não-racionalidade e do mal-entendido. Talvez seja oportuno observar também que ambas as partes foram deliberadamente estruturadas para que possam ser lidas independentemente uma da outra. Isso permitirá aos leitores com interesse mais específico ler uma parte sem precisar necessariamente ler a outra.

Ao longo dos vários anos de pesquisas e redação deste trabalho, acumulei muitas dívidas. Em primeiro lugar, quero expressar minha gratidão para com a professora Phyllis Deane, a quem esta obra é dedicada. Foi ela quem norteou meus primeiros passos na pesquisa acadêmica. Sua paciência, atenção e entusiasmo possibilitaram este trabalho. Também agradeço a Bob Rowthorn, orientador da tese de Ph. D. que serviu de base para este livro, por sua inesgotável ajuda, incentivo e críticas.

Esboços iniciais de capítulos específicos foram postos à prova em *papers* de seminários ou em aulas na Faculdade de Economia da Universidade de Cambridge e no Instituto de Pesquisas Econômicas da Universidade de São Paulo. Várias pessoas leram um dos muitos esboços deste trabalho e generosamente ajudaram-me a melhorar a argumentação, evitar erros e interpretações incorretas, tornar claro o texto e persistir na tarefa. Sou particularmente grato a Renford Bambrough, Roberto Viana Batista, Richard Brent, John Broome, Peter Clarke, Partha Dasgupta, Jayati Ghosh, Geoff Harcourt, Keith Hart, Wilfried Hinsch, Peter Kriesler, Gay Meeks, Antônio Delfim Netto, Hans-Martin Niemeier, Hugo Tucker e a um parecerista anônimo da Cambridge University Press. Evidentemente, essas pessoas não têm responsabilidade alguma por minha obstinação e pelo resultado final. Lúcio Castilho fez a gentileza de ajudar-me a conferir as referências e compilar a bibliografia.

O apoio financeiro durante o período de estudos e pesquisas na pós-graduação (1981-4) proveio do Conselho Nacional de Desenvolvimento Científico e Tecnológico, CNPq. Uma bolsa para pesquisa no St John's College, de Cambridge, com duração de três anos (1984-7), permitiu que eu me dedicasse aos estudos com concentração e profundidade jamais sonhadas; sou grato ao Master e aos membros do College pela oportunidade incomparável e por seu generoso apoio. Finalmente, com a ajuda de uma subvenção do British Council, pude ir a Cambridge no inverno de 1989-90 para fazer a revisão definitiva dos originais.

Minha dívida maior é para com Christine e Joel.

PRIMEIRA PARTE

A GUERRA DAS IDÉIAS

A primeira parte está organizada em sete capítulos. As principais questões abordadas referem-se ao papel das idéias na ação social e ao problema da autonomia no comportamento econômico do agente individual. A estrutura lógica da argumentação é descrita a seguir.

O capítulo 1 aponta o que constitui talvez a única premissa básica comum aos filósofos da economia influentes na evolução das idéias econômicas e pertencentes a pólos conflitantes do espectro ideológico: a concepção de que as idéias expostas pelos economistas e filófosos políticos afetam substancialmente o comportamento social e a real condução dos assuntos humanos. Em seguida, apresentam-se evidências textuais que fundamentam e esmiuçam empiricamente esta afirmação.

Os capítulos 2 a 4 elaboram os principais desafios impostos pelo crescimento do conhecimento científico à suposição básica da filosofia econômica (capítulo 1). Dedica-se especial atenção (capítulos 3 e 4) às origens e natureza do conceito do "homem econômico", ou seja, a normalização do comportamento humano desenvolvida pela ciência econômica e conducente à completa abstração das crenças e opiniões do agente individual na explicação de suas transações ordinárias. O capítulo 4 retoma os temas dos capítulos precedentes, procurando refletir sobre como o conceito do "homem econômico" (capítulo 3) coaduna-se com a doutrina do "homem-máquina" (capítulo 2).

Finalmente, prossigo aventando duas limitações que parecem necessárias para reconsiderar a afirmação, feita pelos filósofos da economia, de que "as idéias governam o mundo dos assuntos humanos e seus eventos":

1) O processo econômico em qualquer sociedade complexa estabelece restrições significativas à autonomia, ou "liberdade para fazer", do agente individual. As ações econômicas (por exemplo, atividades assalariadas e empresariais) tornam-se em grande medida instrumentais, ou seja, uma questão de fazer coisas que de outro modo a pessoa não faria, com o propósito de garantir os meios de satisfazer suas necessidades; o comportamento do agente no sistema é, portanto, determinado não por suas próprias crenças ou opiniões, mas pela lógica da situação econômica (capítulo 5).

2) Existe também a restrição psicológica à autonomia do indivíduo. Os agentes não têm plena consciência do funcionamento de suas próprias mentes, ou não são capazes de o regular inteiramente; assim, podem possuir crenças e opiniões que afetam seu comportamento como produtores e consumidores e, no entanto, lhes passam despercebidas, e são, com efeito, relativamente imunes à reflexão racional (capítulos 6 e 7). A discussão deste argumento, em especial, toma por base a filosofia da ação de David Hume e Adam Smith, com sua ênfase nas paixões da imaginação e suas implicações quanto aos limites da filosofia econômica.

A principal asserção da primeira parte é que os argumentos apresentados nos capítulos 5 a 7 permitem: a) *restringir e reconsiderar a suposição central da filosofia econômica e* b) *protegê-la racional e eficazmente dos desafios cada vez mais refinados à sua sobrevivência, oriundos do avanço da concepção mecânica da ação humana na economia e em outras áreas do conhecimento. O objetivo principal é expor as duas razões básicas por que é tão notavelmente mais fácil acreditar na autonomia moral da pessoa do que traduzi-la em ação na vida prática. O "tempo livre", concluo, só pode ser conducente a maior autonomia no comportamento individual se a arduamente conquistada "liberdade para fazer" for suplementada pela busca do autoconhecimento e autodomínio.*

Sócrates. *Ora vamos, Protágoras, revela-me também essa parte de tua mente; qual a tua posição com relação ao conhecimento? Concordas com a maioria nisso também ou pensas diferente? A opinião da maioria quanto ao conhecimento é que ele não é algo poderoso, capaz de controlar e governar um homem; não o vêem desse modo em absoluto, mas julgam que freqüentemente um homem que possui conhecimento é governado não por este mas por alguma outra coisa, em um caso a paixão, em outro o prazer, em outro a dor, às vezes a luxúria, muito comumente o medo; só vêem o conhecimento como um escravo que é arrastado para lá e para cá pelo resto. Então, és de opinião semelhante com respeito ao conhecimento ou pensas que ele é algo excelente que pode governar um homem e que se alguém souber o que é bom ou mau jamais será conquistado por coisa alguma de modo a agir de outra maneira que não a ditada pelo conhecimento? De fato, que a inteligência é salvaguarda suficiente para um homem?*

Platão, *Protágoras, 352 b-c*

1. De Hume a Hayek

A filosofia econômica e o papel das idéias na ação social

Existe pelo menos um ponto definido sobre o qual concordam os filósofos influentes na evolução das idéias econômicas mesmo quando em outros aspectos divergem radicalmente entre si: todos acreditam no poder das idéias para transformar a conduta e as instituições humanas. Uma concordância explícita quanto a esse ponto une filósofos econômicos de valores e princípios tão díspares quanto D. Hume e W. Paley no século XVIII, J. S. Mill e K. Marx no século XIX ou, mais recentemente, J. Robinson e F. A. Hayek. Mas quais são essas idéias e como elas interferem na ação humana na vida comum?

Um bom ponto de partida para responder a essas questões é a asserção de Hume: "ainda que os homens sejam muito governados pelo interesse, até mesmo o interesse, e todos os assuntos humanos, são inteiramente governados pela opinião" (E,51). Não há interesse sem "opinião sobre o interesse". Com isso Hume quer dizer que mesmo o auto-interesse que supostamente motiva os agentes sociais à ação é, de fato, uma certa percepção do interesse, ou seja, uma ordenação das preferências baseada em expectativas e crenças. O exemplo supremo da opinião moldando a percepção do interesse, para Hume, é o fato de que um grande número de agentes dispõe-se a abrir mão da busca de vantagens individuais e egoístas quando está em jogo o benefício de sua família.[1]

Mesmo os casos mais irredutíveis de egoísmo em geral refreiam-se diante de laços familiares.

Outros exemplos das maneiras como a opinião governa os interesses são: as opiniões do agente quanto à conveniência de pôr de lado seus interesses mais imediatos e visíveis a fim de dedicar-se a interesses mais remotos e menos prováveis, sua estimativa quanto ao peso relativo de prazeres físicos *vis-à-vis* prazeres intelectuais como objetivos da ação e a "abstinência voluntária de bens de terceiros" que emana do que Hume designa por "uma noção geral de interesse comum" e da crença de que "será do meu interesse deixar outra pessoa em posse de seus bens, contanto que ela aja da mesma maneira com respeito a mim" (THN,490).

Era a extraordinária variabilidade das opiniões quanto ao que vem a ser o interesse próprio que Hume tinha em mente ao comentar que "Nero tinha a mesma vaidade por dirigir uma carruagem que Trajano tinha por governar o império com justiça e competência" (E,86). As questões relevantes são: *a*) quais os determinantes das percepções distintas do interesse? e *b*) quanto é possível influenciar as opiniões sobre o interesse próprio e o bem comum por meio de argumentação racional e moral?

Porém, embora se declarando impressionado com a "súbita e sensível mudança nas opiniões dos homens nestes últimos cinqüenta anos, com o progresso do conhecimento e da liberdade" (E,51), a preocupação fundamental de Hume como filósofo moral não era tentar encorajar ou reverter essa mudança. Em vez disso, ele desejava entender a interpretação moral dos fenômenos. Não moralizar a conduta humana empenhando-se em "nos fazer sentir a diferença entre vício e virtude", mas sim dissecar as diferentes operações da mente humana e "com uma investigação minuciosa examiná-la a fim de encontrar os princípios que regulam nossa compreensão, excitam nossos sentimentos e nos fazem aprovar ou censurar qualquer objeto, ação ou comportamento específico" (1ºE,6). (Como procurarei argumentar no capítulo 6, a decisão de Hume de não ser uma parte beligerante em combates diretos pelas convicções e opiniões da humanidade (a "guerra das idéias") tem origem em sua conclusão abrangente de que "a crença é mais propriamente um ato da parte sensível e não da parte cogitativa de nossa natureza" (THN,183). Tal decisão, procurarei demonstrar, restringiu muito o papel atribuído à filosofia e à argumentação ética como fatores no processo da formação das crenças; ela questionou seriamente a eficácia causal da "guerra das idéias" em sua relação com o comportamento humano e a mudança social.)

A tentativa de Hume de produzir uma "geografia mental" inteiramente positiva das faculdades cognitivas e avaliatórias da mente humana não tardou a atrair críticas de seus contemporâneos. Sem contar os seus críticos mais ortodoxos e hostis (como o reverendo W. Wishart, na época reitor da Universidade de Edimburgo, e os filósofos escoceses do "bom senso", T. Reid e J. Beattie), dois dos mais eminentes filósofos morais do século XVIII na Grã-Bretanha — F. Hutcheson e W. Paley — fizeram objeções à "geografia moral" de Hume alegando que esta deixava de fornecer também uma "bússola" para indicar o verdadeiro norte da virtude.

Hutcheson — professor e antecessor de Adam Smith na cátedra de Filosofia Moral da Universidade de Glasgow, a quem Hume submeteu o manuscrito do ainda não publicado Livro III ("Of morals") de *A treatise of human nature* (1739-40) — criticou sua abordagem da filosofia moral nessa obra, comentando que lhe faltava "algum ardor pela causa da virtude".[2] E Paley, o arcediago de Carlisle que, nas palavras de Keynes, fora "para uma geração ou mais uma influência intelectual em Cambridge apenas inferior à de Newton", além de "o primeiro dos economistas de Cambridge",[3] acompanhou essa crítica em seu livro *Principles of morality and politics* (1785).

Segundo Paley, a importância prática da filosofia moral era sua *raison d'être*. Ele definiu a filosofia moral diretamente como "a ciência que ensina aos homens seu dever e as razões dele", censurando Hume — referindo-se particularmente ao quarto apêndice de *An enquiry concerning the principles of morals* (1751) — por não apresentar razões "suficientes para desencorajar os homens da satisfação da luxúria, vingança, inveja, ambição, avareza ou para impedir a existência dessas paixões".[4]

Existe, contudo, uma concordância básica entre Paley e Hume quanto à força suprema da opinião, especialmente da opinião não questionada e assimilada de maneira não crítica, como determinante do comportamento na vida prática. "Parecemos estupefatos ao ver a multidão ser conduzida por sons", argumentou Paley nos comentários iniciais de seus *Principles*, "mas devemos lembrar que, se os sons operam milagres, é sempre sobre a ignorância", estando a "influência dos nomes em proporção exata com a falta de conhecimento". O que realmente diferencia a postura de Paley da de Hume é sua fé em que a argumentação convincente e a persuasão — não foi à-toa que Charles Darwin certa vez referiu-se a Paley como "o Euclides das ciências morais" — são capazes de fornecer o conhecimento necessário para dissipar a névoa dos "sons", "nomes" e "ignorância" e assim, efetivamente, fortalecer a vontade dos homens no exercício da virtude.

Todo ser humano, e de fato toda criatura viva, sustentava Paley, tem o centro de gravidade de sua existência em si mesmo. Os organismos vivos existem para si mesmos e empenham-se ativamente na busca de seu próprio bem, e não no interesse de qualquer outro organismo ou espécie e simplesmente para atender às necessidades e desejos deste. A situação singular do homem está no fato de que cada indivíduo isolado precisa empenhar-se e usar seu discernimento para descobrir o que vem a ser seu próprio bem.

A tarefa da filosofia moral, sustenta Paley, é garantir que uma proporção sempre crescente de homens não queira fugir do dever de "cuidar de sua alma", ou seja, que sejam capazes e decididos o bastante para pensar por si mesmos e usar seu discernimento na busca de uma opinião acerca do que constitui seu próprio bem e o bem comum. Ele destacou a discussão pública sobre disposições políticas e socioeconômicas como a esfera da vida social em que as pessoas são mais propensas a render-se à sedução dos "sons", "nomes" e palavras enganosas:

> De fato, pelo que tenho observado, nos assuntos políticos, mais do que em todos os outros, quando os homens são desprovidos de alguns princípios fundamentais e científicos aos quais recorrer, seu discernimento tende a ser influenciado por frases hipócritas e termos vazios, para os quais toda facção em cada país possui um vocabulário.[5]

O pensamento moral claro e guiado por princípios — baseado, evidentemente, em sua própria mescla de cristianismo e utilitarismo — constituía a seu ver o melhor antídoto contra a poluição semântica, a contaminação doutrinária e a decadência institucional.

Os expoentes do radicalismo filosófico, assim como Paley, não se contentavam meramente com interpretar o mundo. Eram ávidos por mudá-lo e, como salientou um historiador de suas labutas reformistas, não queriam ser vistos pela sociedade como um todo como "fazedores de crochê, mais aptos para os estudos do que para a tribuna".[6] Seu objetivo declarado era a maior felicidade da humanidade como um todo, e seu meio para obtê-la consistia em um vigoroso e muito abrangente programa de reformas fundamentado na filosofia e destinado a atingir praticamente todos os aspectos da vida social, dos sistemas penal, legal e educacional à posição das mulheres na sociedade, do comportamento reprodutivo da classe trabalhadora ao emprego da linguagem comum.

A reforma lingüística era, de fato, uma de suas metas principais. Em passagem que claramente ecoa as críticas de Paley ao emprego incorreto da linguagem no debate público, publicada em 1817 em um trabalho sobre reforma educacional, J. Bentham bradava:

> E se [...] o significado de todas as palavras, especialmente de todas as palavras pertencentes ao campo da ética [...], um dia vier a ser fixado? Que fonte de perplexidade, de erro, de discórdia, até mesmo de derramamento de sangue seria estancada!

De modo semelhante, criticando a "tolice retórica e daninha" da linguagem da "lei natural" e dos "direitos naturais" empregada pela Assembléia Nacional francesa em sua Declaração de Direitos de 1791, Bentham concluiu:

> Em uma peça ou romance, uma palavra imprópria é apenas uma palavra [...] Em um corpo de leis — especialmente de leis tidas por constitucionais e fundamentais — uma palavra imprópria pode vir a ser uma calamidade nacional: e a guerra civil, a conseqüência disso. De uma palavra tola podem irromper mil punhais.[7]

A esperança de que a filosofia consiga gradualmente abrir caminho para a "comunicação sem equívocos" nos assuntos públicos está no cerne da postura utilitarista.

Aos olhos de um fogoso "subversivo" e "questionador das coisas estabelecidas" como J. S. Mill, a combinação de Hume de intrepidez confiante na análise filosófica com uma resignada timidez na reforma socioeconômica granjeou-lhe o epíteto de "o mais profundo pensador negativo de que se tem notícia" (CW10,80). Mill elogiou os penetrantes poderes de análise e crítica lógica de Hume, comentando que "só mesmo a sutileza alemã" poderia esperar compreendê-los ou rivalizá-los; porém ele não compartilhava absolutamente do ceticismo moral de Hume quanto a "se a virtude pode ser ensinada" ou se faz parte da tarefa do filósofo tentar expor uma visão do que ele julga ser um estado de coisas desejável e então procurar persuadir disso todos os que se derem ao trabalho de ouvi-lo.

"As questões de fins supremos não se prestam a prova direta", escreveu Mill em *Utilitarianism* (1861). Não há perspectivas de chegar-se algum dia a uma resposta verdadeira, final e definida à questão de como uma pessoa deve viver. Contudo, argumentou ele, "podem ser apresentadas considerações capazes de induzir o intelecto a dar ou negar seu consentimento" (CW10,207-8). As questões dos valores supremos que moldam a conduta não devem ser desconsideradas e postas de lado como sendo totalmente arbitrárias e além do alcance da reflexão racional. De fato, para Mill era precisamente a perda de vista de tais questões e sua relegação ao "impulso cego" ou à "escolha arbitrária" que constituía uma das maiores ameaças a exigir resistência inexorável das fileiras filosóficas — a ameaça de uma "dócil uniformidade de pensamento, condutas e ações", de serem dadas rédeas livres e irrestritas ao "hábito de nossa época de nada desejar com grande intensidade" e de introduzir sorrateiramente, como o "ideal de caráter", simplesmente "não ter um caráter definido [...] mutilar por compressão, como o pé de uma dama chinesa, cada parte da natureza humana que se salienta e tende a tornar a pessoa marcantemente distinta em seu perfil da humanidade comum".[8]

Ao contrário do que a princípio se poderia esperar, a preocupação genuína e suprema de Mill com promover a causa da justiça utilitarista e melhorar no aspecto prático o que ele designava por "a parte mercantil das disposições sociais" não implicava um correspondente descaso com a especulação filosófica abstrata. Pois ele também dava muito valor ao poder dos formadores de opinião filosófica para originar mudanças práticas e não tinha dúvidas quanto ao papel decisivo das opiniões e idéias gerais na determinação do rumo dos eventos nos assuntos humanos. Uma de suas principais afirmações — e talvez a mais clara — nesse sentido encontra-se no ensaio sobre Bentham (1838):

> A filosofia especulativa, que para os superficiais parece algo tão remoto das coisas práticas da vida e dos interesses exteriores dos homens, é na realidade o que neste mundo mais os influencia e, no longo prazo, sobrepuja qualquer outra influência exceto às que ela própria tem de obedecer (CW10,77).

O que pensamos determina o modo como agimos. A "filosofia especulativa" tem papel decisivo, embora não reconhecido, em nosso pensamento prático na vida comum; portanto, possui uma força controladora de nossas ações. E, como esse autor afirmou em outra passagem, "uma pessoa com uma crença é um poder social igual a noventa e nove que possuem apenas interesses".[9]

À antiga indagação socrática de "ser ou não possível ensinar a virtude", Mill responde com um claro, confiante e inequívoco "sim". Contra os céticos morais ele afirmou, em "Remarks on Bentham's philosophy" (1833): "É para aqueles nos quais os sentimentos de virtude são débeis que os escritos éticos são sobremaneira necessários". E a "tarefa apropriada" das obras éticas, prosseguiu, "é fortalecer esses sentimentos":

> É por uma espécie de contágio simpático, ou inspiração, que uma mente nobre assimila para si outras mentes, e ninguém jamais foi inspirado por alguém cuja própria inspiração não era suficiente para dar-lhe fé na possibilidade de fazer outros sentirem o que ele sente (CW10,15-6).

Como procurarei mostrar nos capítulos 3 e 4, em seus trabalhos maduros sobre economia política, e especialmente em suas discussões acerca da instituição da propriedade e em sua defesa de um "estado estacionário", Mill não se esquivou de fazer uso dessa idéia e testar sua eficácia como uma arma para produzir a mudança social na direção desejada.

Ênfase basicamente semelhante nas implicações práticas da especulação filosófica com respeito às práticas econômicas corriqueiras permeia a escola de pensamento nascida das obras de Marx. Como se verá a seguir, em se tratando da questão da recepção e uso de suas próprias teorias (ou das de seus rivais mais próximos), Marx não via nada de errado na concepção de que as idéias afetam poderosamente a verdadeira condução dos assuntos humanos. Não acreditava que essa concepção, pertencente à parte dialética de seu "materialismo dialético", fosse de algum modo dependente de premissas de pensamento supostamente idealistas.

Como se sabe, logo ao iniciar sua jornada intelectual Marx audaciosamente concluiu que "até agora, os filósofos apenas interpretaram o mundo de várias maneiras", quando "o propósito é mudá-lo". A verborragia bem-intencionada mas estéril dos jovens hegelianos alemães de meados do século XIX levara-o a escrever que "as armas da crítica obviamente não podem substituir a crítica das armas" e que "a força material tem de ser derrubada pela força material". Não obstante, acrescentou prontamente, "a teoria também se torna uma força material quando se apodera das massas".[10] E o próprio Marx claramente não via um modo melhor de mudar o mundo do que interpretá-lo de outra forma. A diferença é que agora a "crítica do céu", isto é, a crítica filosófica da teologia cristã e de seu "céu escrito", dá lugar à mais mundana "crítica da terra" — a crítica não menos filosófica da economia política britânica e do sistema econômico que ela tentava retratar.

As evidências sobre a crença de Marx em que as teorias filosóficas tornam-se "forças materiais" quando conseguem "apoderar-se das massas" podem ser encontradas em diversas fontes e períodos de sua vida.

Claramente, ela foi parte essencial de sua abordagem da militância política desde os primórdios da Liga Comunista na década de 1840 até a *Crítica ao Programa de Gotha* (1875), um dos mais importantes dentre os derradeiros textos de Marx. Já em 1846, em um dos primeiros dos muitos choques com seus colegas revolucionários acerca de pontos doutrinários, Marx repreendeu com termos eloqüentes e reveladores um agitador alemão (W. Weitling) por sua falta de atenção à teoria:

> Apelar aos trabalhadores sem ter idéias estritamente científicas ou uma doutrina construtiva, especialmente na Alemanha, equivale a vã e desonesta traquinagem de pregar, que pressupõe um profeta inspirado de um lado e do outro apenas asnos boquiabertos [...] Pessoas sem uma doutrina construtiva não são capazes de fazer coisa alguma, e de fato nada realizaram até agora exceto fazer barulho, instigar chamas perigosas e levar à ruína a causa que abraçaram.[11]

Em sua análise minuciosa do programa adotado em 1875 pelo recém-criado Partido Social-Democrata dos Trabalhadores Alemães, Marx acusou asperamente a liderança do partido por suas deficiências doutrinárias e sua aceitação de princípios econômicos errôneos (ou seja, os de Lassale), que (nas palavras de Engels) "puseram todo o proletariado socialista alemão de joelhos diante do lassalismo". A própria *prática* filosófica de Marx trai sua firme e íntima convicção de que as idéias são importantes.

Mas talvez o exemplo mais eloqüente de quão longe Marx se dispunha a ir para demonstrar que as crenças constituem o cimento definitivo de qualquer ordem socioeconômica está em sua discussão sobre as bases da escravidão nos *Grundrisse* (1857-8), os substanciosos cadernos dos quais acabaria por emergir *O capital* (1867): "Com a consciência do escravo de que ele não pode ser propriedade de alguém, com sua consciência de si mesmo como pessoa", argumentou Marx, em tom particularmente hegeliano, "a existência da escravidão torna-se uma existência meramente artificial, vegetativa, e deixa de ser capaz de prevalecer como a base da produção".[12] O que valia para os cativos da antigüidade evidentemente valia ainda mais para os modernos "escravos assalariados das fábricas".

O argumento de que qualquer ordem social se mantém coesa apenas se um conjunto de crenças predomina entre a maioria de seus membros trabalhadores aplica-se *a fortiori* ao contexto de um sistema econômico como o capitalismo, no qual a coerção física dos trabalhadores não é empregada regularmente e os laços de dependência pessoal são em boa medida inoperantes. "Os indivíduos agora são governados por abstrações, enquanto antes dependiam um do outro", escreveu Marx sobre a ordem econômica baseada na troca generalizada de mercadorias e na venda e compra de força de trabalho. É intenção de Marx "pôr a nu" as relações sociais ocultas sob as "abstrações" que governam as ações econômicas dos indivíduos e mostrar que agora, como antes, eles realmente dependem uns dos outros, e de tal modo que um grupo beneficia-se do trabalho de outro sem dar em troca um equivalente adequado.

É por isso que a sociedade capitalista, para Marx, mais do que qualquer outra formação social anterior, possui um certo sistema de crenças como uma condição de existência. Porém, como explica ele em *O capital*, "a reflexão começa *post festum*". E Marx empenha-se — armado com o sofisticado arsenal do "combate verbal" dialético — em dissipar o "fetichismo da mercadoria", decifrar o "hieróglifo social" em que "cada produto do trabalho" é transformado quando a produção para troca predomina e revelar "o segredo do lucro" no capitalismo. De fato, o próprio surto de atividade intelectual que levou à composição dos *Grundrisse* no inverno de 1857-8 foi desencadeado, como relatou o próprio Marx a Engels e Lassale, por seu medo de que a Revolução pudesse ocorrer *antes* de ele ter dado ao mundo sua grandiosa obra-prima econômica: "Estou trabalhando como um louco a noite toda e todas as noites revendo meus estudos econômicos para que pelo menos consiga deixar claras as linhas gerais antes do *dilúvio*".[13] O "dilúvio", é claro, não aconteceu. Mas a ilusão de que ele estava iminente fez milagres.

Em moção aprovada pelo Congresso da Associação Internacional dos Trabalhadores (Primeira Internacional), realizado em Bruxelas em setembro de 1868, a crítica erudita de Marx à economia política britânica (publicada em alemão alguns meses depois) foi recomendada à atenção dos socialistas de todos os países, e designada — com uma sugestiva e desde então muito usada frase de efeito — como "a bíblia da classe operária".[14] Independentemente do que se possa dizer com respeito à existência de um grau de tensão no pensamento de Marx sobre essa questão ou ao viés materialista em seu pensamento, não se pode negar o fato de que ele não estava meramente tentando fazer com que os leitores compreendessem suas idéias (como, digamos, poderiam fazer astrônomos ou biólogos moleculares), mas estava profundamente empenhado na tarefa de expor e produzir crença, ou seja, de conquistar seguidores para sua verdade e mostrar o caminho para a humanidade.

Corrobora adicionalmente esse argumento a entrevista dada por Marx em julho de 1871 ao *World*, de Nova York, logo após a violenta supressão do levante da Comuna de Paris. Corria o boato (aliás falso) de que Marx fora o "líder espiritual" dos trabalhadores franceses, e o correspondente londrino do jornal norte-americano queria saber a opinião do entrevistado sobre os eventos recentes em Paris e as perspectivas para o movimento operário em geral. "Parece-me", afirmou o jornalista na tentativa de provocar um comentário, "que os líderes do novo movimento internacional precisaram formar tanto uma filosofia como uma associação próprias." A resposta de Marx foi objetiva:

> Dr. K. M. — Precisamente. É difícil supor, por exemplo, que possamos ter chance de prosperar em nossa guerra contra o capital se derivarmos nossas táticas, digamos, da economia política de Mill. Ele delineou um tipo de relacionamento entre trabalho e capital. Desejamos mostrar que é possível estabelecer outro.[15]

A referência a Mill aqui não é gratuita. Marx estava cônscio de que *ele*, entre os economistas clássicos ingleses, era verdadeiramente seu rival mais temível no campo da filosofia econômica e social. De fato, era muito maldisfarçado o ciúme que Marx sentia do enorme sucesso dos *Principles* de Mill (1848).[16]

Mas a resposta de Marx deixa patente, também, que na idade madura ele ainda se atinha à crença de sua juventude segundo a qual "assim como a filosofia encontra suas armas materiais no proletariado, também o proletariado encontra suas armas intelectuais na filosofia".[17] De fato, não seria exagero afirmar que, alicerçando os esforços filosóficos de Marx durante toda a sua vida estava a convicção (ou esperança), expressada certa vez por G. W. F. Hegel em uma carta particular, de que "O trabalho teórico, como a cada dia mais me convenço, realiza mais no mundo do que o trabalho prático: quando a esfera das idéias é revolucionada, os fatos não resistem".[18]

A filosofia econômica do século XX não foi menos clara ou enfática ao afirmar: *a*) o poder das crenças e opiniões para moldar a ação; *b*) o poder do pensamento sistemático e da persuasão para mudá-las. A "crise de nossa era" e "os problemas da época" possuem origens filosóficas, argumentou-se um sem-número de vezes. E a implicação é que, portanto, sua cura é filosófica.

J. Robinson traça um paralelo entre a capacidade do cérebro humano para aprender a linguagem (não só o léxico mas também como organizar palavras e sentenças em um texto gramatical) e sua capacidade de internalizar um código de valores morais e crenças metafísicas — uma "ideologia" — que é ao mesmo tempo altamente maleável e não menos indispensável na esfera da vida prática, não importa qual se julgue ser o seu status cognitivo. A ausência de um código desse tipo, sugere Robinson em *Economic philosophy* (1962) implicaria a total abolição da sociedade humana: "Uma sociedade de egoístas irrefreados se desmontaria em pedaços".[19]

Os valores alteram-se com o tempo e são responsáveis por verdadeiras mudanças na vida socioeconômica. Esta é a razão por que, como explicou a autora em outra passagem, "eliminar os julgamentos de valor do tema da ciência social é eliminar o próprio tema pois, como ela se ocupa do comportamento humano, deve ocupar-se dos julgamentos de valor que fazem as pessoas".[20] Ao mesmo tempo, discordar do código vigente e tentar disseminar valores e crenças alternativas implica logicamente o reconhecimento de um terreno comum a partir do qual a mudança tem de ocorrer — um "campo de batalha" comum onde o desafio deve ter lugar se ele representar uma discordância genuína e não um simples mal-entendido. Pois não só um rebelde é "influenciado por aquilo contra o qual se rebela" mas também, no mesmo grau de importância, ele é forçado a reconhecer e compreender o objeto de sua rebelião se tiver alguma pretensão de ser bem-sucedido e tirar algum proveito.

Mas a tarefa da filosofia econômica, para Robinson, *não* é tentar propor um novo conjunto de valores e crenças (ou restaurar algum desprezado) de pouco ou nenhum valor cognitivo. Seu objetivo deve ser, antes, buscar o conhecimento positivo sobre a ação humana a fim de "descobrir as causas, o modo de funcionamento e as conseqüências da adoção de ideologias, para submetê-las à crítica racional". O desafio, afirma a autora, é "decifrar a maneira misteriosa como as proposições metafísicas, sem nenhum conteúdo lógico, conseguem ainda assim ser uma influência poderosa sobre o pensamento e a ação".[21]

Assim, ela parece ter-se aproximado mais da postura mais positiva de Hume, primeiro, dando maior ênfase à necessidade de melhor compreensão dos processos de formação das crenças e, segundo, expressando sua desconfiança quanto a dedicar-se à tarefa de fabricar e divulgar novos valores e doutrinas para a sociedade (ou ressuscitar valores e doutrinas antigos). Mas o que distingue sua posição da de Hume é a suposição básica de que as idéias dos economistas e filósofos políticos — as irrefutáveis "ideologias" e "proposições metafísicas" apregoadas por alguns intelectuais profissionais — exerceram de fato uma influência avassaladora sobre os processos de formação das crenças e o comportamento comum na sociedade como um todo. Este último ponto de vista, cujo *locus classicus* sem dúvida está no muito citado parágrafo que conclui a *Teoria geral* de J. M. Keynes (1936), encontrou amplo apoio na filosofia econômica do século XX e, como procurarei mostrar a seguir, sua aceitação transpôs limites no espectro político, não sendo, de modo algum, exclusiva do campo keynesiano.

Em *The great depression* — livro publicado apenas um ano antes do lançamento da *Teoria geral* de Keynes — L. Robbins tratou da questão das causas dos problemas econômicos do período entre guerras na Europa e da prolongada depressão dos anos 30. Como se sabe, Robbins era na época o mais temível oponente acadêmico de Keynes na Inglaterra. Ele concluiu seu livro afirmando que a verdadeira causa da depressão não tinha relação com alguma suposta falha inerente no funcionamento do mecanismo de mercado, mas podia ser atribuída às políticas e instituições autodestruidoras adotadas pelos "governos em todo o mundo". E afirmava ainda que essas políticas e instituições eram, por sua vez, resultado da influência intelectual de "pensadores desinteressados e isolados" sobre a mente das "massas":

> As políticas que ora prevalecem foram adotadas não por terem sido impostas aos políticos pelas massas, mas porque as massas foram ensinadas a acreditar nelas. As

massas, como tal, não pensam por si mesmas; pensam o que seus líderes lhes ensinam a pensar. E as idéias que, para o bem ou para o mal, vêm a dominar a política são as que foram apregoadas em primeira instância por pensadores desinteressados e isolados [...] As medidas da década passada foram resultado não da pressão espontânea do eleitorado, mas da influência de alguns homens cujos nomes poderiam ser contados nos dedos das duas mãos. Não avaliaremos plenamente a tragédia deste aspecto da situação atual se não percebermos que ela é essencialmente obra de homens de intelecto e boa vontade. No curto prazo, é bem verdade, as idéias são insignificantes e inócuas, mas no longo prazo elas podem governar o mundo.[22]

A semelhança entre essa argumentação de Robbins e a mais conhecida passagem de Keynes é grande demais para passar despercebida. Mas o que se deve observar também é que, em sua afirmação de que "as idéias governam o mundo" — como de fato em boa parte de seus diagnósticos e prescrições para os males econômicos da década de 1930 — o próprio Robbins estava seguindo de perto os passos da escola neoliberal austríaca.

A crença de que a filosofia — ou "ideologia" — política e econômica funciona como o fator predominante nos processos de formação das crenças e mudança social segue uma linha clara no pensamento de todos os neoliberais austríacos de peso. L. von Mises, por exemplo, um dos primeiros expoentes do movimento, já sugerira em seu *Liberalismo na tradição clássica* (1927) que:

Permanece sempre, portanto, a questão decisiva: como se consegue a maioria para um partido? Esta, porém, é uma questão puramente intelectual [...] Em uma batalha entre força e idéia, esta última sempre prevalece [...] São as idéias que agrupam os homens em facções combatentes, que lhes colocam as armas nas mãos e determinam contra quem e em favor de quem as armas serão usadas. São as idéias apenas, e não as armas, que, em última análise, fazem pender a balança.[23]

Mas o mais vigoroso, sistemático e empenhado defensor dessa tese na tradição neoliberal foi sem dúvida o filósofo econômico austríaco F. A. Hayek, aliás o homem que Robbins trouxera para lecionar e trabalhar na London School of Economics em 1933.

É interessante observar inicialmente que Hayek, apesar de toda a admiração que tinha por Hume ("talvez o maior de todos os estudiosos modernos da mente e da sociedade"), em sua prática filosófica segue um caminho marcadamente divergente do trilhado pelo pensador escocês.

Assim como Hume, Hayek declara-se impressionado com a mudança nas opiniões dos homens instruídos de sua época. Porém, enquanto Hume por seu lado repeliu os compromissos normativos e prescritivos e claramente se distanciou do que denominava "filosofia fácil e óbvia" empenhada em "atrair-nos para o caminho da virtude com as visões de glória e felicidade" (1ºE,5-6), Hayek, por sua vez, não hesita em lançar-se em uma franca e vigorosa cruzada moral destinada a combater o que considera os "efeitos devastadores" produzidos pela "destruição progressiva de valores insusbstituíveis pelo erro científico".[24] De fato, nada poderia destoar mais do ponto de vista extremamente frio e neutro de Hume do que o ardor de Hayek por persuasão, reforma e guerra ideológica.

Como já vimos, Hume procurara ater-se ao ideal da disciplina mental do cientista newtoniano a fim de dissecar o ato de crer, ou seja, "conhecer as diferentes operações da mente, separá-las umas das outras e classificá-las em suas categorias apropriadas" (1ºE,13). Esperava, entre outras coisas, lançar alguma luz sobre o que considerava o mais singular fenômeno da vida social: "a facilidade com que os muitos são governados pelos poucos." Segundo ele, nada "parece mais surpreendente" do que isso "para aqueles que vêem os assuntos humanos com olhos filosóficos" (E,32). Mas seu admirador austríaco, ao contrário, esforça-se para capturar o "espírito da época" e para expurgá-lo daquilo que ele via como a "superstição infundada" predominante em sua própria geração: "essa crença de que os processos que são dirigidos de um modo consciente são necessariamente superiores a qualquer processo espontâneo".[25] Em seu trabalho sobre filosofia política e econômica, Hayek nunca se esquivou de fazer a própria transição do "é" para o "dever ser" que, para Hume, constituía a característica marcante de "todos os sistemas vulgares de moralidade" (THN,469-70).

Na verdade, a preocupação principal de Hayek com a mudança do mundo faz com que seja vital para ele estudar os modos e mecanismos mediante os quais a mudança ocorre. E, embora os objetivos explícitos de sua "guerra santa" em nome da ordem espontânea pretensamente responsável pela prosperidade e liberdade da "Grande Sociedade" por certo sejam diferentes dos que fundamentam os utilitarismos de Paley e Mill (sem mencionar, é claro, o comunismo de Marx), pode-se afirmar que a estratégia de Hayek para mudar o mundo emana de um diagnóstico sobre como ocorre a mudança que tem muito em comum com o adotado por seus colegas na arte de captar o "espírito da época" e esculpir nele suas próprias opiniões e crenças. Hayek exibe grande convicção quando se trata de estimar o poder das idéias — ou seja, da persuasão e do choque de "ideologias" — nos processos de formação das crenças e mudança social.

"Poucas afirmações deparam com tanta descrença por parte da maioria dos homens práticos", escreveu Hayek no primeiro volume ("Rules and order") de *Law, legislation and liberty* (1973),

> quanto aquela segundo a qual o que desdenhosamente se apelida de ideologia possui poder dominante sobre aqueles que se acreditam livres dela mais ainda que sobre aqueles que conscientemente a adotam.

Estendendo-se sobre esse grandioso — e supostamente ignorado — poder de "idéias altamente abstratas e com freqüência inconscientemente acalentadas" impingirem-se aos rumos da "evolução social", ele acrescentou:

> Sem dúvida é humilhante ter de reconhecer que nossas decisões atuais são determinadas pelo que aconteceu muito tempo atrás em uma especialidade remota sem que o público em geral jamais tenha sabido a respeito dela e sem que os primeiros formuladores da nova concepção tivessem consciência de quais seriam suas conseqüências, particularmente quando não foi uma descoberta de novos fatos mas uma concepção filosófica geral que posteriormente afetou decisões específicas.

Por fim, ele conclui que não apenas o comportamento prático mas também as disciplinas científicas acabam dominados por tais idéias filosóficas gerais que, segundo ele, "não só os homens comuns" mas também os especialistas nas áreas específicas aceitam sem reflexão e em geral simploriamente só pelo fato de serem "modernas".[26]

A implicação normativa que ele deriva naturalmente desse raciocínio é que "é nosso especial dever reconhecer as correntes de pensamento que ainda atuam sobre a opinião pública, examinar sua significância e, se necessário, refutá-las".[27] Em uma afirmação que se pode considerar o epítome do ponto de vista do neoliberalismo austríaco, K. Popper refere-se a Hayek e declara que "não devemos subestimar o poder do intelecto e dos intelectuais":

> Foram os intelectuais — os "negociantes de idéias de segunda mão", como os denomina F. A. Hayek — que disseminaram o relativismo, o niilismo e o desespero intelectual. Não há razão por que alguns intelectuais — alguns intelectuais mais esclarecidos — não venham a finalmente ter êxito em disseminar a boa-nova de que o barulho niilista era na realidade por nada.

Em outra passagem, Popper afirma que "o poder das idéias, e especialmente das idéias morais e religiosas, é pelo menos tão importante quanto o dos recursos físicos".[28]

Portanto, existe uma concordância substancial entre os filósofos econômicos ao longo do tempo e do espectro político quanto ao poder das crenças e opiniões para influenciar o comportamento dos agentes na vida prática. Contudo, nem todos eles, e sobretudo Hume, julgaram que isso implicava: *a*) que as idéias filosóficas no longo prazo governam o mundo ou *b*) que a filosofia moral normativa e uma participação beligerante na "guerra das idéias" são, por conseguinte, empreendimentos intelectuais proveitosos e de amplas conseqüências.

Nos capítulos 6 e 7 procura-se expor as razões por que Hume veio a aliar-se à "visão da maioria" (ver epígrafe da primeira parte) e com isso divergir, neste ponto, dos filósofos econômicos discutidos acima. Como procurarei argumentar ao discorrer sobre o "iluminismo cético" de Hume e Adam Smith, há boas razões para aventar que suas posições quanto à existência de uma "ordem natural" e, em especial, sua ênfase no papel das "paixões" como determinantes da crença corroboram a visão alternativa, ou seja, de que a influência exercida pelos filósofos políticos e econômicos e suas "proposições metafísicas" sobre o curso dos assuntos humanos é, com efeito, bastante limitada.

Os capítulos seguintes delineiam o argumento científico em favor da opinião de que as crenças e opiniões dos agentes, *qua* estados mentais, têm pouca ou nenhuma importância na explicação de seu comportamento observável. O capítulo 2 identifica no Iluminismo do século XVIII as origens do fisicalismo alicerçado na ciência e as formulações da doutrina do "homem-máquina". O capítulo 3 reconstitui a evolução do conceito de "homem econômico" na ciência econômica moderna e avalia algumas implicações conceituais do constructo da "máquina do prazer" associado ao advento da economia neoclássica. No capítulo 4, tentarei reunir a argumentação dos dois capítulos precedentes e discutir alguns paralelos lógicos e contrastes entre os conceitos de "homem-máquina" e "homem econômico". Finalmente, o restante da primeira parte (capítulos 5, 6 e 7) reserva-se à avaliação crítica das afirmações dos filósofos econômicos com respeito ao poder de seu próprio ofício ("idéias") para moldar o comportamento social e governar o mundo.

2. O desafio científico à filosofia econômica, I

O fisicalismo e o nascimento da doutrina do "homem-máquina": La Mettrie

Todas essas variações, de Paley a Hayek, em torno do tema "As idéias governam o mundo dos assuntos humanos e seus eventos" suscitam várias questões. Pode ser interessante, por exemplo, examinar mais a fundo o lugar e a função exata dessa tese específica na campanha intelectual particular que cada um de seus diversos proponentes empreendeu. Porém, minha principal preocupação aqui não estará ligada a uma filosofia econômica específica; procurarei, em vez disso, levantar algumas questões de alcance mais geral e filosófico, a fim de refletir não sobre o conteúdo explícito mas sobre as hipóteses básicas subjacentes a essa ampla e razoavelmente bem delineada concordância entre os filósofos econômicos. Que tipos de argumentos ou abordagens podem ser apresentados para corroborar a visão alternativa, ou seja, a de que idéias e teorias têm apenas um efeito muito limitado, ou talvez nulo, na determinação das ações dos homens?

Neste capítulo examinarei algumas das tentativas mais radicais de eliminar por completo as idéias do contexto e, assim, explicar o comportamento em termos puramente mecânicos — a tese do "homem-máquina". O objetivo é identificar a origem de alguns dos momentos críticos na história dos desafios científicos — por meio de explicações *físicas* cada vez mais refinadas de *todos* os fenômenos observados — da suposição que pela primeira vez tornou a filosofia moral e econômica um empreendimento intelectual viável (e continua permitindo que ela o seja). Em seguida, no capítulo 3, recorrerei à história da economia para delinear a assimilação paralela e tardia do modelo mecânico de explicação pelas ciências morais, com especial referência à ascensão da economia neoclássica e à idéia de "homem econômico".

A primeira e mais óbvia questão geral suscitada pelas afirmações sobre ação humana e mudança social examinadas no capítulo 1 é: elas são verdadeiras? E, em caso afirmativo, em que grau? Em que bases seria possível afirmar que os filósofos econômicos simplesmente tomaram por pressuposto e superestimaram acentuadamente a influência das idéias nos processos de formação das crenças e mudança social? As pessoas, diz a máxima aristotélica, em sua maioria são maus juízes em causa própria; seriam diferentes os filósofos econômicos? Não estariam eles simplesmente tentando aumentar a importância de seu ofício? E não seria possível discernir, em suas afirmações, um ar de patrocínio de causa própria e de auto-engrandecimento diante de um mundo que mostra tamanha indiferença e independência com relação à mercadoria que eles oferecem para venda? Não poderíamos afirmar nesse caso que, usando os termos de Adam Smith (EPS,47), eles "naturalmente explicavam as coisas a si mesmos usando princípios que lhes eram familiares"?

É de longa data a tradição de contestar e limitar as asserções concernentes às implicações práticas das *opiniões* sobre a conduta humana na vida prática. De fato, essa tradição parece diretamente relacionada ao nascimento e ascensão da filosofia moral no pensamento grego. O próprio Sócrates, como relatou Platão em *Fédon*, julgou necessário descartar o que seria uma explicação puramente física da ação humana em geral e de suas próprias vicissitudes em particular e salientar, antes, o elemento de autonomia moral — a escolha do que é melhor — que governava sua conduta: "Como os atenienses decidiram que é melhor condenar-me, eu de minha parte achei melhor sentar-me aqui, e mais correto e decente não fugir, sofrendo qualquer punição que eles possam impor".[1]

Anteriormente, nesse mesmo diálogo, Sócrates já relatara como, em sua juventude, quando sua atividade mental e curiosidade — sem "amor pela verdade" — estavam no auge, ele se decepcionara profundamente e ficara insatisfeito com as explicações mecânicas apresentadas pelos então principais estudiosos da *phusis*, isto é, das "verdadeiras razões" (*aitia*) do devir e da mudança nos processos naturais. Foi basicamente como uma resposta a essa experiência de decepção — "as minhas maravilhosas esperanças foram destruídas" (98b-7) — e à conseqüente insatisfação cognitiva — chamar coisas assim de "razões" é um total absurdo (99a-5) — que Sócrates lançou-se em sua "segunda viagem" em busca das "verdadeiras razões" da mudança e, como resultado, chegou à formulação do modo de explicação teleológico: essencialmente, o programa de explicar a mudança nos mundos natural e humano em termos dos fins ("o que é melhor"), ou seja, da escolha moral deliberada e, para a humanidade, autoimposta.

Mas a questão claramente permaneceu bem acesa na filosofia grega até o período pós-aristotélico. Cabe notar, a esse respeito, que até mesmo Epicuro, apesar de toda a sua censura às crenças supersticiosas e sua adesão à visão atômica, totalmente antiteleológica do universo (inclusive a alma humana), não foi capaz de aceitar o rígido determinismo físico defendido por alguns dos atomistas gregos pré-socráticos.

"A opinião diz frio e quente", proclamava Demócrito, um dos primeiros filósofos atomistas gregos, "mas a realidade consiste em átomos e espaço vazio." Para os epicuristas, no entanto, até mesmo o brando fatalismo da religião popular seria preferível à doutrina do determinismo absoluto e ao princípio segundo o qual as idéias e decisões humanas são meros epifenômenos, ou seja, essencialmente vãs no mundo físico e incapazes de alterar o curso necessário e inexorável dos eventos.

> Pois, de fato, seria melhor seguir os mitos sobre os deuses que tornar-se escravo do destino dos filósofos naturais: porque o primeiro caso permite a esperança de aplacar os deuses com a adoração, enquanto o segundo implica uma necessidade que não conhece abrandamento.[2]

É interessante lembrar que a saída epicurista para as implicações deterministas do atomismo grego mais antigo, que se deu na forma de uma ressalva obscura e *ad hoc* segundo a qual os átomos não necessariamente caem em "linha reta", podendo também "desviar-se" e sair do caminho linear "predestinado", constituiu o tópico central abordado por Marx em sua tese de doutorado, que contrastava as filosofias democritiana e epicurista da natureza. Marx em seus primeiros escritos — "a autoconsciência humana é a suprema divindade" — apoiou calorosamente o ponto de vista epicurista e o defendeu de seus detratores antigos e modernos. Pois, afirmou ele, foi por meio da hipótese do desvio do átomo da linha reta que Epicuro realmente forneceu uma brecha muito necessária para a autonomia humana no campo materialista. Com isso, ele demonstrou a precedência da ética (fins humanos auto-impostos) sobre a física (o reino da "necessidade cega" a ser dominado e tornado subserviente ao bem humano).[3]

As realizações científicas da física no século XVII, em parte inspiradas em um revivescimento do interesse pelo atomismo grego antigo e pela filosofia epicurista, obviamente muito contribuíram para incentivar tentativas cada vez mais complexas de explicar a ação humana sem precisar recorrer às supostas crenças, desejos, intenções e julgamentos morais dos agentes. Por que não estender ao estudo das criaturas vivas os métodos e modos de abstração que se haviam revelado tão úteis na explicação e previsão de fenômenos físicos que iam dos corpos celestes ao movimento local e reflexão da luz? O Iluminismo setecentista, como veremos, foi além e usou o crescimento do conhecimento científico como antídoto contra o veneno do dogma teológico imposto e a autoridade arbitrária nas questões de crença.

Já na primeira metade do século XVII, Descartes fez uma tentativa de investigar os "animais mudos" como se eles diferissem dos artefatos produzidos por engenheiros não em caráter, mas apenas em grau. "Não me perturbam a astúcia e habilidade dos cães e raposas, ou todas as coisas que os animais fazem em razão de alimento, sexo e medo", escreveu ele em 1649 em uma réplica ao platônico de Cambridge H. More. "O pensamento nos animais", admitiu Descartes, não pode ter sua existência refutada ou comprovada, "pois a mente humana não penetra em seus corações". Porém, ao mesmo tempo, prosseguiu ele (rejeitando implicitamente a tentativa de More de defender o platonismo e a concepção do "*anima mundi*" ou "espírito da natureza" como um princípio explicativo no estudo dos corpos naturais vivos), "parece aceitável, já que a arte copia a natureza e os homens podem fazer vários autômatos que se movem sem pensar, que a natureza produza seus próprios autômatos, muito mais esplêndidos que os artificiais. Esses autômatos naturais são os animais".[4]

O que Descartes afirmava sobre os "animais mudos" — ou seja, capazes de experimentar e comunicar sensações mas não de "verdadeiramente falar", no sentido de "indicar por meio de palavras ou sinais algo pertencente ao pensamento puro" — logo seria afirmado com relação ao homem. "Minha opinião não é tão cruel para com os animais quanto indulgente para com os homens", salientou ele para More, pois encarar os primeiros como autômatos pelo menos isenta estes últimos "da suspeita de crime quando comem ou matam animais".[5] Mas outros, evidentemente, não se dispunham a mostrar a mesma indulgência para com o homem, ao menos no sentido de reconhecer nele aquela singularidade privilegiada que ainda possuía no sistema cartesiano graças à "substância pensante" ("*res cogitans*") que ele presumivelmente continha.

É importante mencionar que um dualismo metafísico até certo ponto semelhante também pode ser encontrado na campanha baconiana pela regeneração das ciências empíricas por motivos pragmáticos. "Se um homem meditar muito a respeito da constituição universal da natureza", escreveu Bacon em uma reveladora passagem de *The advancement of learning* (1605), "a Terra com o homem sobre ela (excluindo-se a divindade das almas) não parecerá muito diferente de um formigueiro, onde algumas formigas transportam grãos, outras, seus filhos, e algumas nada carregam, e todas vão de um lado para outro em um monte de terra".

O breve parêntese de Bacon nesta passagem, sobre a alma humana ser "imediatamente inspirada por Deus", não é menos significativo do que sua surpreendente metáfora do inseto. A concepção claramente exposta aqui é que, como ele indicou, "[nenhum homem poderá] maravilhar-se com o manejo de marionetes se ele for para trás das cortinas e vier a conhecer o que produz a movimentação".[6] Porém, embora o conhecimento científico (que vai "para trás das cortinas") prejudique nossa fascinação primitiva com os fenômenos naturais ("o movimento das marionetes"), ainda assim a especial condição metafísica da alma ou mente humana compensa tudo, levando o melhoramento prático ao formigueiro. A tarefa pela frente é a recriação baseada na ciência — por meio da tecnologia — do Jardim do Éden, e o mais eminente seguidor seiscentista de Bacon, o cientista experimental R. Boyle, estava muito sintonizado com o espírito da filosofia baconiana quando se declarou "disposto a julgar a alma do homem uma entidade mais nobre e mais valiosa do que todo o mundo material". Decorre disso que "os animais habitam o mundo e dele desfrutam; o homem, se quiser fazer mais, precisa estudá-lo e espiritualizá-lo".[7]

Mas evidentemente a ciência não iria parar no ponto em que a haviam deixado os avanços baconianos e cartesianos. Uma das saídas óbvias para o incômodo dualismo metafísico postulado pelo sistema cartesiano era precisamente livrar-se da intratável *res cogitans* explicando-a como mais um resultado da combinação de certos tipos de movimento encontrados na matéria extensa (*res extensa*). Essa iniciativa, cujo pioneiro na Inglaterra foi T. Hobbes, em oposição direta à divisão cartesiana, abriu caminho para uma análise da mente e da psicologia humana de uma perspectiva estritamente materialista — isto é, físico-química ou, na terminologia corrente, neurofisiológica.[8]

Um passo adicional e radical em direção à transição do "animal-máquina" para o "homem-máquina" foi dado no século XVIII pelo *philosophe* materialista francês J. O. de La Mettrie, autor de *L'homme machine* (1747). Formado em medicina mas estudioso de metafísica, e ciente de sua dívida para com a escola iatroquímica (de *iatros*: médico) e a biologia cartesiana, ele afirmou que "dos animais para os homens a transição não é tão violenta": "o homem é uma máquina, e em todo o universo nada existe além de uma única substância diversamente modificada".[9] A idéia básica é ver os seres humanos e suas ações como objetos e eventos no mundo físico, que existe para ser descrito e explicado, como todo o resto, em termos puramente objetivos; em termos nos quais o pensamento moral e os processos mentais em geral — as experiências subjetivas do agente — não têm lugar.

Os pioneiros da ciência moderna no Renascimento europeu haviam salientado os princípios da simplicidade (*Natura simplicitatem amat*) e da parcimônia (*Natura semper agit per vias brevissimas*) como princípios orientadores ou reguladores da interpretação científica. No século XVIII, o princípio da continuidade (*Natura non facit saltum*) ganha lugar junto aos outros dois e passa a fazer sentir sua utilidade e poder diretivo no estudo científico. A "bifurcação da natureza" cartesiana, que reservava para a alma humana um lugar privilegiado, único e essencialmente desconcertante em um universo físico que em tudo mais era inteiramente mecânico, não se afigurava um alicerce satisfatório para o projeto de melhorar a compreensão científica do homem. A tarefa a realizar, argumentava-se, consistia em eliminar por completo a miopia antropocêntrica da interpretação dos fenômenos naturais, de modo a, por fim, desantropomorfizar o próprio entendimento do homem sobre si mesmo.

La Mettrie e outros materialistas do Iluminismo francês como o Barão d'Holbach, autor de *Système de la nature* (1770), sustentavam que todos os fenômenos psicológicos, das sensações e sentimentos à memória e ao pensamento altamente abstrato, possuem causas fisiológicas determinadas e são propriedades da matéria organizada, da mesma forma que outros fenômenos físicos, como por exemplo o peso, o magnetismo ou a eletricidade, são propriedades da matéria inerte. Como explicou d'Holbach, baseando-se no trabalho pioneiro de La Mettrie, "o homem sempre faz de si mesmo o centro do universo", mas, na realidade, prosseguiu, "tudo o que ele faz, tudo o que se passa dentro dele são os efeitos da força inerte, da autogravitação, dos poderes atrativos ou repulsivos contidos em sua máquina":

> O homem ocupa um lugar em meio àquela multidão, àquela multiplicidade de seres dos quais a natureza é o conjunto [...] Sua própria vida nada mais é que uma longa série, uma sucessão de movimentos necessários e relacionados que efetua mudanças perpétuas e contínuas em sua máquina, que tem por princípio causas contidas no próprio homem, tais como sangue, nervos, fibras, carne, ossos, em suma, a matéria, tanto sólida quanto fluida, de que se compõe o corpo — ou então as causas exteriores que, agindo sobre o homem, modificam-no diversamente, como por exemplo o ar que o envolve, os alimentos que o nutrem e todos os objetos dos quais ele recebe qualquer impulso pela impressão que eles produzem sobre seus sentidos.[10]

Uma das conseqüências do conceito de "homem-máquina" foi a total reavaliação da natureza da linguagem. A montagem de "um ser com o poder da palavra" deixa de ser considerada uma impossibilidade metafísica (como na filosofia cartesiana), passando a ser vista como um projeto viável, dependente apenas da engenhosidade e habilidade do artífice. Ademais, a autonomia moral dos seres humanos é explicada como uma ilusão análoga àquela a que se entregou são Francisco no século XIII ao pregar para flores, pedras, vermes e abelhas, tratando-os por "irmãos" e instando-os a junto com ele "louvar o Senhor". Para La Mettrie, o médico, "um homem como ele deve ser" soa tão insípido quanto "uma árvore como ela deve ser".

Em *L'homme plante* (seu primeiro trabalho explorando as conseqüências da filosofia do "homem-máquina" para a moral e para o indivíduo em sociedade), La Mettrie ressaltou a semelhança estrutural e fisiológica básica das máquinas humana, animal e vegetal para corroborar a idéia de que o tradicional conceito da "cadeia da existência" — afirmando os princípios da continuidade e plenitude no mundo natural — deveria ser interpretado não à luz do racionalismo neoplatônico seiscentista, mas de um modo materialista, ou seja, segundo o modelo de interpretação científica que Descartes empregara e desenvolvera em sua física.

As implicações que ele derivou dessa postura foram sérias: remorso e culpa, tanto quanto o medo do castigo eterno, do inferno e de outros terrores inspirados pela religião, deveriam ser considerados idéias absurdas e descartados como causas de sofrimento inútil. A medicina — neste caso significando a terapia psiquiátrica direta com base em drogas — deveria tornar-se, nesse contexto, a chave para a moralidade e a prevenção da anomia social, e todos os juízes criminais, segundo esse raciocínio, deveriam ser médicos formados: "Sou, e orgulho-me de ser, um cidadão zeloso; mas não é nessa qualidade que escrevo, e sim como filósofo; como tal, vejo que Cartouche era Cartouche e Pirro, Pirro: conselhos são inúteis para quem nasceu com sede de carnificina e sangue".[11] Como d'Holbach argumentaria, seguindo de perto (e com grande eloqüência) os passos de La Mettrie, "se o homem houvesse estudado a si mesmo imparcialmente, tudo deveria convencê-lo de que durante cada momento de sua vida ele não passa de um instrumento passivo nas mãos da necessidade":

> O nascimento do homem depende de causas inteiramente fora de seu controle; é sem a sua permissão que ele entra neste sistema onde tem um lugar; e é sem o seu consentimento que, do momento em que nasce até o dia de sua morte, ele é continuamente modificado por causas que influenciam sua máquina a despeito de sua vontade, modificam seu ser e alteram sua conduta. Não será a menor reflexão suficiente para provar que os sólidos e fluidos de que o corpo é composto, e que o mecanismo oculto que ele considera independente de causas externas, encontram-se perpetuamente sob a influência dessas causas e não seriam capazes de agir sem elas? Ele não vê que seu temperamento não depende dele próprio, que suas paixões são as conseqüências necessárias de seu temperamento, que sua vontade e suas ações são determinadas por essas mesmas paixões e por opiniões que ele não deu a si mesmo? Seu sangue mais ou menos quente ou abundante, seus nervos mais ou menos retesados, suas fibras mais ou menos relaxadas dão-lhe disposições transitórias ou duráveis que são em todos os momentos decisivas para suas idéias, seus desejos, seus medos, seu movimento, sejam visíveis ou ocultos.[12]

Assim, segundo essa visão, o dualismo cartesiano deve dar lugar a um monismo estritamente materialista. A causação mecânica deita por terra a explicação teleológica do comportamento. E o "homem moral" — o produto da presunção do homem diante da natureza — desaba, submerge e desaparece no "homem físico".

Não surpreende, considerando o radicalismo e o desconforto dessa visão, constatar que ela provocou reações tão fortes quanto singulares. O poeta e naturalista alemão J. W. von Goethe, por exemplo, ao ler pela primeira vez o trabalho de d'Holbach em fins do século XVIII, estremeceu de repulsa pelo texto. Em sua autobiografia, relembra que, juntamente com seus amigos, havia recorrido ao *Système de la nature* em busca de conhecimento sobre o mundo natural mas se decepcionara completamente:

> Não imaginávamos como um livro daqueles podia ser perigoso. Para nós ele parecia tão lúgubre, tão cimério, tão fatal que não suportávamos nem mesmo olhar para ele, e estremecíamos como que diante de um fantasma [...] A palavra "liberdade" tinha um som tão adorável que não poderíamos ter aberto mão dela mesmo se denotasse um erro. Nenhum de nós terminou o livro, pois as expectativas que tínhamos sobre ele foram frustradas.[13]

As reações de Goethe e seus amigos, cabe mencionar, equiparam-se em certa medida à rejeição do atomismo grego antigo pelo jovem Sócrates e à desconfiança de More pelos "autômatos naturais" cartesianos. Mas a recepção mais explosiva e sintomática foi sem dúvida aquela dada ao "fantasma" de La Mettrie.

A publicação de *L'homme machine* em fins de 1747 imediatamente desencadeou uma notável torrente de reações intelectuais iradas (e não menos reveladoras) na Europa.[14] O autor — provavelmente prevendo o furor hostil que seu panfleto extremamente franco e provocador estava fadado a suscitar — tomara cuidadosas precauções para manter seu anonimato. Mas seus editores holandeses, embora chegando ao ponto de alegar ignorar o nome do autor no "Avertissement de l'imprimeur" que abre o livro, tiveram de sofrer as conseqüências não só da intolerância religiosa (neste caso, os esforços conjuntos das igrejas calvinista, católica e luterana) mas também da perseguição oficial. O livro foi prontamente proibido na França, e exemplares foram queimados pelos protestantes

— na época reconhecidos por sua "tolerância" em matéria de crença — em uma praça pública de Haia. Os editores foram intimados pelas autoridades holandesas e forçados a entregar para destruição todos os exemplares disponíveis, revelar a identidade do autor (o que eles recusaram, alegando ignorância) e pedir desculpas por haverem trazido a público aquela obra, além de se comprometerem a não reincidir no erro.

Quando a autoria da obra finalmente veio à luz, no início de 1748, La Mettrie, já na época um dissidente exilado da França, foi expulso de seu país adotivo, a Holanda. Procurou então, e encontrou, refúgio como médico-filósofo, servindo na "corte esclarecida" de Frederico, o Grande, em Potsdam (Prússia). Ali, temporariamente, ele dispôs de tempo para refletir mais sobre as implicações morais e políticas da interpretação materialista do homem e também para defender-se de algumas das acusações e mal-entendidos provocados por seu panfleto. Porém, apesar da proteção do rei, suas *Oeuvres philosophiques* (1751) foram proibidas também pelos censores prussianos e, menos de três anos depois de mudar-se para Potsdam, ele morreu. (As próprias circunstâncias singulares em torno de sua morte —

> Na casa do embaixador francês na Prússia, Lorde Tyrconnel, a quem ele recentemente curara de um mal incômodo, La Mettrie consumiu uma quantidade prodigiosa de "pâté de faisan aux truffes", adoeceu gravemente e morreu alguns dias depois

— seriam exploradas ao máximo por seus inimigos setecentistas. Um fim como aquele, pensaram muitos de seus oponentes religiosos e leigos, representava de certo modo uma conclusão prática apropriada à linha de raciocínio exposta nas páginas de *L'homme machine*, e enquanto alguns deles viam em sua morte o castigo reservado aos ateístas, outros preferiam crer que ela exemplificava as "penalidades naturais" associadas à *libertinage* e falta de moderação: uma ilustração da afirmação do bispo Butler de que "os efeitos de um caminho de prazer dissoluto são com freqüência mortais".)

A notável singularidade da posição de La Mettrie na história das idéias merece ser salientada. Exilado de dois países e censurado em quase todo o continente europeu, ele caracteriza uma figura um tanto familiar na "guerra das idéias": o homem que acaba vitimado não por algo que *fez*, mas por acalentar e propagar pontos de vista e opiniões indesejáveis. O intelectual perseguido em razão de textos que são considerados (e temidos) por membros do *establishment* teológico, acadêmico e/ou político, por "perigosos" e potencialmente subversivos da ordem social.

A ironia em seu caso específico, porém, está em que uma das implicações lógicas de sua descrição mecânica do funcionamento da mente humana era precisamente a idéia de que é uma tolice rematada suprimir opiniões especulativas, por mais heterodoxas que sejam, no mínimo porque (como indicou um estudioso de La Mettrie) "elas quase não têm efeito prático algum sobre as concepções morais existentes ou sobre o comportamento social".[15] Portanto, La Mettrie acabou por chocar-se, como vítima, com uma das próprias crenças — a do poder das idéias para subverter as instituições humanas — que sua filosofia se propôs a refutar.

No que se chamou seu "testamento filosófico", o ensaio "Discours preliminaire" que abre suas proibidas *Oeuvres philosophiques* de 1751, La Mettrie defendeu sua postura e contribuições científicas concentrando-se precisamente na tese da inutilidade prática de toda — inclusive a sua própria, obviamente — especulação filosófica ou do que ele designava por "l'innocence de la Philosophie". Os autores científicos, argumentou, podem provar tão bem quanto puder ser provado que os seres humanos são essencialmente máquinas automáticas e que cada mente individual é como um piano de corda ouvindo sua própria música (e apreciando-a). Mas os homens práticos, isto é, o "*citoyen*" comum em contraste com o *philosophe*, jamais acreditarão nisso; pois o mesmo instinto que os liga a vida, alimento e reprodução sexual, os dotará de presunção suficiente para reter e conservar a qualquer preço a crença de que o destino da alma humana é de algum modo especial. Por conseguinte, é errôneo (e mesmo ridículo) culpar os *philosophes* por efeitos que estão completamente fora de seu poder provocar:

> Creio ter provado que o remorso é um preconceito instilado pela educação e que o ser humano é uma máquina sujeita a um fatalismo imperioso e absoluto. Posso ter-me enganado, como gostaria de crer: porém supondo, como sinceramente acredito, que isso seja filosoficamente verdade, e daí? Todas essas questões pertencem à mesma categoria do ponto matemático, que não existe exceto na cabeça dos geômetras.

"Assim, não temamos", prosseguiu ele em conclusão, "que as mentes do *peuple* venham alguma vez a moldar-se segundo as dos *philosophes*, as quais estão muitíssimo além de seu alcance."[16]

O interessante nessa posição é que, em sua tentativa de minimizar o poder da ética, da metafísica e das idéias em geral sobre as crenças e sentimentos humanos, La Mettrie seguramente não estava tão isolado quanto estivera, ao menos em sua época, na adesão a uma forma rigorosa de fisicalismo. Pois, pelo menos nesse aspecto, suas opiniões eram iguais às de outros membros ilustres do Iluminismo europeu, mesmo que (como será discutido adiante, no capítulo 6) as razões desses iluministas para assim proceder fossem essencialmente distintas e não dependessem da forma extrema de materialismo mecânico que ele defendera e da qual fora pioneiro.

Voltaire, por exemplo, embora rejeitando o ateísmo e o mecanicismo científico rígido de La Mettrie, já argumentara em sua *Lettre philosophique* sobre Locke (1733) que os textos e teorias filosóficos tinham pouca ou nenhuma influência sobre o que as pessoas comuns pensavam ou sobre como se comportavam. "Divida-se a raça humana em vinte partes", sugeriu Voltaire,

> dezenove delas compõem-se dos que trabalham com as mãos e jamais saberão se existe ou não um Locke no mundo. Na vigésima parte restante, quão poucos são os homens que encontramos que lêem! E entre os que lêem, há vinte que lêem romances para um que estuda filosofia. O número dos que pensam é extremamente pequeno, e eles não tencionam perturbar o mundo.[17]

O fisicalismo sem disfarces de La Mettrie pode, assim, ser visto como um dos caminhos conducentes à tese de "l'innocence de la Philosophie" do pensamento iluminista.

No capítulo 4 examinarei mais pormenorizadamente algumas implicações lógicas da doutrina fisicalista associadas ao crescimento da ciência, reportando-me a visões mais recentes sobre o tema apresentadas por destacados cientistas, economistas e filósofos da ciência e indagando quanto se pode afirmar que o constructo do "homem-máquina" coaduna-se com o "homem econômico" da economia moderna. Mas antes disso, no capítulo 3, examinarei a mecanização da ação humana na evolução da teoria econômica e os pressupostos conceituais que fundamentaram a idéia da economia como uma "mecânica da utilidade e do auto-interesse".

3. O desafio científico à filosofia econômica, II

A economia e a ascensão do "homem econômico": Jevons e Edgeworth

A investigação econômica moderna, como procurarei mostrar neste capítulo, não permaneceu alheia aos desenvolvimentos científicos delineados no capítulo anterior. Houve, porém, considerável defasagem no tempo. Os fundadores iluministas da economia moderna, F. Quesnay e Adam Smith, ainda mantiveram suas explicações sobre o comportamento humano essencialmente diferentes das interpretações dos processos naturais baseadas nas realizações da física do século XVII. Foi só no último quartel do século XIX, com o advento da "mecânica da utilidade e do auto-interesse" jevoniana, que o modelo mecânico de explicação do comportamento humano fez um progresso decisivo na esfera da economia.

É muito provável que Adam Smith tivesse em mente ninguém menos que La Mettrie quando, em seu importante ensaio póstumo sobre a psicologia da descoberta científica, ilustrado pela história da astronomia (1795), referiu-se a um "médico erudito" que, em suas palavras,

> recentemente apresentou um sistema de filosofia moral baseado nos princípios de seu próprio ofício, no qual sabedoria e virtude eram o estado sadio da alma, e os diferentes vícios e desatinos, as diferentes doenças a que ela estava sujeita; no qual as causas e sintomas dessas doenças eram avaliados e, na mesma linha médica, era prescrito um método apropriado de cura (EPS,47).[1]

Fazer isso, afirmou Smith, sem dúvida coadunava-se com nossa tendência espontânea a reduzir o desconhecido ao já conhecido e a explicar qualquer coisa que nos pareça surpreendente ou estranha recorrendo aos princípios com os quais estamos mais familiarizados. Mas também era levar longe demais, e de um modo inepto, o uso da analogia no pensamento científico.

Outro "médico erudito" do Iluminismo francês foi, evidentemente, Quesnay, o cirurgião e médico ilustre da corte de Luís XV a quem Adam Smith aparentemente tencionava dedicar sua *Riqueza das nações* (1776).[2] Porém, como veremos a seguir, o líder dos fisiocratas (a primeira escola de pensamento na história da economia) seguramente não deixou dúvidas quando à sua crença na autonomia moral dos agentes econômicos.

A passagem principal aparece no terceiro capítulo do ensaio no qual Quesnay propusera-se a apresentar os alicerces filosóficos da economia fisiocrata, "Observations sur le droit naturel des hommes réunis en société" (1765). "A liberdade, esse atributo inerente ao homem", afirmou, "[é] a faculdade intelectual que examina e avalia os objetos segundo a disposição da mente." Não era a escolha arbitrária, ou seja, uma escolha que é supostamente independente dos motivos que atuam sobre a vontade, e não era a satisfação do apetite, ou mesmo a multiplicação dos meios pelos quais o apetite podia ser satisfeito, isto é, estando a ampliação do conjunto de objetos disponíveis à escolha. Na verdade, ele declarou:

> É neste [segundo] sentido que os homens incultos preocupam-se apenas em ampliar cada vez mais o uso de sua liberdade e em satisfazer suas paixões com tão pouco discernimento quanto moderação.

Ao contrário, a liberdade para Quesnay consistia na escolha do que era melhor: o exercício de deliberação, discernimento e moderação a fim de arbitrar entre os motivos que atuavam sobre a vontade. Ela não necessariamente conduzia à melhor linha de ação, e podia ser usada impropriamente pelos homens. Algumas pessoas, admitia, são totalmente incapazes de exercê-la devido a causas físicas — "qualquer homem que seja louco em razão da estrutura deficiente de seu cérebro encontra-se em poder de uma lei física que não lhe permite fazer a melhor escolha ou conduzir-se sensatamente". Porém, em sua abordagem das "leis da natureza", ele prosseguiu afirmando:

> O homem dotado de inteligência tem o especial privilégio de ser capaz de contemplá-las e compreendê-las [i.e., às leis naturais] de modo a extrair delas o maior benefício possível, evitando qualquer rebelião contra essas leis e regras supremas [...] A ordem natural que é mais vantajosa aos homens talvez não seja a mais vantajosa para os outros animais; mas incluído no direito ilimitado do homem está aquele de fazer seu destino o melhor possível.[3]

A preocupação dominante da escola fisiocrata era assegurar que a "ordem moral" e as "leis positivas" da sociedade se conformassem à "ordem natural que é mais vantajosa aos homens", em vez de colidir com esta.

Assim, a obediência à "natureza", ou seja, a conformidade ao modo de vida que a própria *phusis* (em latim: *natura*) indicaria — daí o nome "fisiocratas", partidários da lei da natureza —, constitui apenas uma das muitas linhas de ação possíveis ao homem: um "privilégio especial" e um "direito ilimitado" que os seres racionais não deveriam deixar de aproveitar. A ignorância quanto a essa "ordem natural" era a causa fundamental das vicissitudes públicas e privadas, uma vez que as "transgressões das leis naturais são as causas mais gerais e comuns dos males físicos que afligem os homens". E é essa a razão por que, segundo Quesnay e sua escola, a "instrução privada e pública sobre as leis da ordem natural" formaria a base de uma boa sociedade, pois "sem essa instituição fundamental", argumentam eles, "os governos e a conduta dos homens só podem caracterizar-se por obscuridade, aberração, confusão e desordem".[4]

Devemos observar também que, em sua última revisão da *Teoria dos sentimentos morais*, publicada pouco antes de sua morte em 1790, Adam Smith manteve sua crítica à tentativa de B. de Mandeville (também ele médico) de postular um conceito abstrato, indistinto e absoluto de amor-próprio que explicasse as formas egoístas e *prima facie* altruístas do comportamento humano na vida privada e na pública.

O problema dessa doutrina "em quase todos os aspectos errônea" dos "Vícios privados, benefícios públicos" — como no subtítulo da sátira com que Mandeville popularizou seu "sistema licencioso" — estava em que ela obscurecia toda distinção entre ação moral e não-moral, enquanto atribuía ao "amor-próprio" egocêntrico uma primazia absoluta e inarredável sobre o comportamento humano. "Portanto, todo espírito público", argumentou Smith,

> toda preferência pelo interresse público em vez de pelo interesse privado é, segundo ele [Mandeville], mero engodo e imposição à humanidade, e a virtude humana que tanto se alardeia e que dá margem a tanta emulação entre os homens é simplesmente o produto da lisonja nascida da vaidade (TMS,309).[5]

Adam Smith rejeitou por completo essa doutrina. Argumentou que existe de fato a ação moral genuína e que até mesmo o amor-próprio pode com freqüência ser um motivo de comportamento virtuoso e digno de louvor. Seu argumento aqui, como em outras partes, tem a marca da tradição aristotélica no pensamento ético. O homem bom tem de agir por amor-próprio, pois assim fazendo beneficiará a si mesmo e a seus concidadãos, e o "amor à virtude", segundo Smith, "é a mais nobre e a melhor paixão da natureza humana". Mas o homem iníquo não deve ter amor a si mesmo, pois deste modo "prejudicará a si mesmo e ao próximo, entregando-se como faz a paixões perversas".[6] (Na visão aristotélica da "melhor vida", a felicidade é primordialmente uma função da virtude moral e da satisfação intelectual ("bens da mente"), mas também se atribui um papel à posse de "bens exteriores", como nascer em boa família, ter riquezas e ligações com pessoas em posições de poder; o prazer faz parte da boa vida, e os bens exteriores são vistos como meios para a execução de boas ações. Temos, assim: *a)* uma limitação da visão platônica mais austera na qual os bens externos não têm lugar, e *b*) uma conciliação parcial entre atividades movidas pelo interesse pessoal — por exemplo, o empenho para obter bens externos — e a melhor vida para o homem.)

Atribuindo total autoridade ao conceito do amor-próprio e conferindo-lhe poderes tirânicos sobre nosso comportamento, Mandeville de fato bloqueara o caminho da investigação moral (o conhecimento do bem e do mal) e, portanto, excluíra toda possibilidade de distinguir o comportamento benéfico, verdadeiramente louvável, da, digamos, conduta daquele que é o mais típico (ou seja, "óbvio e vulgar") dentre os agentes smithianos, o homem ávido por sobrepujar economicamente seus semelhantes, que "baseia seu caráter nos frívolos ornamentos do vestuário e aparatos ou nas igualmente frívolas realizações do comportamento na vida comum" (TMS,309).

"A grande falácia do livro do sr. Mandeville", resumiu Adam Smith, "é representar todas as paixões como sendo inteiramente perversas, desde que possam sê-lo em algum grau ou em qualquer direção." Entretanto, com tudo isso, ponderou, não estava nada claro qual fora o verdadeiro impacto de sua filosofia moral "licenciosa" sobre a vida dos homens, sendo preciso não superestimá-lo. E concluiu:

> Assim é o sistema do dr. Mandeville, que tanta agitação já provocou no mundo e que, embora talvez jamais tenha dado ocasião a mais vícios do que haveria sem ele, ao menos ensinou esse vício, que emergia de outras causas, a mostrar-se com mais insolência e a alegar a corrupção de seus motivos com uma audácia desavergonhada de que nunca antes se teve notícia (TMS,312-3).

Uma conclusão inegavelmente digna, poderíamos acrescentar, do filósofo que no Livro V de *A riqueza das nações* afirmara (buscando inspiração em sua ampla formação clássica) que "não existe nada tão absurdo que não tenha alguma vez sido declarado por alguns filósofos" (WN,876).[7]

Em princípios do seculo XIX a pressão para simplificar e mecanizar o comportamento humano no pensamento econômico claramente intensificou-se. Na introdução a seus *Princípios de economia política* (1820), T. R. Malthus já percebia a necessidade de ressaltar que "a ciência da economia política assemelha-se mais à ciência da moral e política do que à da matemática". Ele criticou a "tentativa precipitada de simplificar e generalizar" prevalecente "hoje em dia entre os autores científicos da economia política" — a principal obra teórica de D. Ricardo fora publicada três anos antes — e justificou essa posição salientando o fato de que as ações econômicas não possuíam a regularidade relativa dos fenômenos físicos comuns, pois dependiam "da atividade de um ser tão variável quanto o homem e das qualidades de um componente tão variável quanto o solo".[8] E quase duas décadas mais tarde, J. S. Mill comentaria, com respeito a seu antigo preceptor, Bentham, que "o homem, esse ser extraordinariamente complexo, é muito simples aos seus olhos" (CW10,96).

O jovem Mill, é bem verdade, em seu ensaio de 1830 sobre o método econômico, avançara muito em direção ao "homem econômico" quando procurara examinar e justificar as premissas tácitas que permeavam a economia ricardiana — a suposição de que nenhum outro motivo para a ação além do desejo de ganho material e acumulação de capital merecia grande consideração por parte do cientista econômico. Isto, argumentou Mill, não passava de uma premissa hipotética, e "nenhum economista político jamais foi tão absurdo a ponto de supor que a humanidade seja assim constituída". Contudo, o "desejo de riqueza" e a primazia da motivação monetária nas transações econômicas, insistiu, eram de fato "o mais próximo da verdade" de todos os igualmente simples pontos de partida da análise econômica abstrata, podendo, portanto, permitir em teoria uma "aproximação melhor da verdadeira ordem" de nossas atividades econômicas do que de outro modo seria possível.[9]

Porém, na época em que se pôs a redigir seu próprio tratado econômico, os *Princípios de economia política* (1848), Mill já se afastara bastante de ambos, do ricardianismo ortodoxo e do tosco utilitarismo benthamista que fora obrigado a engolir desde a infância. Em particular, ele se livrara da rígida aceitação da hipótese ricardiana do "homem econômico" que tão vigorosamente procurara justificar em seu ensaio programático inicial. E, em conseqüência (como salientou Marshall com grande perspicácia), em seus *Princípios* Mill "não tentou distinguir com linhas rígidas as argumentações que pressupõem ser a busca da riqueza o único motivo do homem daquelas que não o fazem" (PEC,632n).

Assim, por exemplo, no Livro I ("Produção") dessa obra, Mill explicou a marcante propensão da classe média inglesa a poupar e acumular, referindo-se a fatores não-econômicos que incluíam, no caso da Inglaterra, "a extrema incapacidade do povo para a diversão pessoal que caracteriza os países por onde passou o puritanismo" (CW2,171). E no Livro IV ("Influência do progresso da sociedade sobre a produção e distribuição"), ele não só defendeu o fim do crescimento econômico e da acumulação de capital, alegando que

> É somente nos países atrasados do mundo que a produção crescente continua a ser [1848] um objetivo importante: nos mais avançados, o necessário economicamente é uma distribuição melhor,

mas prosseguiu ousando atribuir à motivação monetária seu verdadeiro valor, evocando primeiro as tremendas vantagens e realizações econômicas dos estados setentrionais norte-americanos e observando que, embora eles "não tenham pobreza", mesmo assim "tudo que aquelas vantagens parecem ter feito por eles até agora é que a vida de todo um sexo é devotada à caça de dólares, e a do outro sexo à procriação de caçadores de dólares" (CW3,754-5).[10]

A percepção de Mill sobre o "espírito inquieto dos americanos em meio à sua prosperidade", cabe lembrar, tinha muito em comum com os comentários feitos pelo filósofo político francês A. de Tocqueville em *Democracia na América* (1835):

> O nascido nos Estados Unidos aferra-se aos bens deste mundo como se tivesse a certeza de que nunca morrerá; e com tamanha afoiteza ele se apodera de tudo ao seu alcance que dá a impressão de estar constantemente receoso de não viver o bastante para desfrutá-lo. Tudo ele agarra, e nada segura com força bastante, logo abrindo mão do que tem em busca de novas gratificações. Nos Estados Unidos o homem constrói uma casa para nela passar seus derradeiros anos e a vende antes de o telhado estar pronto; planta um pomar e o arrenda antes de as árvores começarem a dar frutos; ara um campo e deixa que outros colham a safra; adota uma profissão e dela desiste; estabelece-se num lugar que logo depois abandonará, levando a outras paragens seus anseios mutáveis [...] A morte por fim o alcança, mas isso ocorre antes que ele esteja cansado de sua busca infrutífera daquela felicidade completa que está perpetuamente em movimento.[11]

Mas o que distingue a postura de Mill é sua confiança em que o "cultivo mental" e a "educação moral" dos agentes produziriam a mudança desejada, ou seja, uma sociedade próxima da meta de "todos iguais e cultos". As perspectivas do futuro, afirmou ele referindo-se às classes trabalhadoras, "dependem do grau em que eles possam ser tornados seres racionais": " O progresso em verdade até aqui tem sido, e ainda é, lento. Mas existe uma educação espontânea em andamento na mente da multidão, a qual pode ser grandemente acelerada e melhorada por auxílios artificiais" (CW3,763). Além disso, acrescentou:

> No presente estágio do progresso humano, quando idéias de igualdade disseminam-se dia a dia entre as classes mais pobres e não mais podem ser tolhidas por qualquer coisa além da total supressão da discussão impressa e até mesmo da liberdade de expressão, não se deve esperar que a divisão da raça humana em duas classes hereditárias, empregadores e empregados, possa ser mantida permanentemente (CW3,766-7).

Portanto, singularmente, a obra que ainda é vista por muitos como um clássico da tradição liberal e à qual "a burguesia", como observou Schumpeter, "concedeu uma recepção tão [favorável]" na verdade "encerrava uma mensagem socialista e foi escrita por um homem sensivelmente sem simpatia pelo sistema de valores da burguesia industrial".[12]

Mas o essencial a salientar é que Mill, ao contrário de Adam Smith, jamais expressou sérias dúvidas quanto ao poder e eficácia das idéias, ou seja, da campanha filosófica e da persuasão moral. Smith, como já se viu, rejeitou a "licenciosa" e errônea rejeição mandevilliana da filosofia moral, opondo-se vigorosamente à tentativa de negar a realidade da conduta moral por meio da postulação de um soberano e homogêneo "amor-próprio". Mas ele também teve o cuidado de aventar que o grau de "vício" em nosso comportamento pode não ter aumentado (e provavelmente não aumentou) em razão dessa doutrina "que tanta agitação já provocou no mundo". Se a virtude não pode ser ensinada, o vício também não. (A filosofia da ação subjacente a essa concepção será examinada adiante, nos capítulos 6 e 7.)

De modo semelhante, em *A riqueza das nações* Adam Smith afirmara: *a*) que o fator mais importante responsável pela prosperidade econômica e pelo "progresso da opulência" nos países civilizados, ou seja, a divisão do trabalho e o processo associado de mudança técnica, havia sido "resultado da ação humana, mas não a execução de qualquer desígnio humano":

> A divisão do trabalho, da qual se obtêm tantas vantagens, não é originalmente o efeito de uma sabedoria humana que prevê e tenciona a opulência geral que ela origina. Ela é a conseqüência necessária, ainda que muito lenta e gradual, de uma certa propensão da natureza humana que não tem em vista uma utilidade assim tão ampla: a propensão a barganhar, permutar e trocar uma coisa por outra (WN,25);[13]

e *b*) sugeriu que, embora as instituições humanas e os sistemas errôneos de economia política pudessem acabar "frustrando" ou retardando as "inclinações naturais do homem" e o "curso natural das coisas", seu efeito real era limitado e não deveria ser superestimado. "O curso natural das coisas", como explicou Smith na *Teoria dos sentimentos morais*, "não pode ser inteiramente controlado pelos esforços impotentes do homem: a corrente é demasiado rápida e forte para que ele a interrompa" (TMS,168):

> O esforço uniforme, constante e ininterrupto de todo homem para melhorar sua condição, o princípio do qual originalmente deriva a opulência pública e nacional, bem como a privada, é com freqüência poderoso o bastante para manter o rumo

> natural das coisas na direção do progresso, apesar das extravagâncias do governo e dos grandes erros de administração. Como o desconhecido princípio da vida animal, ele muitas vezes restaura a saúde e vigor do organismo, a despeito não só da doença mas também das prescrições absurdas do médico (WN,343) [...] no organismo político, o esforço natural que cada homem continuamente faz para melhorar sua própria condição é um princípio de preservação capaz de prevenir e corrigir, em muitos aspectos, os efeitos perniciosos de uma economia política em certo grau parcial e opressiva. Tal economia política, embora sem dúvida retarde em grau maior ou menor, nem sempre é capaz de interromper por completo o progresso natural de um país em direção à riqueza e prosperidade, e menos ainda de fazê-lo retroceder. Se um país não conseguisse prosperar sem desfrutar de liberdade perfeita e justiça perfeita, não existiria no mundo um só país que houvesse prosperado. No organismo político, todavia, a sabedoria da natureza felizmente tomou amplas providências para remediar muitos dos efeitos nocivos da tolice e injustiça do homem, da mesma maneira que fez no organismo natural para remediar os de sua indolência e intemperança (WN,674).

É perfeitamente coerente com essa concepção o fato de, em sua crítica ao "sistema agrícola de economia política" proposto por Quesnay e sua escola, Adam Smith ter-se esforçado para não exagerar as conseqüências práticas das deficiências teórias desse sistema. Ele descreveu a economia da fisiocracia, de maneira muito semelhante àquela como descrevera o pensamento ético de Mandeville, como uma doutrina que

> no presente existe apenas nas especulações de alguns homens de grande erudição e engenho na França [...] um sistema que jamais causou, e provavelmente jamais virá a causar, mal algum em qualquer parte do mundo (WN,663).

Mas Mill, ao contrário, magnificou tanto quanto parece ter-lhe sido possível a realidade do malefício prático resultante de visões errôneas na ética e na economia política. Assim, criticando a persistente confusão de Bentham entre o interesse individual e os princípios de ação egoístas, "puramente interesseiros" da natureza humana, argumentou:

> Pela divulgação dessas idéias sobre a natureza humana e por um tom geral de pensamento e expressão perfeitamente em harmonia com elas, julgo que os textos do sr. Bentham causaram e estão causando um mal muito grave [...] É difícil conceber

uma tendência mais incoerente com toda a esperança racional do bem para a espécie humana do que a que pode ser inculcada por doutrinas assim em qualquer mente na qual elas encontrem acolhida (CW10,15).

Inversamente, como já vimos (capítulo 1), Mill também fizera todo o possível para ressaltar o irresistível poder da filosofia tendo em vista a reforma socioeconômica. E, em suas obras econômicas maduras, não abandonou seu pensamento ético reconstruindo o homem ("esse ser extraordinariamente complexo") como um "simplório jogador de *pushpin*".* Como esclareceu em sua discussão sobre os direitos de propriedade e em sua defesa do estado estacionário nos *Princípios*, ele acreditava que o auto-interesse nem sempre é esclarecido ou equivalente ao comportamento egoísta e que as opiniões sobre os interesses podiam a ser alteradas e desviadas na direção desejada por meio de argumentos racionais e morais. Os agentes não deviam ser vistos como essencialmente insensíveis ou imunes a investidas iluminadas.

Portanto, foi só no último quartel do século XIX, com a reação contra a ortodoxia milliana encabeçada na Inglaterra por W. S. Jevons e com a ascensão da economia neoclássica que um "homem econômico" plenamente desenvolvido — em alguma medida análogo ao conceito do "homem-máquina" — finalmente assumiu um lugar mais permanente e definido no reino da economia.

É verdade que Ricardo e alguns de seus seguidores, como salientou Marshall, haviam formulado suas teorias econômicas "com a suposição tácita de que o mundo era feito de homens da City [de Londres]": eles viram o homem, por assim dizer, como uma quantidade constante e não se deram ao trabalho de estudar suas variações. As pessoas que eles conheciam eram sobretudo homens da City; e eles tomaram por pressuposto, tacitamente, que os demais ingleses eram muito parecidos com aqueles que eles conheciam na City".[14] Mas Mill descartara essa suposição ricardiana, e o próprio Marshall ainda acreditava que, na ciência econômica moderna, "o elemento humano, em contraste com o mecânico, está assumindo um lugar cada vez mais destacado". Os economistas, aventou, estavam "a cada ano passando a prestar mais atenção à maleabilidade da natureza

* *Pushpin*: jogo infantil com pinos. (N. T.)

humana e ao modo como o caráter do homem afeta os métodos prevalecentes de produção, distribuição e consumo de riqueza e é por eles afetado" (PEC,31-2). Como procurarei argumentar no restante deste capítulo (e na maior parte do seguinte), seria difícil conceber uma previsão mais errônea.

Em seu primeiro artigo de 1862, explicitando os alicerces de uma "teoria matemática geral da economia política", Jevons já fora bastante claro e direto com respeito ao que considerava ser necessário. "Uma verdadeira teoria da economia, [política]", escreveu, aludindo à estrutura benthamista de sua proposta, "só pode ser alcançada remontando-se às grandes molas propulsoras da ação humana — os sentimentos de prazer e dor." Ele admitiu que "existem motivos, quase sempre presentes entre nós, nascidos de consciência, compaixão ou de alguma fonte moral ou religiosa". Mas estes, prosseguiu, são motivos que uma teoria matemática geral da economia "não pode e não pretende abordar": "Eles permanecerão entre nós como forças importantes e perturbadoras; devem ser abordados, se tanto, por outros ramos do conhecimento apropriados".[15]

Foi por meio dessa iniciativa conceitual, como argumentarei a seguir, e da conseqüente especialização da "teoria pura" na hipótese do "homem econômico" como a definiu Jevons, que a elaboração matemática da "mecânica da utilidade e do auto-interesse" tornou-se um programa de estudos viável em economia. O motivo principal e algumas das características próprias dessa medida talvez não se evidenciem de modo mais cristalino do que na idéia da "mécanique sociale" apresentada por F. Y. Edgeworth em sua obra *Mathematical psychics: an essay on the application of mathematics to the moral sciences* (1881).

O objetivo fundamental da obra — como demonstra o título completo — era explorar as possibilidades do tratamento matemático das ciências morais, ou seja, da conduta prática humana. A justificativa de Edgeworth para esse propósito foi que o tratamento matemático da ação humana possibilitaria uma explicitação e uma abordagem mais exata do problema utilitarista: "a realização do somatório máximo da felicidade", no qual felicidade é definida como sendo equivalente às unidades de intensidade de prazer experimentadas pelo agente durante uma unidade de tempo.

Porém, os custos de aumentar uma certa forma de precisão e acuidade analítica neste contexto, como veremos em seguida, não foram insignificantes. Pois a aplicação dos instrumentos matemáticos da física à análise de nossas transações econômicas cobra um preço enorme do cientista moral. Em suma, ela demanda a normalização absoluta da conduta humana na vida econômica de modo a torná-la semelhante à máquina, no sentido de exigir respostas automáticas e uniformes dos agentes aos sinais dos preços na economia, independentemente das opiniões morais e estéticas que esses agentes possam ter.

Cria-se, por meio desta operação conceitual, uma grande cisão separando, de um lado, a ação *moral* e, de outro, a ação *econômica*, definida como sendo aquela que não é afetada por noções de dever, beleza, solidariedade ou obrigação moral, na medida em que está exclusivamente sujeita a cálculos de retorno das ações possíveis dentro do marco legal.[16] O domínio da teoria econômica, desse modo, se desembaraça por completo do domínio moral (escolha do que é moralmente correto) e também do domínio da ação impulsiva (determinada por instinto e destinada à satisfação imediata do apetite), para se tornar o reino da maximização vantajosa dos meios necessários à obtenção de fins externamente definidos, seja pelo senso de dever (moral) ou pelo impulso irrefletido (instinto).

É essa abstração quanto ao que constitui o tipo de ação econômica que permite a Edgeworth postular, como "o primeiro princípio da economia", que "todo agente é movido apenas pelo auto-interesse".[17] O que realmente se pressupõe no postulado do auto-interesse é a definição da ação econômica como uma ação na qual não têm influência alguma a moral e as preocupações não econômicas do agente, suas crenças e opiniões. O grande benefício obtido com essa definição é que, eliminando todas as questões de valores não econômicos e fins últimos da concepção de ação econômica, torna-se então possível lidar com o comportamento de todos os agentes como se ele fosse equivalente a uma participação em um jogo de calcular, não diferente da participação que existe, digamos, no jogo de xadrez ou no aspecto puramente operacional de um confronto militar.

De fato, o postulado em si mesmo "não exclui o santo nem Gengis Khan".[18] Só é necessário que o comportamento tanto do santo como o de Gengis Khan na esfera econômica sejam normalizados e tornados moralmente neutros — ambos igualmente trocando seu lazer e dotações pelos meios que lhes permitirão efetivamente agir conforme suas visões do que é bom e, assim, maximizar as unidades de intensidade de prazer por unidade de tempo. Evidentemente, existem nesse jogo a perda e o ganho. E um tipo de caráter como o de Gengis Khan ("Governante Poderosíssimo") talvez tenha maior probabilidade de sair-se melhor do que o santo na "inofensiva" arte de transferir recursos para atividades que produzam taxas de retorno mais elevadas. Mas na medida em que eles se abstenham de desrespeitar as leis, supõe-se, não existe certo ou errado, bem ou mal em seus atos. Está-se, por assim dizer, em "férias morais" na província da economia.

Como qualquer abstração, esta simplifica seu objeto. Obviamente, é impossível pensar sem abstrações, e a ciência atua não procurando livrar-se delas, mas selecionando criticamente alguns modos de abstração promissores e então elaborando, de maneira altamente especializada, suas implicações lógicas e empíricas. Ademais, a simplicidade e a generalidade das teorias são propriedades muito desejáveis. Saber pensar significa, como já se disse, "saber como tornar as coisas mais simples do que são". Portanto, a verdadeira questão não é tanto de "falta de realismo" quanto de avanço cognitivo e prático. É esta, com efeito, a perspectiva da filosofia baconiana da ciência:

> Haverá possivelmente alguns em cujos ouvidos minha freqüente e honrada alusão a atividades práticas produz um som desarmonioso e incômodo porque se encontram de todo entregues ao amor e à reverência pela contemplação. Lembrem-se esses de que são os inimigos de seus próprios desejos. Pois na natureza os resultados práticos são não apenas o meio de melhorar o bem-estar mas também a garantia da verdade. O preceito religioso de que um homem deve mostrar sua fé por meio de suas obras vale também na filosofia natural. Também a ciência deve ser conhecida pelas obras. É pelo testemunho das obras, e não pela lógica ou mesmo pela observação, que a verdade é revelada e estabelecida. Decorre disto que o melhoramento da mente do ser humano e o melhoramento de sua condição são a mesma coisa.[19]

Portanto, o verdadeiro teste para um conjunto de afirmações positivas a respeito do mundo não está nas asserções que seus proponentes sem dúvida irão fazer em seu favor nem no refinamento lógico-matemático da teoria que eles formulam, e nem mesmo no grau de comprovação empírica. O verdadeiro teste cognitivo de uma teoria científica são seus frutos: sua capacidade de nos ajudar a diminuir a desarmonia entre, de um lado, nossos objetivos e, de outro, os rumos do mundo. Em outras palavras, sua contribuição para diminuir esse imenso — e, segundo alguns, cada vez maior — abismo que separa nosso potencial humano de nossas realizações.

E a verdade é que nem todos os economistas neoclássicos, particularmente Marshall e alguns de seus seguidores (como veremos no capítulo 4), consideravam essa simplificação específica do objeto econômico um alicerce proveitoso para a ciência econômica. O próprio Edgeworth reconheceu prontamente a natureza aparentemente "laputana" ou "quimérica" da iniciativa conceitual que levou à abstração das ações econômicas como tais de todos os valores e crenças possuídos pelos que as praticam. "O homem concreto do século XIX", escreveu ele, "é em grande medida um egoísta impuro, um utilitarista misto." Contudo, como ele confessou francamente, "pelo menos a *concepção do Homem como uma máquina de prazer* pode justificar e facilitar o emprego de termos mecânicos e raciocínio matemático na ciência social".[20]

O paradoxo dessa iniciativa está em que o que começa como uma tentativa de aumentar o rigor e poder cognitivo da investigação moral mediante o uso das técnicas e notação da física matemática acaba por privar a ciência moral de seu objeto essencial, isto é, a diversidade e maleabilidade da conduta humana na esfera de ação econômica e em qualquer outra, e a dependência de qualquer ordem socioeconômica com relação a um conjunto de valores e crenças comum à maioria de seus membros. O ideal de uma "mécanique sociale" concebido por Edgeworth equivale, efetivamente, à auto-aniquilação da economia como ciência moral:

> A "mécanique sociale" pode um dia assumir seu lugar ao lado da "mécanique céleste", cada qual entronizada no duplo ápice de um princípio máximo, o supremo ápice da moral e da ciência física. Assim como os movimentos de cada partícula, reprimida ou livre, em um cosmo material encontram-se continuamente subordinados a um somatório máximo de energia acumulada, também os movimentos de cada espírito, seja ele egoisticamente isolado ou solidariamente ligado, podem continuamente estar realizando a energia máxima do prazer, o amor Divino pelo Universo.[21]

Claramente, o que está em jogo aqui não é tanto (como com freqüência se julga ser) o descaso por "um pouco mais de espaço lá em cima" para as motivações que impelem os agentes econômicos à ação, e sim a eliminação de todo o espaço para a autonomia e responsabilidade nas transações econômicas.

A característica distintiva do "homem econômico" como uma "máquina de prazer" está em que ele não é um agente moral em suas transações, e sim um jogador. Sua psicologia e motivações (sejam elas "elevadas", como na "livre escolha por parte de cada invidíduo daquela linha de conduta que após cuidadosa reflexão lhe parece ser a melhor", segundo Marshall, ou "inferiores", como por exemplo o "espírito animal" keynesiano), tanto quanto seus valores e crenças, são consideradas irrelevantes na análise de suas transações e da descrição científica de seu comportamento. Mas seja qual for a liberdade de ação para estabelecer "teoremas de interesse intelectual e estético"[22] permitida por essa descontaminação da ação econômica de tudo que preocupa o homem, emergem duas questões importantes.

A *primeira* é a seguinte: a economia deixa de ser uma ciência moral. A concepção de que os julgamentos de valor e crenças gerais dos agentes moldam sua conduta econômica deixa de ser levada em conta para explicar o comportamento observável dos agentes no sistema. Estritamente falando, passa a não ter sentido procurar dissuadir os agentes econômicos de uma certa linha de ação para fazê-los perceber e seguir uma linha mais desejável. É somente mudando algumas regras do jogo econômico e administrando os sinais de preço apropriados que é possível alterar o comportamento dos agentes envolvidos e produzir os ajustes necessários. Não há lugar para a persuasão moral quando o palco econômico é montado e os atores começam suas atividades.

Deste ponto de vista, não interessa se Marshall estava ou não certo ao afirmar que "sem dúvida os homens, mesmo agora, são capazes de muito mais préstimos altruístas do que em geral oferecem"; mas ele sem dúvida estava apregoando um objetivo ilusório quando concluiu dessa alegação que "o propósito supremo do economista é descobrir como essa vantagem latente pode ser desenvolvida com a maior rapidez e aproveitada mais sabiamente" (PEC,8). De fato, o desejo de Marshall de que seu livro fosse "lido por homens de negócio" — tanto quanto, podemos notar, o de Marx de fazer de *O capital* a bíblia da classe operária — passa a ser agora, segundo Schumpeter, "uma estranha ambição".[23]

A *segunda* questão é: nada impede que o que originalmente foi elaborado como uma abstração científica potencialmente útil venha a ser compreendido (ou mal compreendido) como sendo um preceito moral ou um estado de coisas desejável. A proposição de Hume de que nenhum conjunto de premissas não morais pode implicar logicamente uma conclusão moral constitui também um alerta do quanto é fácil e corriqueiro para a mente humana aventurar-se a dar esse passo. Se, por exemplo, a hipótese simplificadora de que os animais comportam-se como "autômatos naturais" revelou-se um ponto de partida bastante fértil em etologia, alguém pode ir além e concluir *à la* Descartes (ver a carta ao neoplatonista More já citada) que, por conseguinte, *é preciso* isentar os homens da suspeita de erro ao maltratá-los. Não há mal em "maltratar" um autômato (*res extensa*) ou "ser cruel" com ele.

O mesmo se aplica ao ato de, para fins de construção de modelos e previsões, descontaminar as ações econômicas das opiniões morais e estéticas daqueles que as praticam. Será desejável que esse desembaraço do circuito econômico com relação à moralidade seja buscado pelos que se dedicam ativamente a atividades econômicas? Evidentemente não é possível traduzir por completo essa abstração para nosso comportamento prático — a vida humana *como ela é* não se presta de modo algum às subdivisões precisas da análise abstrata. Mas, seguramente, ainda assim é possível avançar bastante nessa direção. E se alguma verdade existe na idéia de que "a melhor maneira de persuadir consiste em não persuadir", então é uma questão óbvia, porém não irrelevante, indagar se a economia moderna continua a funcionar como uma ciência moral (no sentido de Paley), embora presumivelmente a contragosto.

Se este é o caso, o "feriado moral" desfrutado pelos agentes na província da "teoria econômica pura" (economia neoclássica tradicional) constitui efetivamente muito mais do que um possível ponto de partida fértil para a análise. É uma abstração que com facilidade se presta a uma leitura normativa — um ensaio de persuasão moral que, embora diferente das notórias pregações de Marshall ou das ocasionais invectivas de Marx, de fato nem por isso é menos eficaz. Como recentemente se sugeriu, "a economia típica dos manuais didáticos detém-se mais ou menos nesse ponto: a prescrição é o auto-interesse, limitado pela lei"; a suposição, evidentemente, é que na esfera de ação econômica "só é necessário que cada indivíduo aja de modo egoísta para que se atinja o bem de todos" e que "os melhores resultados sobrevirão se as pessoas não pensarem absolutamente em termos morais e simplesmente agirem por egoísmo".[24] A "mão invisível" em ação aqui transforma *é* em *deve ser*. E o mínimo legal (cálculos de retorno segundo os limites da lei) é promovido ao status de um máximo moral (o bem de todos).

Assim, podemos considerar que a mecanização do quadro econômico proposta por Jevons, Edgeworth e alguns de seus contemporâneos combina duas tendências divergentes:

1) Existe a simplificação da ação econômica de modo a dar-lhe independência com relação aos fins morais. A característica principal da metamorfose dos agentes econômicos em "máquinas de prazer" está no fato de que eles deixam de ser pessoas morais e se tornam jogadores, cada qual calculando seu próprio caminho — sempre dentro dos limites legais — em direção aos meios que lhes permitirão realizar seus desejos e compromissos quando saírem da esfera de ação puramente econômica.

2) Existe a metamorfose dos agentes econômicos em "máquinas de prazer" como se constituísse, ela própria, um fim. As ações econômicas, argumenta-se, devem ser puramente instrumentais em vez de ser fins em si mesmas. E é benéfico, dadas a natureza e as propriedades de uma economia de mercado pura, que os agentes suspendam suas crenças e opiniões morais enquanto procuram acumular ao custo mais baixo o máximo dos meios necessários para a satisfação de suas preferências. Libertar a vida econômica da moralidade revela-se não apenas um ponto de partida promissor para a análise abstrata mas também se torna um ponto de chegada moral, ou seja, um estado de coisas desejável.

4. Homem econômico e homem-máquina

Alguns paralelos lógicos e contrastes entre os dois conceitos

Até agora, a argumentação indicou três abordagens básicas da questão do papel das crenças e opiniões no comportamento econômico do agente individual. O capítulo 1 apresentou a posição predominante na filosofia econômica: "As idéias governam o mundo dos assuntos humanos e seus eventos". Ressalta-se diretamente o poder das crenças e opiniões para determinar a conduta, e estas são, elas próprias, explicadas por muitos (exceto por Hume) como resultantes da "guerra das idéias" travada pelos intelectuais, em especial os que lidam diretamente com questões econômicas e políticas.

O capítulo 2 delineou a mudança radical com relação a essa visão associada ao fisicalismo e à doutrina do "homem-máquina": "Os eventos mentais são fenômenos causados sem eficácia causal". As crenças e opiniões dos agentes, na medida em que se correlacionam com as ações corporais destes, são descartadas como epifenômenos, ou seja, uma subclasse de eventos fisiológicos desprovida de um verdadeiro poder explicativo.

Por fim, o capítulo 3 apontou as origens da formulação do conceito do "homem econômico" na história da ciência econômica, concentrando-se na ascensão da teoria neoclássica tradicional e em sua tentativa de elaborar uma "mecânica da utilidade e do auto-interesse" ou "mécanique sociale". Uma característica essencial dessa iniciativa, argumenta-se, foi a normalização do comportamento econômico, de modo que as ações do agente individual pudessem ser explicadas como respostas automáticas a mudanças nos sinais de preço na economia.

Neste capítulo procurarei reunir as linhas de raciocínio dos dois capítulos precedentes e examinar alguns paralelos lógicos e contrastes subjacentes ao *rapprochement* entre a economia moderna ("homem econômico") e a ciência moderna ("homem-máquina"). Em seguida, mostrarei que: *a*) embora possa não existir coisa alguma na natureza do mundo que exclua em princípio a autonomia do agente individual ou sua capacidade para a verdadeira independência na vida prática — como ocorreria caso a tese fisicalista fosse verdadeira —, *b*) o "homem ideológico" da filosofia econômica é fundamentado em uma interpretação acentuadamente intelectualista da atividade humana e dos modos como atuam os mecanismos relevantes de fixação das crenças; por conseguinte, é preciso apontar suas graves limitações. Finalmente, proporei a existência de duas restrições fundamentais à afirmação dos filósofos econômicos de que "as idéias governam o mundo dos assuntos humanos"; esses dois argumentos limitadores são expostos no final deste capítulo e retomados com mais detalhes respectivamente nos capítulos 5 e 6-7.

A transição da economia política clássica para economia neoclássica tradicional marcou-se por uma vigorosa tentativa de aumentar a clareza, o rigor e a precisão da teorização econômica. Como se sabe, no último quartel do século XIX a insatisfação com a ortodoxia milliana era generalizada e diversificada. E, embora os críticos não conseguissem refutar ou aniquilar diretamente o sistema vigente (sendo uma notória exceção a refutação da doutrina do fundo de salários), trataram de assentar novos alicerces para a disciplina como um todo e de substituir seus métodos de raciocínio, argumentação e apresentação.

O avanço neoclássico fundamentou-se em: *1*) uma nova ênfase, na análise econômica, sobre a teoria do consumo e o valor de uso ou utilidade dos bens — distanciando-se radicalmente da preocupação clássica com a teoria da produção, acumulação e desenvolvimento econômico; *2*) o redescobrimento — tendo como pioneiros A. Cournot, H. H. Gossen e J. H. von Thunen — de que os processos econômicos prestavam-se ao emprego de técnicas de análise marginais, ou seja, o método para a determinação de posições ótimas por variações infinitesimais, na margem, de variáveis específicas; *3*) a formulação matemática do conceito de equilíbrio geral — essencialmente uma visão da interdependência dos fenômenos econômicos e das propriedades de *feedback* do mecanismo de preço em economias de mercado puras, visão essa que deriva dos dois primeiros livros de *A riqueza das nações* mas que fora, de certo modo, em grande medida deixada de lado pelas duas gerações de economistas clássicos depois de Adam Smith.[1]

Mas essas realizações, bem como os níveis mais elevados de clareza, rigor e precisão na análise econômica associados à ascensão da teoria neoclássica, tiveram seu preço. Pois eles implicaram, entre outras coisas, uma drástica simplificação e homogeneização das atividades humanas nos assuntos econômicos. As explicações do comportamento individual na vida prática precisaram ser acentuadamente normalizadas. O novo caminho da teorização econômica acarretou uma redução dos fatores ligados à escolha. Em particular, implicou a exclusão de explicações teleológicas do comportamento, ou seja, da atividade humana descrita e explicada em termos dos propósitos, objetivos não econômicos e julgamentos de valor (escolhas morais) dos que a praticam. E, como corolário disso, salientou-se então uma tendência marcante a tratar a natureza humana como uma constante no tempo e a supor que o auto-interesse do agente individual em face das restrições com que ele depara era uma concepção clara, direta e auto-explicativa. A ruptura, como tentarei mostrar a seguir, foi tanto com o mundo milliano quanto com o marshalliano.

Marshall, como já vimos, interpretou os *Princípios* de Mill, publicados em 1848 — de longe o tratado mais popular e respeitado da tradição clássica inglesa —, como "a primeira indicação importante do novo movimento" no progresso da economia como ciência (PEC,631-2). Esse movimento, segundo Marshall, caracterizou-se pela revisão fundamental do tratamento reducionista ricardiano do comportamento econômico e da "crescente tendência dos economistas a levar em consideração a maleabilidade da natureza humana". Em passagem que evidencia seu ponto de vista com respeito ao impacto sobre a economia e à influência social mais ampla da contribuição milliana, ele escreveu:

> Os seguidores de Mill deram continuidade ao afastamento deste da posição assumida pelos seguidores imediatos de Ricardo; e o elemento humano, no que se distingue do elemento mecânico, vem ganhando um lugar cada vez mais destacado na economia [...] Uma idéia mais elevada do dever social está se disseminando por

toda parte. No Parlamento, na imprensa e no púlpito, o espírito de humanidade fala com mais nitidez e fervor. Mill e os economistas que o seguiram ajudaram a promover esse movimento geral e foram, por sua vez, ajudados por ele (PEC,632).[2]

Mill, de fato, afastara-se bastante das suposições de comportamento que fundamentavam o hedonismo benthamista e a economia ricardiana. "Enquanto as mentes são toscas, requerem estímulos ordinários, deixem-nas tê-los"; porém, julgava ele, estava claro que as mentes não deveriam permanecer toscas por muito tempo, e "o atual [1848] estágio muito incipiente de progresso humano", com sua ênfase na competição e acumulação de capital a qualquer custo e seu consenso tácito de que "ficar o mais rico possível [é] o objetivo universal da ambição", não devia ser considerado "o destino mais desejável da humanidade ou qualquer coisa que não os desagradáveis sintomas de uma das fases do progresso industrial" (CW3,754). A defesa do estado estacionário por Mill no Livro IV dos *Princípios*, também cabe observar, condiz com sua crítica à incapacidade de Bentham para perceber que a concepção de um homem quanto ao que vem a ser do seu interesse não é, na verdade, sempre equivalente à concepção mais restrita e egoísta (ou "vulgar") de auto-interesse. "Habitualmente, e ao longo de toda a sua obra", escreveu Mill com respeito a seu ex-mentor,

> no momento em que ele demonstra que o auto-interesse de um homem o impeliria a determinada linha de ação, ele estipula sem mais discussão que o interesse do homem está naquela direção; e, passando insensivelmente da acepção vulgar da palavra [interesse] para a filosófica, e da filosófica novamente à vulgar, a conclusão sempre apresentada é que o homem agirá conforme indica o interesse egoísta [...] [Mas] sobre os que precisam do alento e apoio de um moralista realmente inspirado [...] o efeito de textos como os do sr. Bentham, se estes forem lidos e aceitos e seu espírito assimilado, tem de ser abatimento e tristeza irremediáveis ou um irresponsável abandono a uma vida de deplorável egoísmo que lhes ensinaram ser inerente à sua natureza original e inalterável [...] [Ele] supõe que os homens são iguais em todas as épocas e lugares, que têm as mesmas necessidades e estão expostos aos mesmos males (CW10,14-6).

A posição de Bentham, afirmou Mill, era não só teoricamente errônea — "ele supõe que os homens são influenciados por apenas uma parte dos estímulos que realmente os movem, mas nessa parte imagina serem eles calculistas mais frios e ponderados do que são" (CW10,17) — mas também perversa na prática, pois implicava fechar as portas para a melhora da humanidade e o bem utilitarista. Portanto, embora reconhecesse a predisposição existente então na maioria das pessoas para o auto-interesse estritamente (ou "vulgarmente") definido, Mill asseverava que as coisas poderiam mudar, que deveriam mudar e, de fato, já estavam começando a mudar. Nem todos os homens viam seu interesse próprio da mesma maneira, e alguns sinceramente preferiam ser "um Sócrates insatisfeito a um porco satisfeito":

> Nada existe na constituição da natureza humana que impeça ser assim com toda a humanidade. Enquanto não for assim, a espécie humana jamais desfrutará a décima parte da felicidade à qual é suscetível nossa natureza. Considero inútil qualquer aumento considerável da felicidade humana devido a meras alterações de circunstâncias exteriores se não for acompanhado por alterações nos estados dos desejos (CW10,15).

Ênfase essencialmente semelhante na variabilidade da motivação por auto-interesse e da perfectibilidade do homem permeia toda a obra econômica de Marshall. Ele designou a ética por "senhora" da economia, e o "progresso da natureza humana" como "o centro do objetivo supremo dos estudos econômicos". Afirmou que a teoria da produção ("esforços e atividades") deve ter precedência sobre a do consumo ("necessidades") na economia, julgando que "embora as necessidades governem a vida dos animais inferiores, é às mudanças nas formas dos esforços e atividades que devemos recorrer quando buscamos as linhas mestras da história da humanidade" (PEC,72).[3]

Em todo o texto dos *Princípios*, Marshall enfatizou:

> É a deliberação, e não o egoísmo, a característica da era moderna [...] uma certa independência e o hábito de escolher por si mesmo o próprio caminho, uma autoconfiança, uma ponderação e contudo uma presteza de escolha e julgamento, e um hábito de prever o futuro e de moldar seu caminho tendo em vista objetivos distantes (PEC,4-5).

"É essa força do próprio homem", indicou mais adiante (Livro IV), "essa resolução, energia e autodomínio ou, em suma, esse 'vigor', a fonte de todo progresso; ela se mostra nas ações grandiosas, nas idéias grandiosas e na capacidade de verdadeiro sentimento religioso" (PEc,162). Como explicou em *Industry and trade* (1919):

> O problema dos objetivos sociais assume formas novas em cada época; porém, alicerçando todas, encontra-se um princípio fundamental, qual seja, o de que o progresso depende sobretudo do grau em que as mais potentes, e não meramente as mais elevadas, forças da natureza humana podem ser utilizadas para o aumento do bem social [...] Pois sempre houve uma concordância essencial em que o bem social reside primordialmente naquele salutar exercício e desenvolvimento de faculdades que produz felicidade sem fastio, porque sustenta o auto-respeito e é sustentado pela esperança. Nenhuma utilização de gás perdido em alto-forno pode comparar-se ao triunfo de fazer do trabalho em prol do bem público um prazer em si mesmo e de estimular homens de todas as classes a grandes esforços por meios outros que não a evidência de poder manifestada por meio de gastos profusos.[4]

Portanto, Marshall não deixou dúvidas de que considerava seu pensamento e ensinamentos uma continuação direta do movimento milliano pelo qual "o elemento humano, diferentemente do mecânico, vem ganhando um lugar cada vez mais destacado na economia" (PEc,632). À medida que os agentes tornam-se cada vez mais guiados pela moral na vida econômica cotidiana — mais resolutos, dispostos a cooperação motivada e mais capazes de iniciativa positiva em todas as esferas de ação —, também a ciência econômica, afirmou, deve seguir o exemplo e não só permitir que considerações éticas pesem mais na explicação do comportamento econômico mas, o que para ele era inegavelmente vital, deve igualmente ajudar de modo positivo os esforços da comunidade para pensar com clareza e sabedoria sobre os problemas éticos da vida privada (como se deve viver?) e da vida pública (o que torna uma comunidade justa e boa?).

Com a vantagem da análise retrospectiva não fica difícil perceber que o rumo dos acontecimentos desde a época de Marshall refutou impiedosamente suas expectativas quanto à "crescente tendência dos economistas a levar em consideração a maleabilidade da natureza humana" — a idéia de que "as mudanças na natureza humana nos últimos cinqüenta anos foram tão rápidas que se impuseram à atenção [dos economistas]" (PEc,631). Os cientistas econômicos da corrente dominante depois de Marshall claramente não sentiram sua atenção ser atraída por alguma miragem da perfectibilidade humana, assim como não se viram em nenhum sentido inclinados a adorar a Meca de Marshall (biologia evolucionista).

Segundo Jevons e a doutrina neoclássica tradicional, as leis da teoria econômica pura

> são tão simples em sua fundamentação que se aplicariam, de maneira mais ou menos completa, a todos os seres humanos de que temos conhecimento [...] A teoria da economia revela ser, de fato, a mecânica da utilidade e do auto-interesse.

Introduzindo sua teoria pura da economia, Jevons declarou:

> Pode ter havido omissões na exposição dos detalhes, mas em suas características principais esta teoria tem de ser a verdadeira. Seu método é tão seguro e demonstrativo quanto o da cinemática ou estática, aliás quase tão evidente por si mesmo quanto os elementos de Euclides quando o verdadeiro significado das fórmulas é totalmente compreendido.[5]

Porém, cabe observar que não existe uma conexão essencial entre a teoria neoclássica tradicional e o hedonismo psicológico encontrado em Bentham. Pois, embora Jevons e Edgeworth, como já vimos (capítulo 3) tendessem a fundir aquelas duas linhas e a expressar suas propostas na linguagem do utilitarismo benthamista, outros líderes do movimento neoclássico, como por exemplo os austríacos C. Menger e E. Bohm-Bawerk, haviam formulado suas teorias sem recorrer à doutrina de Bentham ou a qualquer outra doutrina psicológica.

Esse aspecto é salientado por Robbins em sua tentativa de localizar e esclarecer a natureza do movimento neoclássico na análise econômica.

> Os temperos hedonistas das obras de Jevons e seus seguidores eram secundários na estrutura principal de uma teoria que — como demonstrou o desenvolvimento paralelo em Viena — é capaz de ser exposta e defendida em termos absolutamente não-hedonistas;

e tudo o que a teoria supõe, prossegue Robbins,

> é que bens diferentes têm usos diferentes e que esses usos diferentes possuem importância diferente para a ação, de tal modo que em uma dada situação um uso será preferível a outro, e um bem preferível a outro. Por que o animal humano atribui valores específicos neste sentido a coisas específicas é uma questão que não discutimos. Essa é uma questão absolutamente da alçada de psicólogos e talvez até mesmo de fisiologistas.

Vem daí a conclusão de que

> O economista não se preocupa com os fins em si: Na mecânica pura, exploramos a implicação da existência de determinadas propriedades dos corpos. Na economia pura, examinamos a implicação da existência de meios escassos com usos alternativos.[6]

Portanto, a iniciativa crucial de "reescrever desde os alicerces" associada à ascensão da teoria neoclássica tradicional não foi tomar por base alguma doutrina psicológica (hedonismo) ou ética (egoísmo) específica. O passo crucial foi a decisão de desconsiderar todas as questões concernentes às origens e formação dos "gostos e preferências" dos agentes — sua escolha dos fins e as motivações não-econômicas de suas atividades econômicas — de modo a concentrar o esforço analítico na teoria das interações de mercado e na lógica do comportamento individual considerado um conjunto de reações condizentes com os estímulos apropriados em um cenário econômico (ou seja, os preços). Como os gostos e preferências dos agentes são supostamente dados e como os meios escassos ("dotações") à disposição daqueles foram estabelecidos exogenamente, o teórico puro tem carta-branca para especular sobre a coerência e as propriedades gerais do sistema produzido pelas transações mútuas dos agentes.

O resultado é uma concepção puramente atomística da economia, na qual a idéia de racionalidade aplica-se aos modos como se satisfazem determinados "gostos e preferências" e se superam os "obstáculos" à satisfação deles, mas não à formação e seleção do comportamento como tal. Como V. Pareto deixou claro em seu *Manual de economia política* (1909), toda a teoria tem por base

> a determinação das quantidades de bens que constituem combinações às quais o indivíduo é indiferente [...] o indivíduo pode desaparecer, contanto que nos deixe essa fotografia de seus gostos [...] a teoria da ciência econômica adquire assim o rigor da mecânica racional.[7]

Assim, em conclusão, foi trabalho da própria geração de Marshall "manobrar o vagão da ciência econômica" (Jevons) firmemente até uma linha mecânica e, mais importante, assegurar que a atenção de gerações subseqüentes de economistas acadêmicos devidamente se voltasse para o desenvolvimento do recém-estabelecido programa de pesquisa. Apesar da vigorosa tentativa de Marshall de dar continuidade à tradição milliana, a reação contra a economia política clássica assumiu a forma de um crescente refinamento e formalização da "teoria econômica pura", ou seja, a "mecânica do auto-interesse e da utilidade". Ademais, um uso altamente seletivo das obras de Marshall possibilitou até mesmo incluí-lo no novo movimento. Só foi preciso para isso escolher nos *Princípios* a facilmente destacável análise do equilíbrio parcial apresentada no Livro V e convenientemente fazer vista grossa aos cinco demais livros de sua grande obra teórica. Esquecimento semelhante aguardava, é claro, sua importante avaliação do papel e limites das "analogias mecânicas" na teoria econômica e do lugar do célebre Livro V dos *Princípios* em seu próprio pensamento, avaliação essa que ele expôs em "Distribution and exchange" (1898), sua principal contribuição ao *Economic Journal*.[8]

É verdade que Marshall não conseguiu concluir seu empreendimento teórico deveras ambicioso no campo da economia: na sexta edição de *Princípios*, (1910), as palavras "Vol. I" na página de rosto foram substituídas por "Volume Introdutório". E ele observou também que considerava seu tratamento da variável tempo na teoria do valor e do modelo de equilíbrio parcial exposto no Livro V sua contribuição eminente para a economia. Contudo — e isto parece distingui-lo de outros teóricos neoclássicos de grandes pretensões — invariavelmente fez questão de salientar as deficiências do que fora realizado no campo da teoria pura e de chamar a atenção para o fato de que as economias de mercado modernas dependiam de adequadas bases morais para um funcionamento apropriado. Até mesmo a esfera de ação puramente econômica estava ancorada nos compromissos, objetivos e motivações não-econômicos dos agentes. Como explicou no Livro IV ("Agentes da produção") dos *Princípios*:

> As faculdades religiosas, morais, intelectuais e artísticas das quais depende o progresso da indústria não são adquiridas unicamente em razão das coisas que podem ser obtidas por meio delas, desenvolvendo-se, antes, por exercício, em virtude do prazer e felicidade que elas próprias proporcionam (PEC,206).

Ademais, a perfectibilidade humana, embora um processo lento, devia ser levada em consideração. Pois "ainda que haja na natureza humana um núcleo que quase nada mudou, muitos elementos do caráter do homem, da maior eficácia para fins econômicos, são de crescimento recente"; e salientou:

> a natureza humana pode ser modificada; novos ideais, novas oportunidades e novos métodos de ação podem, como demonstra a história, alterá-la extraordinariamente, mesmo em poucas gerações; e essa mudança na natureza humana talvez jamais tenha coberto uma área tão vasta e avançado tão rápido como na presente geração.[9]

Foi esta última crença que levou Marshall a prever a "crescente tendência dos economistas a levar em consideração a maleabilidade da natureza humana"; mas suas expectativas nessa direção revelaram-se uma racionalização de desejos tão gritantemente equivocada quanto, digamos, a de seu (então) célebre contemporâneo, o filósofo social H. Spencer, sobre o inevitável e iminente "definhamento" do controle do Estado sobre a economia nos países mais avançados do mundo.

Podemos resumir a conclusão dessas observações da seguinte maneira: com o advento da teoria neoclássica (*pace* Marshall), radicaliza-se a especialização na análise do comportamento econômico. Primeiro, toma-se a decisão de não levar em conta as origens e formação das preferências e dos objetivos não econômicos dos agentes; estes são supostos dados, e então tudo é construído a partir de suas implicações. Segundo, a própria ação econômica é depurada dos elementos psicológicos e éticos e interpretada como um processo de realizar objetivos dados pela seleção dos meios "ótimos", "mais eficientes" ou "racionais" disponíveis ao agente.

No nível do agente individual, o equilíbrio resulta da oposição entre seus "gostos", que são dados, e os "obstáculos" para satisfazê-los. O processo de decisão, no caso, é tipicamente representado como um processo de otimização. Consiste em obtenção e processamento de informações pertinentes (em si mesmo um processo custoso), e é realizado com vistas à seleção da linha de ação que proporcionará o maior retorno monetário. Portanto, envolve o uso de habilidades intelectuais, ou seja, busca e cômputo de informações dispersas no ambiente econômico, mas deixa de lado outros fatores mentais e considerações ligadas à conduta econômica comum, como por exemplo as variações nos hábitos ou os comprometimentos políticos e morais dos agentes e tomadores de decisão.

Se o exposto acima estiver aproximadamente correto, torna-se possível, agora, expor alguns paralelos lógicos e contrastes entre as duas abordagens da ação humana discutidas até aqui, ou seja, o "homem econômico" suposto pela teoria econômica pura e o constructo do "homem-máquina" que (como visto no capítulo 2) é associado à ascensão da ciência moderna. O tema, evidentemente, é vasto, e não temos aqui espaço (nem a pretensão) para fazer mais do que indicar alguns aspectos relevantes. Argumentarei que, embora existam algumas semelhanças superficiais entre as duas abordagens, seria equivocado e enganoso levar longe demais a comparação. Os conceitos em questão possuem um status epistemológico muito diferente, e só o conceito de "homem econômico" presta-se a uma leitura normativa; assim, ele pode ser visto como uma versão específica de filosofia econômica que, como suas rivais nessa área (ver capítulo 1), almeja o poder sobre as crenças e opiniões dos homens.

Começando pelos *paralelos* lógicos entre os conceitos de "homem econômico" e "homem-máquina", pode-se afirmar que ambos pertencem a uma linha de investigação mecanicista. As citações de economistas eminentes mencionadas acima encerram uma profusão de referências a "mecânica", "ciências mecânicas", "mecânica racional", "analogias mecânicas", "mécanique sociale" etc. Isso não é gratuito. Embora possa haver aqui uma tentativa implícita de tirar proveito do prestígio e autoridade da física matemática, permanece o fato de que existe também um esforço sincero da parte dos teóricos econômicos em questão para alcançar uma compreensão científica da ação humana e livrar-se de todos os vestígios de explicações teleológicas e causas finais em suas argumentações.

O objetivo é explicar o comportamento do sistema pelo comportamento de cada "partícula" (agente) nesse sistema e pela interação dinâmica entre elas. O resultado geral dessa interação é descrito como um "cosmo" (metáfora muito prezada) organizado, auto-regulado; e no que diz respeito às "partículas" e ao "cosmo", a segurança está em perguntar apenas "como?" e nunca "por quê?". Sem meias palavras (e parafraseando Voltaire), os agentes têm liberdade para discutir sobre a "melhor vida" e a "sociedade ideal" o quanto bem entenderem, mas "essas discussões são como a conversa fiada que se tem à mesa: depois do jantar, cada um esquece o que disse e vai para onde seu interesse e seu gosto o chama". Não cabe ao teórico puro procurar saber por que cada "partícula" comporta-se exatamente como ele supõe.

Por outro lado, existem importantes *contrastes* a apontar. O paralelo entre os dois conceitos funciona apenas em um nível de análise bem superficial. Primeiro, porque o comportamento do "homem econômico", diferentemente daquele do "homem-máquina", depende crucialmente de eventos mentais, ou seja, do raciocínio e do uso de conhecimentos. A doutrina do "homem-máquina" exclui a eficácia causal de todos os processos mentais: a mente humana, usando aqui a célebre analogia de T. H. Huxley, é mais bem descrita como o silvo de uma locomotiva a vapor, ou seja, um fortuito e insignificante subproduto de um mecanismo fisiológico. A noção central neste caso é "o princípio de que idéias, motivos e sentimentos não têm papel algum na determinação da conduta e, portanto, não têm papel na explicação desta".[10]

O contraste com o "homem econômico" é marcante. Pois neste os valores conscientes e os fins ocultos dos agentes não são descartados como causas imaginárias, mas simplesmente supostos como dados. Como expôs Robbins recentemente, salientando o contraste, "a influência da Reforma não acarretou mudanças nas forças da gravidade — mas certamente alterou a demanda por peixe nas sextas-feiras".[11] Mais importante é o fato de que, mesmo na esfera de ação puramente econômica, os processos de raciocínio têm um papel crucial. Embora não seja dado a permitir que suas crenças e opiniões — essas "forças eminentes e perturbadoras" (Jevons) — interfiram em suas atividades ou estorvem seus cálculos, o "homem econômico" ainda assim possui uma mente que influi. De fato, todas as suas transações no ciclo das trocas são essencialmente baseadas em uma operação distintamente mental e reflexiva, ou seja, o processamento inteligente e consciente de informações. Prevalece ainda uma mente convenientemente depurada.

Em segundo lugar, e questão central deste capítulo, os conceitos de "homem-máquina" e "homem econômico" possuem status epistemológico distinto e, por esse motivo, prestam-se a diferentes usos conceituais. Ambos, sem dúvida, são resultado de abstração. Porém, enquanto o "homem econômico" foi elaborado por uma ciência social especializada com o objetivo de lançar luz sobre um campo específico da vida econômica (em vez de fornecer uma explicação completa para o comportamento concreto), o constructo do "homem-máquina" destina-se a um conjunto de aplicações muito mais amplo, e na verdade geral ou totalizador. Enquanto o "homem econômico" aplica-se e serve melhor em questões de *indiferença* moral, como por exemplo "a reação do consumidor a uma elevação no preço da manteiga relativamente ao da margarina", a tese fisicalista, por sua vez, implica a *ineficácia* da reflexão moral e da operação mental em si.

De fato, os principais expoentes da economia neoclássica tradicional, mesmo tirando o máximo proveito do "homem econômico" em suas teorizações e às vezes fazendo afirmações excessivamente ambiciosas sobre os resultados obtidos, também tiveram o cuidado de ressaltar que era preciso recorrer a outras fontes de conhecimento para aproximar mais a teoria pura dos fatos empíricos e chegar a explicações satisfatórias do comportamento em casos concretos. Jevons, Menger e Edgeworth salientaram, todos, a idéia de que estavam lidando com uma esfera restrita da conduta humana na vida prática — o que os britânicos haviam designado por "cálculo da utilidade" e Menger por "comportamento economizador". Acreditavam na necessidade de especializar-se dessa maneira por ser essa a melhor maneira de avançar, no campo da teoria pura, de modo a evitar o beco sem saída a que conduzira a ortodoxia milliana.

Como Pareto deixou claro, talvez mais do que qualquer outro teórico moderno, a economia matemática é o estudo de um tipo específico de ações: as "ações lógicas". Estas são: *a*) baseadas em processos de raciocínio (excluindo o comportamento puramente instintivo, como por exemplo o das abelhas que constroem alvéolos nos favos de mel de modo a maximizar sua capacidade de armazenar o mel) e *b*) as que de modo lógico ou racional ligam os meios apropriados com os fins estipulados (em contraste com "ações não lógicas", isto é, originadas de "estados psíquicos definidos", "sentimentos" e "emoções subconscientes" e que têm por base não o cálculo e seleção de meios apropriados, mas fatores como costume, hábito, crenças supersticiosas, valores estéticos, noções de dever e coisas afins).

Mas as ações concretas, afirmou Pareto, são invariavelmente sintéticas. Abrangem, em vários graus, elementos lógicos e não lógicos que só podem ser separados por meio de análise e abstração. Assim, ele concluiu: "Não seria razoável pretender organizar os fenômenos econômicos apenas com as teorias da economia pura". E o próprio Pareto, talvez caiba observar, impressionado com a influência das "ações não lógicas" sobre o comportamento dos agentes ao seu redor, e especialmente com o que ele considerava "nossa marcante tendência a imaginar que as ações não lógicas são lógicas", dedicou parte substancial de suas investigações ao estudo das "ações não-lógicas" e dos mecanismos pelos quais os agentes iludem a si mesmos e aos outros convencendo-se — sobretudo a si mesmos — de que estão realizando "ações puramente lógicas".[12]

Mas se o constructo do "homem econômico" pode ser visto, ao menos em uma primeira abordagem, como nada mais do que uma hipótese de trabalho em uma disciplina especializada, destinada a lançar alguma luz sobre um aspecto reconhecidamente parcial do comportamento prático, o mesmo não se pode dizer quanto ao conceito do "homem-máquina". Pois este, conforme mostrarei a seguir, constitui um ponto de vista metafísico, ou seja, uma afirmação acerca da natureza do universo (ou da totalidade do real) e do lugar do homem nele. Segundo essa concepção, como alerta Mill em uma de suas primeiras obras, *A system of logic* (1843):

> Um estado mental nunca é realmente produzido por outro: todos são produzidos por estados do corpo. Quando um pensamento parece suscitar outro por associação, não é verdadeiramente um pensamento que atrai outro pensamento; não existia a associação entre os dois, e sim entre dois estados do cérebro ou dos nervos anteriores aos pensamentos; um desses estados chama o outro, sendo cada um acompanhado, em sua passagem, do estado mental específico dele resultante (CW8,850).

Assim, ocorreria que, como explicaria Huxley em seu texto "On the hypothesis that animals are automata and its history" (1874),

> Nossas condições mentais são simplesmente os símbolos na consciência das mudanças que acontecem automaticamente no organismo; [e] tomando um exemplo extremo, o sentimento que designamos por volição não é a causa de um ato voluntário, mas o símbolo daquele estado do cérebro que é a causa imediata do ato.[13]

Neste quadro, embora ainda se permita que os estados mentais (sentimentos, crenças, objetivos etc.) do agente individual coexistam com suas ações físicas, eles não podem, por princípio, explicá-las. Pois não apenas o mundo infra-humano, argumenta-se, mas o próprio *Homo sapiens* e seus assuntos práticos devem ser estudados *sub specie machinae* para que se chegue a uma compreensão verdadeiramente científica do homem e de seus atos. E se for possível demonstrar, para satisfação de todos os investigadores racionais, que a doutrina do "homem-máquina" é verdadeira, então a amostra das afirmações mencionadas no capítulo 1 segundo as quais "as idéias governam o mundo dos assuntos humanos e seus eventos" seria expulsa de campo, juntando-se a outros mitos há muito tempo descartados sobre as causas do comportamento humano que hoje enchem as páginas de tratados antropológicos versando sobre a "mentalidade primitiva". Até mesmo o "homem econômico", poderíamos afirmar, pareceria constrangedoramente magnânimo e ingênuo.

Evidentemente nem Mill nem Huxley arriscaram-se a dar um veredito conclusivo a essa *vexata quaestio* (Mill), a qual nitidamente continua sendo até hoje um problema à espera de solução. Podemos dizer que a postura do fisicalismo, do determinismo e do "homem-máquina" pertence àquela seleta classe de questões que, como observado recentemente, tendem a "fornecer aos filósofos assunto para discussão enquanto restarem filósofos para discutir". Os filósofos econômicos e os cientistas sociais em geral parecem ter respondido essencialmente segundo uma linha lockiana ou pragmática aos antigos problemas da autonomia e do papel dos valores éticos na era da ciência: "Não cabe a questão de se a Vontade é livre, mas a de se um Homem é livre", afirmou Locke:

> Aquele que tem seus grilhões arrancados e as portas da prisão abertas para ele está em perfeita liberdade, pois pode ir ou ficar, como lhe aprouver, ainda que sua preferência seja ficar, em razão da escuridão da noite, da inclemência do tempo ou da falta de outro abrigo. Ele não deixa de ser livre, apesar de o desejo de encontrar ali alguma comodidade determinar absolutamente sua preferência e fazê-lo permanecer na prisão.[14]

Um homem é livre mesmo se escolher permanecer na prisão. Mas se sua condição for tal que seu desejo de ficar ou ir não tenha influência na questão, então ele não é livre. A cidadela interior ("a Vontade") é mantida intacta; a verdadeira questão diz respeito às condições de concretizar as escolhas da pessoa.

Outros investigadores científicos, porém, não se esquivaram de atacar a cidadela interior. Desviar nossa atenção para o problema prático das condições do exercício da liberdade (como proposto por Locke) pode ser uma tática útil. Mas isso de modo algum resolve o tremendo problema intelectual representado pela questão de se a vontade consciente e os estados mentais do homem, em sua relação com o comportamento observável, pertencem ou não, como classe, ao sem-número de causas imaginárias expostas e demolidas pelo crescimento da ciência.

A questão parece, de fato, tão intricada e não resolvida hoje quanto era na época de La Mettrie. R. Sperry — eminente neurocientista americano que estuda a questão das relações funcionais entre valores éticos e fisiologia cerebral — afirma que "os processos mais internos do cérebro aos quais a consciência presumivelmente está associada não são absolutamente compreendidos." Como informou ele em *Science and moral priority* (1983):

> Nosso quadro explicativo do funcionamento do cérebro é razoavelmente satisfatório para as vias de entrada sensoriais e a porção distal do fluxo motor. Mas esse grande reino intermediário, começando no estágio em que as mensagens excitatórias vindas de fora atingem pela primeira vez a superfície cortical do cérebro, ainda hoje é designado muito apropriadamente "a misteriosa caixa-preta".

E o próprio Sperry, muito embora acredite sem reservas na idéia de que o homem é metafisicamente único e que "a mente move a matéria no cérebro [humano]", está disposto a admitir que, em suas próprias palavras, "Quanto mais aprendemos sobre o cérebro e o comportamento, mais determinista, regido por leis naturais e causal ele parece". Além disso, acrescenta,

> a convicção da maioria dos estudiosos do cérebro — cerca de 99,9% de nós, creio — [é] que forças mentais conscientes podem seguramente ser desconsideradas no que diz respeito ao estudo objetivo, científico do cérebro.[15]

Portanto, diferentemente do "homem econômico", a concepção do "homem-máquina" tem por fim reduzir completamente o mundo humano a seus próprios termos descritivos e explicativos. Assim, ela é totalmente incompatível com a idéia (fundamental na filosofia econômica e nas ciências sociais em geral) segundo a qual, de um modo ou de outro, "as idéias e outras entidades mentais regem os eventos fisiológicos e bioquímicos no cérebro".

Outro modo de considerar o contraste proposto entre o "homem econômico" — uma hipótese de trabalho em uma disciplina especializada — e o constructo do "homem-máquina" — parte de uma doutrina metafísica alicerçada na ciência — é salientar o fato de que apenas o primeiro presta-se a uma leitura normativa.

Obviamente não existe a questão de o agente individual enquadrar-se ou não nos padrões de comportamento estipulados pelo conceito de "homem-máquina". A questão, aqui, é se os seus estados mentais são ou não relevantes para explicar suas ações corporais. E a resposta, conseqüentemente, é "sim" ou "não". Se fosse possível conceber um *experimentum crucis* capaz de satisfazer até mesmo o mais intransigente empirista de que os estados mentais *são* relevantes, o "homem-máquina" cairia por terra. Mas se puder ser fornecida explicação confiável de suas ações mostrando que seus movimentos corporais, como o mundo dos fenômenos físicos, são completos em si mesmos ou auto-suficientes e, portanto, podem ser previstos com êxito sem que se faça referência alguma a seus estados mentais, então o "homem-máquina" *pode* estar correto. (Não existe na ciência uma verdade final, absoluta: ainda se poderia encontrar uma teoria rival que se revelasse ao menos tão poderosa quanto a concepção de "homem-máquina" em termos de previsão e que fosse também mais simples, mais geral ou menos distante da experiência subjetiva humana.) O que está fora de questão em qualquer dos casos é a idéia de que o agente individual pode almejar corresponder ou não ao modelo do "homem-máquina".

Claramente o mesmo não se aplica ao constructo do "homem econômico". De fato, como vimos, é perfeitamente possível argumentar — e muitos já o fizeram — que os interesses da sociedade como um todo são mais bem atendidos quando os agentes não levam em conta o que possam pensar ser o interesse da sociedade como um todo, moldando seu comportamento segundo os padrões da conduta "racional" ou "lógica" estipulados pelo "homem econômico":

> O que o homem racional [econômico] faria, o homem comum deve fazer [...] Onde ela [a teoria econômica] não explica, mostra aos homens como fazer melhor. Assim, sempre que se constata que agentes reais não são como determina a teoria, a crítica não é para a teoria, mas para os agentes.[16]

O "homem econômico" aqui se torna um ideal a ser almejado. Semelhante, portanto, não ao homem *sub specie machinae* da ciência moderna, mas ao "homem socrático" ou, mais precisamente, ao "homem ideológico" da filosofia econômica (capítulo 1). Assim, não há mais razão para reclamar (como fez o jovem Marx) que "no sistema econômico, sob o domínio da propriedade privada, o interesse que qualquer indivíduo tem pela sociedade está na proporção inversa do interesse que a sociedade tem por ele".[17] *Tout est bien.*

É esta última direção tomada pela argumentação que deixa bem clara a razão por que até mesmo as tentativas mais ambiciosas de conceber uma "mécanique sociale" análoga à "mécanique céleste" da ciência moderna, e gradualmente refiná-la até obter um modelo matemático confiável de nossa vida econômica, ainda tomam por base um ponto de partida exógeno, impecavelmente moral, ou seja, a decisão inicial dos agentes de livrarem-se de suas crenças e opiniões — essas "forças eminentes e perturbadoras" — ao ingressarem no circuito econômico e iniciarem suas transações mútuas. Pois um cosmo econômico inteiramente mecânico, no qual os agentes nunca deixam de curvar-se aos sinais de preço enviados pelos mercados e prontamente transferem suas dotações para ativos e atividades que produzem as taxas de retorno mais elevadas, é, com efeito, tão dependente de um conjunto de crenças compartilhadas pela maioria de seus membros quanto um sistema econômico altamente tradicional no qual a superstição religiosa (por exemplo, a crença no caráter sagrado de determinadas espécies de árvores e animais ou na iniqüidade de emprestar dinheiro a juro) interfere nas atividades cotidianas da comunidade.

O elemento central para manter a coesão desse cosmo econômico em que existe uma homogeneidade perfeita entre os agentes individuais, de modo que todos tenham igual reação "lógica" ao receberem a mesma informação, seria a idéia dos agentes de que é *correto e adequado* as transações econômicas não serem fins em si mesmas, mas meramente desvios instrumentais destituídos de um significado maior. Mesmo as "máquinas de prazer" fazendo negócios e consumindo, segundo o argumento, precisam primeiro julgar correto serem assim. E este ato de escolha, não importa o quanto possa vir a ser irrefletido, é determinado pelas crenças e opiniões da pessoa, essencialmente do mesmo modo como, usando aqui um caso extremo, as decisões de Sócrates de não empregar a retórica em defesa própria em seu julgamento, não trazer a esposa e os filhos diante do júri e não fugir da prisão quando lhe surgiu a oportunidade, aceitando sua sentença e bebendo cicuta "com boa disposição e sem o mínimo desgosto".

Isto ajuda a perceber por que o "homem econômico", ao contrário do conceito de "homem-máquina", não é radicalmente incongruente com a postura da filosofia econômica apresentada no capítulo 1. Cabe ressaltar, porém, que afirmar que mesmo um quadro inteiramente mecânico da economia não consegue prescindir das crenças e opiniões dos agentes *não* implica *a*) que estas últimas de fato determinam o comportamento ou *b*) que as idéias dos filósofos políticos e econômicos têm um papel central no processo básico de formação das crenças. Tudo que realmente se pode afirmar é que a mecanização do quadro econômico (capítulos 3 e 4) não refuta ou exclui a afirmação (capítulo 1) de que as idéias governam nossa vida socioeconômica de modo a tornar seu funcionamento fundamentalmente distinto do encontrado no universo não humano (capítulo 2).

A verdadeira ameaça à concepção de que pode existir uma linha de causação conduzindo das crenças e finalidades do agente ao seu comportamento e de que existe o *agir com base em opiniões* parece provir dos avanços no conhecimento a respeito do homem em disciplinas como biologia molecular, neurobiologia, psicobiologia e sociobiologia. Não é preciso dons proféticos para prever que o aumento do conhecimento nessas áreas cada vez mais diminuirá o abismo que ainda separa nossa compreensão das ações humanas e não humanas — a "bifurcação da natureza". Porém, é preciso ressaltar, o fisicalismo e a doutrina do "homem-máquina" originam-se do desejo humano de entender a totalidade do real e o caráter essencial do mundo. Portanto, não são teorias científicas, isto é, um conjunto de hipóteses experimentais sobre cadeias bem definidas de fenômenos — e sim parte de uma cosmovisão metafísica; pois um *Weltanschauung* alicerçado na ciência, não importa quão impecavelmente estruturado com base nos resultados que as ciências especializadas apresentam para nossa crença, nem por isso perde o seu caráter metafísico (não experimental).

Ao mesmo tempo, parece sensato dizer que ainda existe um longo caminho e muito trabalho científico árduo pela frente antes de o objetivo monístico ser finalmente sancionado e de se poder demonstrar que os estados mentais do homem (no máximo) simplesmente coexistem com suas ações. Esse feito, se chegar a ser realizado, confirmaria a ousada proposição de A. N. Whitehead segundo a qual "as leis da física são os decretos do destino — [e] o destino, impiedoso e indiferente, impelindo um acontecimento trágico a seu desfecho inevitável, é a visão possuída pela ciência".[18] Nenhum *deus ex machina*, nenhuma vontade humana poderia então intervir no "impiedoso mecanismo das coisas" que rege aquela antiga metáfora científica, o "teatro da natureza". E o homem, como uma locomotiva seguindo por trilhos absurdamente tortuosos, finalmente se resignaria à reflexão estóica: "Se não quero seguir pelo caminho predestinado, tendo me tornado um homem mau, seguirei por ele mesmo assim".[19]

O propósito da discussão acima é chamar a atenção para um fato simples. A filosofia econômica afirma a influência de "idéias conscientemente formuladas agindo como uma força propulsora que efetua transições de estado social para estado social".[20] Mas essa interpretação tem por base um ponto de partida hipotético. Pois se for adotada a visão oposta, acreditando-se seriamente que "adequadamente compreendido, sem saídas especiosas, um mundo que se presta à compreensão científica *ipso facto* também não dá lugar à liberdade, responsabilidade e validade do pensamento"[21], segue-se que, de uma perspectiva científica, essas "idéias conscientemente formuladas" não têm o poder de intervir por si mesmas como uma força na determinação do comportamento. O fisicalismo no mínimo incentiva a busca de modos de verificar e limitar afirmações exageradas quanto ao papel da filosofia ("idéias") nos processos de formação de crenças e mudança social.

É digno de nota que tais afirmações pretensiosas não sejam de modo algum monopólio dos filósofos econômicos. Elas são, de certo modo, típicas dos filósofos da atualidade preocupados com os aspectos mais práticos da atividade humana. I. Berlin, por exemplo, declarou: "Os conceitos filosóficos acalentados na tranqüilidade de um gabinete de professor podem ser capazes de destruir uma civilização". T. M. Knox, reagindo contra a filosofia lingüística de Oxford e o desprezo desta pelos problemas da "vida real", escreveu:

> O bom senso e o inglês trivial em que ele se expressa são um repositório de filosofias mais antigas. Uma filosofia leva tempo para tornar-se parte integrante do pensamento do homem comum, mas acaba conseguindo.

E muitos historiadores e filósofos da ciência parecem ter adotado a opinião, explicitamente formulada por E. A. Burtt, de que "Em última análise é a imagem final que uma época forma da natureza de seu mundo que constitui seu bem mais fundamental. É o fator controlador final em todo e qualquer pensamento".[22]

Exemplo adicional dessa tendência a apresentar um quadro excessivamente intelectualizado do papel das idéias como determinantes do comportamento encontra-se na seguinte afirmação de um dos fundadores e principais expoentes do pragmatismo, o psicólogo norte-americano W. James: "Existem certas pessoas, e eu sou uma delas", escreveu ele, citando com calorosa aprovação as palavras de um ensaísta contemporâneo, "que julgam que a coisa mais prática e importante em um homem ainda é sua visão do universo":

> Pensamos que, para uma senhoria aceitar um pensionista, é importante saber a renda deste, porém mais importante ainda é conhecer sua filosofia. Achamos que, para um general combater um inimigo, é importante saber os números deste, porém mais importante é conhecer a filosofia do inimigo. Achamos que a questão não é se a teoria do cosmo afeta ou não os acontecimentos, mas se, no longo prazo, qualquer outra coisa os afeta.[23]

Sem dúvida pode-se dizer que essa afirmação, assim como algumas das já citadas, não se destina a ser interpretada literalmente. Ela se vale do expediente retórico do exagero em busca de efeito (amplificação) e deliberadamente caricatura o argumento para imprimi-lo mais vividamente na imaginação. De fato, o próprio James, quando prossegue refletindo sobre alguns problemas metafísicos de uma perspectiva pragmática, mostra-se disposto a reconhecer que, afinal de contas, é apenas como uma "promessa", como uma "doutrina de alívio" em face de um futuro que "se nos afigura tão inseguro e demanda alguma garantia superior" que alguém se dá o direito de conceder ao homem algum grau de autonomia e, assim, de afastar o "fantasma paralisante" do fisicalismo e a visão de que "a necessidade e a impossibilidade governam juntas os destinos do mundo".

Porém, é preciso replicar, se o objetivo é aumentar as chances de que essa promessa seja cumprida, certamente a estratégia do exagero retórico não surtirá efeito. O argumento neste caso é que, para corroborar a concepção de que existe algo como *agir com base na opinião* e de que existe algo como recursos morais mobilizáveis e eficazes na economia, o melhor a fazer é procurar compreender mais acerca dos modos como se trava a "guerra das idéias", como crenças e hábitos mentais declinam, voltam à moda e por fim *prima facie* encontram seus caminhos como forças independentes em áreas limitadas da vida prática. Este é sem dúvida um fenômeno de imensa complexidade, intricado e difícil de reconstituir mesmo em linhas gerais, mas decerto constitui alternativa mais promissora à tese fisicalista do que profissões de fé acerca da irresistível e não reconhecida (?) soberania das idéias sobre os assuntos humanos. Os que acreditam na influência histórica decisiva das idéias devem sentir-se compelidos não simplesmente a proclamar, com grandiloqüência, que as idéias triunfantemente (ou deploravelmente) têm governado o mundo, e sim a expor com mais detalhes os processos e meios pelos quais teorias e pontos de vista vêm a moldar as instituições e ações.

Nos capítulos seguintes examinarei alguns dos limites e restrições com que depara o agente individual ao procurar *a*) formar opiniões sobre seus interesses privados e públicos e *b*) conciliar suas ações com as conclusões práticas relevantes. Mostrarei que existem duas razões fundamentais por que a concepção de que "as idéias governam o mundo dos assuntos humanos e seus eventos" deve ser rigorosamente limitada:

1) Apenas um segmento restrito das ações executadas na vida prática efetivamente se encontra sujeito à influência dos objetivos e valores do agente. O processo econômico, em qualquer sociedade complexa, requer a operação de mecanismos restritivos às ações, e esse fator impõe limites significativos à autonomia ou "liberdade para fazer" da maioria de seus membros. No capítulo seguinte, procurarei esclarecer e discutir esta proposição.

2) A argumentação racional e a persuasão têm papel limitado em nossos hábitos e processos de formação de crenças. As crenças e opiniões que ganham aceitação em determinada época e lugar e *prima facie* determinam o comportamento dos agentes não são "conceitos filosóficos acalentados na tranqüilidade de um gabinete de professor" (Berlin), nem uma "questão puramente intelectual" (Mises). É errôneo afirmar que "nossas presentes decisões são determinadas pelo que aconteceu muito tempo atrás em uma especialidade remota sem que o público em geral jamais tenha sabido a respeito", como afirmaram Hayek e muitos outros. As opiniões dos agentes quanto ao interesse privado e comum são em grande medida resultado de suas disposições e motivações sub-racionais (que Hume e Adam Smith designariam por paixões da imaginação), sendo importante distinguir entre, de um lado, as crenças e opiniões alardeadas pelos homens e, de outro, as reveladas em suas ações. Esta argumentação é desenvolvida e ilustrada nos dois últimos capítulos da primeira parte.

5. A lógica da situação econômica
Sociedades complexas e a escolha de mecanismos restritivos das ações

Os limites da filosofia econômica podem classificar-se em externos e internos. Neste capítulo discorrerei sobre a natureza dos limites *externos* que se impõem ao agente individual quando ele procura conduzir-se na vida comum com base em suas crenças e opiniões. A proposição básica é que apenas um segmento limitado de nossas ações econômicas é verdadeiramente acessível à influência de nossos objetivos e valores. O argumento aqui, como procurarei mostrar, emana da distinção entre ações voluntárias e involuntárias. Apenas as ações voluntárias são, em princípio, sujeitas ao controle consciente e, por essa razão, passíveis de ser alteradas pelas crenças e deliberações do agente. As ações involuntárias ficam fora do alcance da interferência voluntária e deliberada daqueles que as praticam.

Os melhores exemplos de ações involuntárias são os inúmeros ajustamentos automáticos e processos orgânicos ocorridos no corpo humano que ficam totalmente fora do alcance da vontade consciente. O vasto conjunto de ocorrências físicas desse tipo — desde o enrubescimento, o envelhecimento e as batidas cardíacas até a restauração do nível normal de oxigênio no sangue (mediante um aumento da freqüência respiratória) quando se eleva a concentração de dióxido de carbono no ar — tem sido alvo da curiosidade dos biólogos e causa de inquietação para alguns filósofos.

"O que é que ativa, que faz funcionar, que move o coração, o intestino, os nervos?", indagou o naturalista sueco C. Lineu, no século XVIII.

> Nada se move por contra própria. O que é que provoca um vômito depurador, produz o suor, desencadeia a febre, cura as feridas? É algo em mim, algo extraordinário que há em mim.[1]

Mas para os que adotavam a opinião pitagórica de que a alma humana era algo divino — um deus caído aprisionado no corpo ("tumba viva") — nada havia de extraordinário no corpo descontrolado: "Plotino, o filósofo nosso contemporâneo", relata seu discípulo e biógrafo Porfírio no século III d.C., "parecia envergonhar-se de estar no corpo. Tão arraigado era esse sentimento que ele nunca pôde ser induzido a falar sobre sua linhagem, seus progenitores ou sua terra natal."[2]

Locke, em importante reflexão sobre a ação humana no Livro II (capítulo 21) de *An essay concerning human understanding* (1694), expôs a questão com muita clareza:

> O coração de um homem bate, e o sangue circula, não estando em seu poder por algum pensamento ou vontade impedi-lo; assim, com respeito a esses movimentos, nos quais o repouso não depende de sua escolha nem segue a resolução de sua mente se o preferir, esse homem não é um agente livre. Movimentos convulsivos agitam-lhe as pernas e, em conseqüência, por mais que ele deseje, não consegue por qualquer poder de sua mente fazê-los cessar (como na singular moléstia a que chamam Chorea Sanctiviti, dança de são Vito), e ele vive perpetuamente a dançar: ele não está em liberdade nessa ação, mas sob a mesma necessidade de mover-se que uma pedra caindo ou uma bola de tênis golpeada com a raquete.[3]

É por isso, como conclui ele, que a ação voluntária — ou seja, aquela na qual a escolha influi — não é o oposto da ação necessária ou causativamente determinada, e sim da ação involuntária. Um homem paraplégico, por exemplo, pode decidir voluntariamente permanecer sentado e imóvel em vez de ser erguido, embora esteja por necessidade obrigado a ficar sentado. O prisioneiro lockiano pode preferir ficar na prisão mesmo depois de o carcereiro ter-lhe aberto todas as portas. A questão relevante, da perspectiva do agente individual, é se a escolha tem alguma influência real sobre a ação; se ele tem "o poder de fazer, ou abster-se de fazer, segundo a mente vier a escolher ou ordenar".

A maioria dos processos orgânicos e vitais do corpo humano não se encontra sujeita a escolha consciente. Mas à medida que passamos gradualmente do metabolismo interno do organismo para as ações físicas externas da vida comum, a vontade e a intenção começam a ter influência. A respiração, por exemplo, já pode ser acelerada ou desacelerada conforme a vontade; um bocejo pode ser evocado para transmitir uma mensagem, e há um sentido no qual, por exemplo, obter alimentos, prepará-los e comê-los são atividades voluntárias, sujeitas à influência das opiniões e deliberações do agente, enquanto o mesmo não se pode dizer da digestão. Uma greve de fome até a morte é algo claramente concebível. Contudo, quando o alimento for ingerido (voluntariamente ou à força), o corpo cuidará de si mesmo, não importa o que o agente possa pensar.

Mas, evidentemente, afirmar que em seu relacionamento com objetos externos o agente pode muito bem ter certo grau de autonomia não significa que isso vá ocorrer sempre. É precisamente a relativa flexibilidade da conduta nesses casos que a torna vulnerável a outras formas de controle como a coerção, a manipulação por administração de estímulos e a "ação a distância" de palavras sagazes, persuasivas. Neste capítulo procurarei mostrar que o processo econômico em qualquer sociedade complexa (ou seja, baseada em ampla divisão do trabalho entre diferentes indivíduos e grupos de indivíduos) impõe restrições significativas à autonomia ou "liberdade para fazer" da maioria de seus membros e assim limita, em certa medida, a capacidade destes para agir segundo suas próprias crenças e opiniões.

O exemplo mais claro de ação involuntária na vida socioeconômica é trabalhar na condição de escravo. A coerção para que seja seguida determinada linha de ação assume a forma de ameaça física declarada e, vez por outra, de uma exemplar surra de açoite. Porém, como logo se deram conta os cativos emancipados da Antigüidade, como o estóico Epicteto do século I d.C., a questão da autonomia nas atividades econômicas está longe de ser resolvida com a abolição do trabalho compulsório: "Que aquele que anseia por ser livre não deseje coisa alguma ou evite tudo que depender de outros; caso contrário, estará fadado a ser escravo".[4] E J. Steuart, o precursor escocês de Adam Smith, apontou com precisão o verdadeiro X da questão quando, comentando sobre o declínio da escravidão como instituição, concluiu: "Os homens eram então forçados a trabalhar porque eram escravos de outros; agora os homens são forçados a trabalhar porque são escravos de suas próprias necessidades".[5] A suspensão dos meios explícitos e externos de coerção abre caminho para o surgimento de mecanismos não menos impositivos ou efetivos que sujeitam a conduta.

Soberanas entre os desejos e necessidades que compelem os homens ao trabalho são, sem dúvida, aquelas que Smith denominou "as paixões do corpo" — os "apetites que se originam de um certo estado do corpo" e que podem ser funcionalmente classificados (segundo a taxonomia aristotélica) como princípios nutritivos e reprodutivos.[6] Portanto, dizer que os agentes são escravos de suas próprias necessidades significa, antes de mais nada, dizer que eles são escravos do próprio corpo, ou seja, dos apetites que seu corpo tem em comum com todos os outros animais vivos e que são pré-requisitos para a preservação do indivíduo e da espécie.

Talvez caiba observar que essa é a razão por que o ideal estóico da auto-suficiência absoluta está fadado a não se cumprir. Não tem sentido manter a opinião de que o homem bom e virtuoso "não temerá que lhe falte o alimento ou se queixará se isso acontecer", pois seu corpo não respeita a lógica de suas ordens e nenhum grau de autodeterminação será capaz de levar o *corpo* ao estado de profunda indiferença que a mente alega possuir. Como outros entusiastas morais, os estóicos tendiam a vangloriar-se de coisas que provavelmente se veriam incapazes de fazer se e quando chegasse a hora de realizá-las. Como acertadamente se observou, "mente alguma jamais foi tão virtuosa quanto a língua do pregador"; e a tragicômica carreira de Sêneca como tutor, senador, súdito e por fim vítima de Nero é provavelmente uma evidência biográfica tão boa quanto qualquer outra para nos lembrar o quanto as crenças e opiniões alardeadas por um grande moralista estóico podem ter pouquíssima relação com as reveladas por sua conduta.[7] (Este problema será retomado no capítulo 6.)

É igualmente sugestivo, nessa linha, observar que até mesmo Paley, apesar de toda a sua insistência na importância das regras gerais de conduta (utilitarismo das regras), julgava moralmente acertado abolir *ad hoc* a regra de que a propriedade privada de bens externos tinha de ser respeitada nos casos em que as necessidades físicas primordiais do agente estivessem em jogo. O "direito da extrema necessidade", a seu ver, daria ao agente "o direito de usar ou destruir a propriedade de outro quando for necessário fazê-lo para sua própria preservação".[8] Evidentemente, sempre que possível deveria haver restituição.

Da perspectiva da ação econômica, a principal implicação da existência de desejos e necessidades inacessíveis às opiniões e preferências dos agentes é a seguinte: garantir alguma forma de acesso às coisas das quais a vida humana não pode prescindir torna-se obrigatório; e se o acesso a tais coisas por alguma razão for difícil e custoso, maiores serão o esforço e o risco a que os agentes serão obrigados a submeter-se a fim de obtê-las.

A maneira mais segura como todas aquelas "desafortunadas pessoas que na grande loteria da vida não tiraram um bilhete premiado" podem conseguir uma corda salva-vidas para as coisas das quais não podem prescindir é trocando uma parcela das suas ações que se prestam a uma determinação voluntária e deliberada *pelo* direito monetário de comprar as coisas de que precisam. Esta, sem meias palavras, é a situação com que se defronta "um homem pobre à procura de trabalho, buscando licença para labutar arduamente a fim de poder conseguir alimento e abrigo".[9] Quando surge um emprego, ele transfere por contrato seu direito a imprimir suas crenças e opiniões em suas ações (uma parcela de sua "liberdade para fazer") e recebe em troca o direito de abrandar seus apetites corporais e de criar os filhos. De outra forma, ele terá de mendigar, viver da ajuda do governo aos desempregados ou morrer de fome.

O interessante na dificuldade de acesso às coisas de que a vida humana não pode prescindir (ou seja, escassez) é que, se por acaso ela não existir, ainda assim se pode fazê-la existir. Talvez a maneira mais eficaz de conseguir isso é despertar nos agentes um conjunto mais amplo de necessidades escravizadoras. Neste ponto, pelo menos, pensadores tão díspares quanto Malthus e Hegel concordavam plenamente. "A maior de todas as dificuldades na conversão de países não civilizados e pouco populosos em civilizados e populosos", escreveu Malthus nos *Princípios*, "é infundir neles [ou seja, em seus habitantes] as necessidades calculadas para melhor instigar seus esforços na produção de riqueza".[10] E Hegel — igualmente pasmo com a lentidão dos "indolentes" habitantes do Novo Mundo na exploração e povoamento de seu continente — fez o seguinte comentário com respeito ao empenho dos jesuítas na conversão dos nativos aos costumes e hábitos europeus:

Quando os jesuítas e o clero católico propuseram-se a habituar os indígenas à cultura e maneiras européias (como se sabe, eles fundaram um Estado no Paraguai e conventos no México e na Califórnia), iniciaram com eles uma convivência íntima e prescreveram-lhes os deveres do dia, os quais, a despeito de seu ânimo indolente, eles acataram sob a autoridade dos frades. Essas prescrições (na calada da noite, um sino tinha de lembrar-lhes até mesmo seus deveres conjugais) foram primeiro, e muito sabiamente, dirigidas à criação de necessidades — o móvel da atividade humana em geral.[11]

Porém, na prática, despertar necessidades mobilizadoras conforme a sugestão de Malthus e Hegel dificulta — e não só para o analista, mas também para o agente — separar o joio do trigo. Como demonstra a experiência cotidiana, a noção dos verdadeiros desejos e necessidades, ou seja, os que não podem ser postos de lado, tem fronteiras indistintas. "A necessidade é considerada a causa de alguma coisa vir a ser feita; porém, na verdade, ela com freqüência é meramente um efeito do que se fez";[12] e como a satisfação regular e repetida de desejos triviais transforma-os por fim em verdadeiras necessidades, fica sempre mais difícil distinguir a essência biológica, necessária para manter "mente e carcaça" em bom funcionamento, de tudo o que passou a ser demandado para fazer a jornada de uma existência valer a pena (ou ao menos ser suportável). Mas talvez poucos discordem da estimativa aproximada apresentada em 1860 por J. Ruskin, segundo a qual "três quartos das demandas existentes no mundo são românticas; baseadas em visões, idealismos, esperanças e afeições; e a regulagem da bolsa é, em essência, a regulagem da imaginação e do coração".[13] Aquilo de que os analistas econômicos mais modernos certamente discordariam é da concepção de Marshall segundo a qual, "sendo o consumo o objetivo da produção", os economistas têm o dever de ajudar a comunidade em que vivem e trabalham a pensar com mais clareza e discernimento sobre suas necessidades e a variedade de custos não econômicos envolvidos na satisfação destas.

Também é preciso observar que abster-se das crenças e inclinações individuais a fim de passar toda uma vida de trabalho cumprindo linhas de ação definidas de fora não é, de modo algum, privilégio daqueles agentes que não tiraram o bilhete premiado malthusiano nas dotações financeiras e genéticas com as quais foram, por assim dizer, "mandados para o deserto". O operário não especializado, sem dúvida, se tiver a sorte de encontrar emprego ou estiver desesperado o bastante para aceitar o que lhe pagarem, representa a mais extrema ilustração da falta de autonomia de um agente no tocante ao seu próprio processo de trabalho. Como observou F. Engels, é um problema cujas raízes encontram-se parcialmente fincadas na tecnologia industrial moderna e no sistema fabril; e como tal, salienta Engels, ele é "independente de toda organização social":

> O maquinário automático de uma grande fábrica é muito mais despótico do que jamais foram os pequenos capitalistas que empregam trabalhadores. Pelo menos no que respeita às horas de trabalho, pode-se escrever na porta dessas fábricas: "Lasciate ogni autonomia, voi che entrate!".[14]

Mas quanto a este problema específico, salientarei a seguir, o operário não especializado absolutamente não está sozinho.

A divisão do trabalho no interior de cada unidade de produção específica acarretou primeiro a decomposição da linha de produção em uma série de operações separadas, bem definidas e seqüenciais. Mas isso, por sua vez, trouxe um resultado inesperado notável: a gradual abertura do processo de trabalho à introdução da tecnologia mecânica e às máquinas. Assim, a anterior simplificação do trabalho efetivamente abriu as portas e convidou para entrar, por assim dizer, o uso da máquina para substituir — quando não para modificar — a participação da mão-de-obra no processo produtivo.

Portanto, a divisão do trabalho na fábrica acarretou: *a*) a necessidade de coordenação externa das atividades simultâneas e relativamente simples dos operários participantes de determinado processo de trabalho; *b*) a contínua e crescente oportunidade de mecanização adicional do processo de trabalho mediante a substituição e modificação da mão-de-obra humana por máquinas. Esses dois fatores, e em especial *b*, são as causas gerais subjacentes à situação descrita por Engels, na qual a jornada de trabalho é reduzida a uma rotina abstrata, passiva e simples, e o próprio trabalho transforma-se em uma "atividade voltada à obtenção de salário". (Engels, ao contrário de Marx, não tinha grandes esperanças quanto às possibilidades de mudar ou "redimir" o processo industrial de trabalho em uma economia de planejamento central).[15]

Quando procura emprego, o trabalhador não especializado estabelece para si mesmo um preço em troca do qual ele deixa de ser uma pessoa moralmente autônoma e se torna o executor impessoal de uma função abstrata. Mas a verdade é que, como procurarei mostrar, em qualquer sociedade complexa essa é uma prática que se estende muito além da experiência do proletariado industrial. Primeiro porque tem sua contrapartida no setor de serviços da economia, onde muitas categorias de atividade — de caixas de banco e cobradores a datilógrafos, motoristas de táxi e garçons — caracterizam-se pelo fato de sua lógica ser estável o suficiente para permitir uma substituição por dispositivos mecânicos. Pode haver prova maior da semelhança de um trabalho humano com o de uma máquina do que o fato de que ele é (ou será em breve) substituível pelo de uma máquina automática?

E segundo porque, como demonstrarei a seguir, a divisão do trabalho que ocorre em cada unidade produtiva específica da economia é apenas uma parte da história. A outra parte, que em muitos aspectos é mais importante que a primeira, está ligada à *divisão social do trabalho* e ao resultante problema da coordenação econômica.

O axioma geral aqui é a concepção de Aristóteles: "A vida voltada ao objetivo de ganhar dinheiro é uma vida a que se sujeita por compulsão". Como tal, quando uma pessoa se vê nessa vida — e, como ele afirma adiante "é impossível, ou difícil, realizar atos nobres sem os recursos necessários" —, surge uma situação de compulsão, ou seja, uma situação caracterizada pelo fato de que "o princípio impulsionador está do lado de fora, sendo um princípio para o qual a pessoa que age em nada contribui".[16]

A tarefa primordial de qualquer empresa, como se sabe, é ganhar dinheiro para seus acionistas. Mas a vida de ganhar dinheiro possui uma lógica própria — como sintetiza o provérbio francês, "L'argent n'a pas de maître". Assim, por exemplo, se o estudo das relações entre produtividade e idade dos empregados estabelecer a evidência de que compensa ter como empregados em determinado departamento industrial ou administrativo apenas pessoas com idade inferior a 34 anos, e se um empreendedor schumpeteriano der o primeiro passo e introduzir essa medida em sua firma, criar-se-á uma situação em que seus concorrentes se verão fortemente pressionados a imitá-lo. Se permitirem que suas opiniões morais e inclinações pessoais interfiram nas transações da vida de fazer dinheiro, e se os acionistas os autorizarem a continuar fazendo o que acreditam ser correto, estão fadados não só a sair dos padrões do "homem econômico racional" da economia moderna mas também a ganhar menos dinheiro e, se o ambiente for muito rigoroso ou a economia estiver estagnada, a falir.

De modo semelhante, o empresário que decide gastar dinheiro com treinamento de deficientes ou com o meio ambiente (mesmo que seja apenas abstendo-se de causar a este danos excessivos), ou ainda com subsídios à educação superior e às artes, pode descobrir que está perdendo terreno para os concorrentes e colocando em risco seu negócio (por exemplo, diante de um lance para aquisição feito por uma empresa menos escrupulosa). Pode constatar ainda, o que talvez seja mais provável, que está pondo em perigo sua própria carreira de executivo privado e, de certo modo, cometendo suicídio profissional. Sua situação difícil lembra a do investidor de longo prazo keynesiano que, jogando limpo e agindo com base em genuínas expectativas de longo prazo, vê-se "fazendo papel de tolo entre velhacos" e é penalizado por não agir como os outros e buscar resultados rápidos e oportunistas. Um dilema essencialmente análogo, podemos observar, permeia o conselho de Maquiavel ao Príncipe:

> E o modo como vivemos e o modo como deveríamos viver são coisas tão distantes que se alguém renunciar a um para aplicar-se ao outro, mais provável será destruir-se que salvar-se, pois qualquer um que deseje pôr-se à altura de um modelo perfeito de virtude em tudo há de cair na ruína entre tantos outros que dela carecem. É portanto essencial a um Príncipe que deseje manter sua posição ter aprendido como não ser virtuoso e usar ou não usar sua virtude conforme ditar a necessidade.[17]

A autonomia, nesse contexto, é um caminho para o fracasso e até mesmo para a autodestruição. A sobrevivência requer conformidade. A virtude pública conduz à ruína privada. Claramente, pode-se acrescentar, a questão relevante aqui não é a de Juvenal: "Quem liga para a reputação se conserva seu dinheiro?". A questão agora, isto sim, é: quem pode dar-se o luxo de ligar para sua reputação — ou ter a consciência limpa — mesmo quando seu emprego e sua carreira são por ela postos em grave risco?

Portanto, o processo competitivo funciona como um mecanismo que se impõe à conduta, deixando pouco espaço para as boas (ou más) intenções na condução da empresa. É verdade que, em certa medida, ele pode prevenir a incompetência e a ineficiência; mas também impede os agentes de agir "segundo suas próprias luzes", isto é, como lhes parece correto agir. Essa idéia foi primorosamente captada por Marx em sua discussão sobre a ânsia capitalista por ganho e acumulação privados:

> Apenas como personificação do capital o capitalista é respeitável. Como tal, ele compartilha com o avarento uma ânsia absoluta pelo auto-enriquecimento. Mas o que no avarento evidencia-se como a mania de um indivíduo é no capitalista o efeito de um mecanismo social no qual ele é apenas uma engrenagem. Ademais, o desenvolvimento da produção capitalista faz necessário aumentar constantemente o capital desembolsado em determinado empreendimento industrial, e a competição subordina todo capitalista individual às leis imanentes da produção capitalista, como leis externas e coercivas.[18]

Obviamente, o que falta no quadro esboçado por Marx é o fato de que nenhuma sociedade complexa pode prescindir de alguma forma de "mecanismo social" que, obrigando a certos tipos de comportamento, coordene as ações dos agentes dispersos. Em uma economia de planejamento central, como demonstrarei, a coordenação é obtida por meio das autoridades políticas e das instituições de comando e supervisão.

Como Adam Smith foi o primeiro a perceber e a salientar brilhantemente nos dois primeiros livros de *A riqueza das nações*, o processo competitivo em uma economia de mercado gera, por meio de sua rede de preços flexíveis, um sistema complexo de mecanismos de *feedback* responsável pela coordenação de numerosas unidades de produção isoladas, que são definidas e mantidas separadas pelo fato fundamental da sociedade comercial moderna, a divisão social do trabalho. O problema da coordenação aqui é essencialmente o problema de regular a alocação dos recursos produtivos da sociedade — cujo controle encontra-se disperso entre um grande número de agentes isolados — não de algum modo arbitrário, mas segundo todas as informações relevantes e extremamente difusas e voláteis concernentes *a*) aos custos de produção (oferta) e *b*) à avaliação de diferentes classes de bens pelos consumidores (demanda).

Em uma economia de mercado capitalista pura, a tarefa da coordenação fica a cargo do sistema de preços. O mecanismo de formação dos preços funcionaria, segundo a visão de Smith, como a corrente de transmissão por meio da qual as informações econômicas atualizadas são processadas e prontamente postas à disposição de produtores e consumidores. Assim, embora todos os agentes na economia busquem apenas seus objetivos egoístas e privados, como precisam curvar-se aos sinais de preços mutáveis — esses "argumentos irrefutáveis" — enviados pelos mercados, acontece felizmente que, quanto mais zelosa sua "caçada aos dólares" (usando aqui a expressão de Mill), mais eles estarão contribuindo para propósitos que vão muito além de sua perspectiva limitada e egocêntrica. Na personificação de *A riqueza das nações*, a "mão invisível" representa a realização do "plano impremeditado" da sociedade comercial e do aumento da prosperidade nacional extensivo a todos.[19]

O sistema de preços estabelece as regras que as atividades econômicas devem seguir para ter êxito, ou ao menos sobreviver, no mercado. A vida de ganhar dinheiro — "Por meios corretos se possível, mas por quaisquer meios ganhar dinheiro"[20] — é vivida sob compulsão porque sua lógica é determinada externamente. Na medida em que estão trabalhando dentro da estrutura estipulada pela ordem do mercado, "Gengis Khan e o santo" — o rapace negociante de madeira e o zeloso ecologista — terão todos de seguir as regras de um livro que eles próprios não escreveram. O mecanismo que se impõe à conduta em ação aqui, originário da primazia do motivo monetário, funcionará de modo muito parecido a como funciona para o operário que, como já vimos, está fadado a ser demitido ou até mesmo a provocar um acidente na fábrica se não acatar o aviso de Engels e se esquecer de deixar sua autonomia lá fora antes de começar seu dia de trabalho.

Em uma economia socialista planejada pura, o "plano impremeditado" smithiano é substituído por um plano central totalmente claro e explícito. Os comandos, na forma das metas de produção e de normas de procedimento, bem como a supervisão da execução dos comandos emitidos, tomam o lugar da atuação impessoal do mecanismo de preços. O comitê de planejamento central assume a liderança. Mas isso, naturalmente, não significa que ele será capaz de concretizar tudo que planejar; pois o comitê central, independentemente de quão competente e esforçado possa ser, terá pela frente o sério problema da forma como poderá obter informações confiáveis sobre as possibilidades de produção e as necessidades dos consumidores, que são mutáveis, e de como poderá empregar com êxito essa gigantesca massa de informações se de alguma forma esta puder ser conseguida.[21] A questão principal, porém, da perspectiva de avaliar a autonomia moral, é que o planejamento central não traz uma óbvia melhora na capacidade do agente individual para "agir segundo suas próprias luzes" na esfera de ação econômica.

Se ele for um operário industrial comum, precisa continuar a executar o trabalho fabril e ser, por assim dizer, "um quebra-galhos para preencher uma lacuna na inventividade humana". Se ganhar a vida como um burocrata local, é obrigado a obedecer aos comandos dados pela autoridade central e garantir, se tiver amor à carreira, que esses comandos sejam executados pelos que lhe são subordinados. E, se for um burocrata de alto escalão, pode até influir nos comandos a serem dados, mas *a*) suas decisões serão tomadas, em grande medida, "no escuro" — devido às lacunas nas informações e cálculos que fundamentam o processo de tomada de decisões; e *b*) ele se verá incapaz de garantir que os burocratas nas províncias realmente obedeçam às normas e cumpram as metas estipuladas pelo comitê central, embora este possa com certeza punir os que ousarem desobedecer aos comandos e forem apanhados. Se um agente não conseguir convencer-se de que o plano é "objetivamente" de seu interesse — e do interesse de todos os demais — terá de cooperar e fazer sua parte mesmo assim. Senão, torna-se um pária, é internado em um hospício ou morre de fome.

Eis, portanto, a restrição *externa* com que depara o agente individual ao tentar guiar-se por suas crenças e opiniões na vida comum. Minha tese é que essa limitação à nossa autonomia ou "liberdade para fazer" constitui razão fundamental para limitar a afirmação da filosofia econômica de que "as idéias governam o mundo dos assuntos humanos e seus eventos" (capítulo 1).

Existem consideráveis segmentos da ação na vida prática nos quais a lógica da situação econômica, exigindo alguma forma de coordenação espontânea ou explícita de um grande número de agentes dispersos e relativamente desinformados, constitui o fator determinante. As crenças e valores do agente individual (sua "ideologia") influenciam pouco ou nada no que respeita a seu comportamento exterior no sistema. Os agentes, por assim dizer, ficam presos a linhas de ação que possuem sua própria lógica, e a autonomia que eles têm para discordar depois de terem entrado no circuito econômico é, em muitos casos, tanta quanto, digamos, a liberdade de escolher como digerir o alimento depois de este haver entrado no corpo.

Evidentemente, não se deve levar esse argumento às últimas conseqüências. A economia de mercado pura e a economia de planejamento central pura são, ambas, "tipos ideais", e seria errôneo imaginar que elas fazem mais do que captar e salientar certas características essenciais do funcionamento de economias concretas. O processo competitivo é com freqüência muito menos impermeável do que parece sugerir o conceito de um sistema de mercado puro, e os burocratas locais podem muito bem dispor de espaço para manobra bem maior do que haveria de fato em uma economia de comando rigorosamente centralizado. Na verdade, nenhuma economia real consegue prosperar sem um novo sortimento de iniciativa individual e "destruição criativa" inovadora em algum ponto do processo econômico.

Ademais, ainda é da escolha de qualquer sociedade servir-se em grau maior ou menor de mecanismos que se impõem à conduta, como o trabalho fabril, a concorrência de mercado ou o planejamento central. Embora os custos em termos de bens e bem-estar material de que se abre mão possam ser elevados, os agentes ainda podem preferir ter mais "liberdade para fazer", ou seja, consumir menos com o objetivo de minimizar o tempo em que fazem coisas que normalmente não fariam mas acabam fazendo a fim de adquirir os bens e serviços que desejam. Para conseguir isso, teriam de prezar sua autonomia e desaprender a sentir certas necessidades.

Entretanto, permanece o fato — e os conceitos de sistema econômico de mercado puro e de comando puro ajudam a evidenciá-lo — de que qualquer sociedade complexa impõe restrições significativas à capacidade do agente individual para desviar-se do comportamento prescrito pela situação econômica vigente. Em célebre passagem de *A riqueza das nações*, Smith escreveu: "Nunca tive notícia de grandes benefícios originados por aqueles que afetam negociar em prol do bem público. É de fato uma afetação, não muito comum entre negociantes, e pouquíssimas palavras precisam ser empregadas para dissuadi-los disso" (WN,456). O que venho procurando ressaltar neste capítulo é o fato de que, mesmo que os agentes verdadeiramente se preocupassem com questões sociais e o bem comum, isso não faria grande diferença para seu comportamento econômico como à primeira vista poderia parecer. Isso porque esses agentes ainda assim constatariam que, efetivamente, suas preocupações acabam sendo seriamente limitadas pela existência de mecanismos mais ou menos poderosos que se impõem à conduta e pela necessidade de sobreviver ou de sobreviver na empresa (ou no cargo).

O resultado prático da argumentação desenvolvida neste capítulo é expressado com clareza por F. Knight, um dos líderes pioneiros da escola de Chicago, em "The ethics of competition" (1923):

Quando refletimos que a atividade produtiva ocupa a maior parte das horas que a grande maioria da humanidade passa acordada, decerto não se pode supor sem investigação ou exame que a produção é tão-somente um meio, um mal necessário, um sacrifício feito em nome de algum bem inteiramente fora do processo de produção. Somos impelidos a procurar fins no próprio processo econômico e considerar atentamente as possibilidades de participação na atividade econômica como uma esfera de auto-expressão e realização criativa.[22]

Cabe observar também que ênfase semelhante na necessidade de levar em conta os aspectos ligados à autonomia de nossas ações econômicas pode ser encontrada nos comentários de Mill sobre a instituição do trabalho assalariado:

> Trabalhar pelo preço oferecido por outro e para o lucro deste, sem interesse algum pelo trabalho — sendo o preço do trabalho ajustado pela competição hostil, com um lado pedindo o mais possível e o outro pagando o menos que puder — não é, mesmo quando os salários são elevados, um estado satisfatório para seres humanos de inteligência cultivada, que deixaram de julgar-se inferiores àqueles a quem servem (CW3,766).

O argumento remonta ao marxismo, pode-se pensar. Mas, na verdade, ele deveria ser fundamental em qualquer reflexão séria sobre o papel da ética no comportamento econômico. Não perdeu sua relevância e parece ser tão importante hoje em dia — apesar de eclipsado pelo desemprego em massa — quanto na época em que foram feitos os comentários de Mill (anterior a Marx) e Knight.

Sem dúvida, permanece *prima facie* uma questão de escolha individual — e nesse caso as crenças e opiniões podem realmente importar — adotar ou não linhas de conduta cujo princípio impulsionador está fora do alcance do agente. Como se observou, "existem, ainda que raramente, homens que preferem sucumbir a trabalhar sem nenhum prazer no trabalho".[23] Mas para a grande maioria que não prefere sucumbir a submeter-se a mecanismos restritivos da liberdade de escolha um tanto rigorosos, e que parece resignada a deixar para trás a autonomia de sua vida de trabalho a fim de ser remunerada (e desde que seja, é claro, uma "remuneração adequada"), uma parte da vida prática prosseguirá quase da mesma forma, insensível à "guerra das idéias" e às tempestades ideológicas que podem agitar a minoria intelectual.

6. As paixões da imaginação, I
Hume e Adam Smith sobre os determinantes sub-racionais das crenças

No capítulo anterior procurei mostrar como o processo econômico em qualquer sociedade complexa cobra seu preço em termos da autonomia ou "liberdade para fazer" do agente individual. Existe alguma possibilidade de escolha quanto ao sistema de coordenação adotado e à decisão de economizar ou não no uso de mecanismos que se impõem à conduta. Pode-se julgar que vale a pena ter mudanças nas regras do jogo econômico de modo a tentar eliminar a ocorrência de certos resultados indesejáveis. Porém, de qualquer maneira, haverá grandes áreas de comportamento na vida econômica fora da esfera das "idéias". Nessas áreas, as crenças e opiniões do agente revelam-se pouco ou nada significativas no que concerne à conduta exterior, observável, do agente nesse sistema.

Neste capítulo salientarei a existência de poderosas restrições *internas* ou psicológicas à autonomia do agente individual. Com base na filosofia da ação apresentada por Hume e Adam Smith, mostrarei que os agentes atuam segundo o que acreditam ser de seu interesse, mas que essa opinião sobre o interesse é, em grande medida, causada por suas disposições e motivações sub-racionais (no sentido de *não racionais*, e não de *irracionais*). Um passo importante nessa argumentação será a tentativa de elucidar o conceito de paixão no século XVIII.

O princípio fundamental aqui é a concepção humiana de que "a crença é mais propriamente um ato da parte sensível, e não da parte cogitativa de nossas naturezas" (THN,183). Os agentes, procurarei demonstrar, não têm plena consciência do funcionamento de sua mente ou não são capazes de a regular por completo — seu autoconhecimento e autodomínio são muito limitados. E esses fatores, como procurarei mostrar, influenciam de modo significativo o pensamento empírico do cotidiano e o comportamento econômico. Essa ênfase no fator subracional de nossos mecanismos de fixação das crenças, argumentarei ainda, ajuda a explicar por que Hume (como indicado no capítulo 1) acabou por adotar a "postura da maioria", questionando seriamente o papel e a eficácia da filosofia como variável independente nos processos de formação das crenças e mudança social.

Supondo que não haja nada fundamentalmente errado com a concepção de que as idéias possam colocar em movimento e alterar o comportamento na vida prática, ainda se faz necessário indagar: somos responsáveis por todas as nossas crenças e opiniões ou será a crença, essencialmente, algo que nos acontece? Como escolhemos e justificamos para nós mesmos as idéias que comandam nossas crenças mas para as quais não há fundamentação adequada? E são "verdadeiramente soberanas" as idéias que parecem capazes de afetar e mudar o comportamento social ou serão elas, por assim dizer, em boa medida os "sintomas" ou "sinais" de forças e propensões psicológicas mais básicas que agem em nós ainda que nem sempre sejam por nós conhecidas?

Podemos começar observando que a existência de crenças inabaláveis compartilhadas por um grande número de agentes e intelectuais não deixou de chamar a atenção dos pensadores mais céticos do Iluminismo do século XVIII, "uma idade da razão baseada na fé".[1]

"Tratei de não contestar coisa alguma do que ele dizia, pois não se pode discutir com um entusiasta", comentou Voltaire sobre sua visita a um quacre inglês. Em passagem que claramente lembra a crítica de Locke ao "entusiasmo" (ou seja, o hábito mental pelo qual a "convicção de estar certo é transformada em argumento da verdade"), ele prosseguiu: "É melhor não meter na cabeça a idéia de contar a um apaixonado os defeitos de sua amada, ou a um litigante a fragilidade de sua causa — ou de fazer um fanático ver a razão".[2] Existem áreas de crenças que se mostram notavelmente bem protegidas contra os efeitos destrutivos da análise crítica. O sujeito pensante de algum modo cerca o conjunto de crenças relevante — constrói uma "fortaleza de certezas" — e consegue mantê-las a uma distância segura de qualquer tentativa genuína de questionamento ou dúvida de si mesmo. As crenças religiosas e, como expressou Hume, "a superstição e o entusiasmo, as corrupções da verdadeira religião" (E,73) são talvez os sinais mais visíveis que indicam a existência de hábitos formadores de crenças e construções intelectuais elaboradas que se tornam praticamente impermeáveis ao poder de argumentos que de outra forma seriam persuasivos.

Até mesmo Hegel, cabe observar, apesar de toda a sua inquebrantável confiança na razão humana e de sua convicção de que "o Ser do universo, a princípio oculto e dissimulado, não tem poder que possa oferecer resistência à busca de conhecimento", reconheceu o fato de que a mente humana pode, em determinadas circunstâncias, revelar-se singularmente resistente às críticas do "olhar da Razão": "A religião, em especial a religião imaginativa, não pode ser arrancada de toda a vida e do coração de um povo por frios silogismos construídos em gabinete".[3]

E o jovem Marx, em sua tese de doutorado sobre o atomismo grego, também mencionou a existência de crenças que parecem envolver mais do que a possibilidade de erro e não cedem a investidas esclarecidas: "Entre com seus deuses em um país onde outros deuses são adorados e se comprovará que você é vítima de fantasias e abstrações". Apenas no "país da razão", acrescentou Marx, no domínio da filosofia crítica, as convicções religiosas não tinham direitos de cidadania e poderiam, pois, ser descartadas, na medida em que "o que um determinado país é para determinados deuses estrangeiros, o país da razão é para Deus em geral, uma região em que ele deixa de existir".[4]

Mas nesse caso, se levarmos a sério a proposição de Marx, fatalmente surgirá a questão seguinte: depois que o filósofo começa a mandar para o exílio todos os "deuses" e "Deus em geral", expulsando-os do bem delimitado e zelosamente guardado "país da razão", onde irá parar?

Se o filósofo cultivar a habilidade de fornecer argumentos sólidos e válidos para suas alegações de conhecimento, evidentemente não poderá contentar-se com a exposição de erros e ilusões de tradições passadas e se lançará a um cuidadoso exame crítico de *suas próprias* convicções e pressuposições conceituais. A questão é: quanto ele conseguirá avançar antes de colocar um ponto final mais ou menos arbitrário em sua busca de razões adicionais capazes de garantir a todos os demais investigadores racionais a validade das afirmações sobre a verdade que ele fez ou está para fazer? Como estancará o processo da autodúvida e, assim, conseguirá obter a "fortaleza de certezas" a partir da qual poderá deflagar sua própria ofensiva expansionista na "guerra das idéias?" Os filósofos econômicos estariam isentos de erigir proposições e pontos de vista com alicerces em um ou mais pontos finais, ou seja, em premissas inexpugnáveis ou um tanto opacas nas cadeias de justificações racionais que eles apresentam?

O mérito do ceticismo é mostrar que se for verdade, por um lado, afirmar que "a ciência é o grande antídoto contra o veneno do entusiasmo e superstição",[5] também é verdade, por outro lado, que o "entusiasmo filosófico" é um veneno não menos pernicioso ou comum. "Entusiasmo filosófico", nesse caso, significa o que se pode chamar de pensamento satisfeito consigo mesmo ou "pensamento em repouso". Ele ocorre quando um pensador toma gosto, por assim dizer, por seus próprios processos de pensamento e é levado a desconsiderar o fato de que existe um elemento arbitrário embutido em suas teorias — que todas as investigações teóricas e práticas, inclusive as suas, originam-se e estão assentadas em um alicerce de crenças primárias cuja confirmação é muito incerta. "Tendo sido aceito um absurdo, o resto é decorrente. Não há dificuldade nisso."[6]

Assim, o "entusiasta filosófico" não só fecha a porta a uma investigação sobre os prejulgamentos que alicerçam seu próprio pensamento, mas tende a lançar-se em campanha sem reservas para conseguir prosélitos para sua verdade. Como observou com perspicácia J. Swift (escritor inglês preferido de Adam Smith):

> Que homem no estado natural, ou que linha de pensamento alguma vez julgou estar em seu poder reduzir as idéias de toda a humanidade exatamente aos mesmos comprimento, largura e altura das suas próprias? E contudo é esse o primeiro humilde e civil propósito de todos os inovadores no Império da Razão.[7]

A tarefa do cético consiste em precaver-se contra o pensamento satisfeito consigo mesmo e a "embriaguez da prosperidade" na esfera do pensamento; lembrar que "nas fundações da crença bem fundamentada jaz a crença não fundamentada".[8] "Manter-se lúcido e lembrar-se de ser cético" (lema de Hume).

O problema do "entusiasmo filosófico" está, é claro, estreitamente relacionado ao problema do dogmatismo no pensamento teórico e prático: *a*) a apresentação de proposições que pretendem revelar os "segredos supremos" do universo e nele o lugar do homem, e *b*) a formulação de códigos morais, políticas sociais e planos filosóficos para a humanidade que se pretendem verdadeiramente correspondentes aos ditames da "razão", da "natureza" ou da "história". Um conjunto de princípios primários tornou-se inacessível à avaliação crítica adicional e agora é aceito sem reflexão como o único alicerce verdadeiro para asserções de conhecimento sobre o que *é* e o que *deve ser*. Não previu muito bem Hume alguns desenvolvimentos futuros na metafísica dogmática e na filosofia moral e econômica quando observou que, não obstante a "freqüente decepção" e o colapso da ambiciosa "árvore do conhecimento" cartesiana, "cada gênio aventureiro ainda se anima com o árduo prêmio e se vê estimulado, em vez de desencorajado, pelos fracassos de seus predecessores, enquanto espera que a glória de realizar uma aventura tão difícil esteja reservada apenas para ele"? (1ºE,12).

O entusiasmo pela ciência e por uma visão de mundo científica é uma das variantes do "entusiasmo filosófico" combatido pelos "iluministas céticos" do século XVIII como J. d'Alembert, P. Bayle, Hume e outros. À visão popular expressada pelo poeta — "A natureza e as leis da natureza jaziam ocultas nas trevas; Deus disse: 'Faça-se Newton', e houve luz" — Hume replicou com uma afirmação muito mais comedida (e talvez não menos citada):

> Embora Newton parecesse erguer o véu que ocultava alguns dos mistérios da natureza, ele ao mesmo tempo mostrou as imperfeições da filosofia mecânica e, com isso, devolveu seus segredos supremos à obscuridade na qual eles sempre permaneceram e sempre permanecerão.[9]

Ou, como expressou em outra passagem: "A mais perfeita filosofia do tipo natural apenas protela um pouco mais nossa ignorância, assim como a mais perfeita filosofia do tipo moral ou metafísico serve apenas para pôr a nu porções maiores dessa ignorância" (1ºE,31).

Mesmo a ciência, esse "grande antídoto contra o veneno da superstição", pode ela própria transformar-se em veneno quando investida de autoridade excessiva. "Eu estava decidido a não ser um entusiasta da filosofia enquanto criticava outros entusiasmos", escreveu Hume a lorde Kames ao retornar do Colégio Jesuíta La Flèche (um reduto cartesiano em Anjou, França, onde o próprio Descartes se educara cerca de um século antes). E essa postura crítica quanto ao "entusiasmo filosófico", a necessidade de "manter-se lúcido" e de se precaver contra uma fé injustificada na ciência ajudam a explicar por que Hume acabou por ser de opinião que, como salientaria na introdução de *A treatise*, "a ciência do homem é o único alicerce sólido para as demais ciências":

> Não há questão importante cuja decisão não esteja compreendida na ciência do homem; e nenhuma existe que possa ser decidida com alguma certeza antes de nos familiarizarmos com essa ciência [...] A natureza humana é a única ciência do homem; e contudo tem sido até hoje a mais negligenciada (THN,XVI e 273).[10]

Da perspectiva da *ação* humana, a iniciativa cética depara com um paradoxo interessante. Mais do que qualquer outro profissional das idéias, o cético especializa-se no exame minucioso de suas próprias crenças e opiniões. A dúvida de si mesmo e a coragem de atacar suas próprias convicções e seus fundamentos constituem, para ele, virtudes ao menos tão importantes quanto ter a coragem de suas convicções. Mas se ele levar as primeiras longe demais, acabará totalmente incapaz de observar as segundas.

Se for ousado e desprendido o suficiente para criticar e solapar as certezas supremas sobre as quais se assenta o raciocínio humano, ser-lhe-á *ipso facto* impossível levar avante suas conclusões céticas e traduzi-las em ação na vida comum. O ceticismo revela-se incompatível com *qualquer* linha de ação na vida comum, e os que tentam colocá-lo em prática provavelmente (se isso chegar a ser possível) acabarão no hospital (se, por exemplo, realmente duvidarem de que têm um corpo ou de que o mundo exterior existe) ou no hospício (por exemplo, se hesitarem quanto à veracidade da memória ou à identidade pessoal e realidade do ego).

É esta a razão prática por que, como escreveu Hume concluindo o Livro I ("Of the understanding") de seu *Treatise*: "O verdadeiro cético desconfiará de suas dúvidas filosóficas, bem como de sua convicção filosófica" (THN,273). O cético humiano ousa dar um passo além do que avançaria o filósofo "meramente cético". Pois ele se dedica com tanto afinco à tarefa crítica de testar e passar em revista suas próprias crenças e opiniões — de modo a revelar seus alicerces precários — que acaba duvidando não apenas de suas convicções, mas também de suas dúvidas. Se quero (ou preciso) agir, terei de (e desejarei) fechar as portas para a dúvida. Qualquer ação e toda investigação positiva negam o modo de ceticismo puramente destrutivo, de gabinete. É necessário parar em algum ponto. A ênfase caracteristicamente humiana na idéia de que é preciso dar atenção ao bom senso e à "visão da maioria" decorre naturalmente dessa posição.

De fato, ninguém parece ter vivido o paradoxo do ceticismo com mais intensidade e consciência do que Hume. O tema é recorrente em suas primeiras obras e nas obras maduras, e um de seus exemplos mais vívidos encontra-se no que se conhece por seu "testamento filosófico", *Dialogues concerning natural religion*, obra publicada postumamente (1779). "Na verdade", insiste Cleantes, porta-voz do deísmo e da doutrina do desígnio, contrapondo-se ao ceticismo sugerido por Filo,

> Na verdade [...] parece certo que, embora um homem, em um arroubo, possa depois de intensa reflexão sobre as muitas contradições e imperfeições da razão humana renunciar por completo a toda crença e opinião, é impossível para ele perseverar em seu total ceticismo ou fazê-lo manifestar-se em sua conduta por algumas horas. Objetos externos impõem-se a ele, paixões o tentam; sua melancolia filosófica dissipa-se, e nem mesmo a mais extrema violência contra sua índole será capaz, em tempo algum, de preservar a débil aparência de ceticismo.[11]

Assim, o filósofo pirrônico ou cético radical, escreve Hume,

> deve reconhecer, caso se disponha a reconhecer alguma coisa, que toda vida humana haveria de perecer caso prevalecessem universalmente e firmemente os princípios que ele sustenta. Todo discurso, toda ação cessaria de pronto, e os homens permaneceriam em total letargia até que as necessidades da natureza, não atendidas, pusessem fim à sua miserável existência. É bem verdade que evento assim fatal bem pouco receio deve despertar. Mais forte do que qualquer princípio é a natureza. E conquanto um pirrônico possa lançar-se, e a outros, em confusão momentânea com suas argumentações profundas, o primeiro e mais trivial evento da vida há de espantar-lhe todas as dúvidas e escrúpulos e deixá-lo, em cada ponto de ação e especulação, na mesma situação que os filósofos de todas as outras seitas, ou que aqueles que jamais se ocuparam de investigações filosóficas (1ºE,160).

Porém, como já indica a última sentença desta citação, o argumento contra o ceticismo traz implicações muito mais abrangentes. De fato, ele questiona a própria idéia de que a filosofia ou o pensamento sistemático e abstrato desempenha um papel fundamental na formação das crenças e na vida comum. O princípio elementar que sustenta a réplica naturalista de Hume ao ceticismo — sintetizado na concepção de que "Mais forte do que qualquer princípio é a natureza" — é sua descoberta de que existe um abismo entre, de um lado, os resultados da investigação filosófica ("idéias") e, de outro, o pensamento empírico cotidiano ("crença"), de modo que "reflexões muito refinadas têm sobre nós pouca ou nenhuma influência":

> Há grande diferença entre opiniões como as que formamos após reflexão calma e profunda e as que adotamos devido a uma espécie de instinto ou impulso natural por sua harmonia e conformidade com a mente. Se essas opiniões vierem a chocar-se, não é difícil prever quais ficarão em vantagem. Enquanto nossa atenção estiver voltada para o tema, o princípio filosófico e estudado poderá prevalecer; mas no momento em que afrouxarmos nossos pensamentos, a natureza há de manifestar-se, arrastando-nos de volta à nossa opinião original. Em verdade, sua influência por vezes é tamanha que pode deter nosso progresso, mesmo em meio às nossas mais profundas reflexões, impedindo-nos de seguir adiante com todas as conseqüências de qualquer opinião filosófica [...] A natureza é obstinada e não abandona a arena por mais forte que seja atacada pela razão (THN,214-5).

Quando sai do gabinete, observa Hume, "o filósofo perde-se no homem" e "descamba gradualmente no plebeu". Enquanto Marx dizia sobre o operário moderno que "ele sente que é ele mesmo apenas quando não está trabalhando, quando está no trabalho ele não se sente ele mesmo",[12] podemos agora dizer, sobre o filósofo, que se ele tem força para não deter a dúvida sobre o que acredita em algum ponto superficial e arbitrário, então ele somente sente que é ele mesmo quando está trabalhando, e quando não está trabalhando ele não se sente ele mesmo.

À luz desse raciocínio, é compreensível que Hume tivesse sérias dúvidas quanto à filosofia moral normativa e à concepção de que a virtude podia ser ensinada ou que os agentes sociais podiam ser persuadidos a emendar-se e viver segundo os ditames do dever, da razão ou do bem supremo. As teorias e idéias têm apenas uma influência bastante limitada na determinação das ações humanas. Embora asseverasse que a opinião quanto aos interesses governa o comportamento prático dos homens, ele salientava que "o império da filosofia estende-se a poucos, e também sobre estes sua autoridade é bem fraca e limitada" (E,169). O próprio filósofo, como já vimos, não é uma exceção à regra. Embora em suas investigações ele possa colher nobres verdades e ideais e instar outros (por escrito) a adotá-las na vida e na sociedade organizada, ainda assim não é capaz de fazer ou sentir como deseja:

> Ele vê, mas não sente suficientemente sua verdade, e é sempre um filófoso sublime quando não precisa, ou seja, enquanto nada o perturba ou excita suas emoções. Enquanto outros jogam, ele se admira diante daquela ânsia e ardor; mas nem bem ele próprio entra no jogo e já é vulgarmente tomado pelas mesmas paixões que tanto condenava enquanto permanecia um mero espectador (E,176).

Como observara o jovem Hume na carta a lorde Kames citada acima: "Como se explica que nós, filósofos, não sejamos capazes de desprezar o mundo com a mesma intensidade com que ele nos despreza?".

Portanto, a impotência dos eruditos para imprimir suas conclusões em sua conduta e ajustar suas ações conforme os resultados das investigações indica que as opiniões e crenças que governam o comportamento *não têm* tanta relação assim com as "reflexões da filosofia", as quais são "por demais sutis e distantes para ocorrer na vida comum ou para erradicar qualquer emoção", e sim mais relação com "a estrutura e constituição de nossa mente", que "não depende de nossa escolha mais do que a constituição de nosso corpo" (E,168,172). Assim, não surpreende que Hume concluísse — em nítido contraste com os filósofos econômicos da Paley a Hayek examinados no capítulo 1, que:

> Todo aquele que refletir, sem preconceito, sobre o curso das ações humanas há de constatar que os homens são quase inteiramente governados por sua constituição e temperamento e que as máximas gerais têm pouca influência no que respeita a afetar nosso gosto ou sentimento (E,169).

O jugo dos hábitos mentais espontâneos, capazes de formar e fixar crenças, e dos costumes não-racionais sujeita igualmente eruditos e homens comuns, inclusive, naturalmente, os "próprios filósofos, que, em todas as partes ativas da vida são, em grande medida, iguais ao vulgo e governados pelas mesmas máximas" (1ºE,106).[13] Como observou em "Of commerce" (1752):

> Quando um homem reflete sobre sua conduta em qualquer assunto específico e faz planos em política, comércio, economia ou qualquer atividade da vida, jamais deve refinar em demasia seus argumentos ou encadear uma série demasiado longa de conseqüências. Alguma coisa há de acontecer para perturbar-lhe o raciocínio e produzir um evento diferente do que previa (E,254).

Para evidenciar o contraste marcante entre a posição de Hume nessa questão e a dos "iluministas entusiastas" do século XVIII (e posteriores), será útil recordar, por exemplo, algumas observações do *philosophe* e líder revolucionário francês, o marquês de Condorcet, em sua otimista declaração do princípio da perfectibilidade humana em *Esquisse d'un tableau historique des progrès de l'esprit humain*, publicada pelo governo francês no Terceiro Ano da República (1795):

> Todos os erros em política e moral têm por base erros filosóficos, e estes, por sua vez, estão ligados a erros científicos. Não existe um sistema religioso nem uma extravagância sobrenatural que não estejam alicerçados na ignorância das leis da natureza. Os inventores, os defensores desses absurdos, não podiam prever o aperfeiçoamento progressivo da mente humana [...] Mostraremos que os princípios da filosofia, os lemas da liberdade, o reconhecimento dos verdadeiros direitos do homem e de seus reais interesses, disseminaram-se por um número demasiado grande de nações e agora governam em cada uma delas as opiniões de um número muito grande de homens esclarecidos para recearmos que se venha a permitir que eles recaiam no esquecimento.[14]

É claro que nenhum filósofo político ou econômico do século XX se arriscaria hoje a fazer uma profecia como essa. O que há em comum entre a postura de Condorcet e as dos filósofos econômicos discutidos no capítulo 1, especialmente os da escola neoliberal austríaca, é a marcante tendência a intelectualizar as origens dos problemas da sociedade e a magnificar gritantemente o papel da filosofia nos processos de formação de crenças e mudança social — as idéias de que: *a*) os "erros filosóficos" e as "idéias" governam o mundo, *b*) os "erros" e "superstições" são resultado de equívocos cognitivos e *c*) a "salvação" e a "cura", isto é, a adoção de suas próprias idéias e opiniões "é puramente uma questão intelectual".

Consideremos, por exemplo, com relação a esse aspecto, a campanha hayekiana contra os "erros do construtivismo", o "racionalismo extremo da escola de

Descartes-Hegel-Marx", a "destruição progressiva de valores insubstituíveis pelo erro científico" ou ainda sua afirmação inteiramente condorcetiana segundo a qual:

> Se nossa civilização sobreviver, o que acontecerá apenas se renunciar a esses erros, acredito que os homens virão a considerar nossa época um tempo de superstição, relacionado primordialmente aos nomes de Karl Marx e Sigmund Freud. Acredito que as pessoas descobrirão que as idéias mais amplamente acalentadas que dominaram o século XX, as da economia planejada com distribuição justa, da nossa libertação das repressões e moralidades convencionais ou a da educação permissiva como um caminho para a liberdade e da substituição do mercado pela disposição racional de um organismo com poderes coercivos, foram todas idéias baseadas em superstições na acepção rigorosa da palavra.[15]

Afirmações dessa natureza representam a fixação da crença como uma ocorrência puramente intelectual e a mudança social como sendo essencialmente resultado de "guerra ideológica". O equívoco de onde se originam essas representações errôneas, como argumentarei, está em desconsiderar a ação das "paixões" no processo de formação de crença — a concepção humiana de que "o comando da mente sobre si mesma é limitado, tanto quanto seu comando sobre o corpo [...] Nossa autoridade sobre nossos sentimentos e paixões é muito mais fraca do que a que temos sobre nossas idéias; e mesmo esta última autoridade está circunscrita a fronteiras muito estreitas" (1ºE,68).

O termo básico empregado pelos "iluministas céticos" do século XVIII para referir-se a essa "espécie de instinto ou força mecânica que age em nós sem que o saibamos" (1ºE,108) e que, de sua posição inferior, tão poderosamente sujeita nossas crenças e opiniões, é o termo *paixão*.

"Nossas paixões", gostava de dizer Adam Smith, "todas justificam-se a si mesmas, ou seja, sugerem-nos opiniões que as justificam."[16] A crença, segundo essa perspectiva, é primordialmente uma função do que se coaduna com os sentimentos e necessidades psicológicas do agente. Os determinantes de nossas crenças e opiniões relevantes não devem ser procurados apenas ou principalmente na celestial morada da filosofia ("idéias" e "erros"). Atribui-se um papel fundamental à influência de nossas disposições e motivações ("paixões) sub-racionais sobre nossos mecanismos de formação de crenças. Mas o que significa paixão nesse contexto? E como ela influencia a fixação da crença?

No Livro II ("Of the passions") de seu *Treatise*, Hume analisou as "diferentes causas e efeitos das paixões calmas e violentas", procurando mostrar, entre outras coisas, como a "noção de dever, quando oposta às paixões, raramente consegue sobrepujá-las" (THN,421). O espírito analítico de sua tarefa expressa-se com clareza nas palavras do filósofo holandês B. de Spinoza que, no século anterior, propusera estudar as

> paixões humanas [*humanus affectus*] como amor, ódio, raiva, inveja, orgulho, compaixão e outros sentimentos que agitam a mente, não como vícios da natureza humana, mas como propriedades que pertencem a essa natureza, da mesma forma que calor, frio, tempestades, trovões e coisas semelhantes pertencem à natureza da atmosfera.[17]

Embora rejeitasse a concepção cartesiana de que "a mente tem poder absoluto sobre suas ações", Spinoza procurara examinar "a natureza e a força das emoções e o poder da mente para refreá-las". Porém, enquanto ele adotou um método de investigação geométrico, rigidamente dedutivo ("Considerarei as ações e desejos humanos exatamente como se estivesse lidando com linhas, planos e sólidos"), Hume e Smith abordaram o tema em uma linha mais experimental ou empírica, tentando fundamentar suas conclusões gerais na observação do comportamento comum e no estudo da história.[18]

A intenção geral subjacente à filosofia da ação humiana talvez tenha sido mais bem captada pelo que afirmou o moralista francês do século XVII duque de la Rochefoucauld em uma de suas máximas: "Estamos muito longe de perceber tudo que nossas paixões nos levam a fazer". Pois, declarou ele, "o homem com freqüência julga que está no controle quando está sendo controlado"; e ele está sendo controlado não por estar sujeito a restrições e compulsões que lhe são externas (cf. capítulo 5), mas porque seu autoconhecimento e autodomínio são severamente limitados: "As paixões são os únicos oradores que sempre convencem".[19] Como observaria Hume: "Nada é mais vigilante e inventivo do que nossas paixões" (THN,526). (Como procurarei mostrar no próximo capítulo, tanto Hume como

Smith se empenhariam com afinco na tentativa de explicar como e por que tudo isso se aplicava ao nosso comportamento econômico na vida comum).

Obviamente, o termo *paixão* neste contexto não deve ser confundido com o uso popular que atualmente se dá à palavra. Em nosso vocabulário de fins do século XX, *paixão* é um termo fortemente associado ao novo significado inspirado pelo Romantismo (provavelmente) no início do século XIX, denotando primordialmente acessos e arroubos de sentimento, violentas e caprichosas tempestades emocionais e especialmente intenso desejo sexual.

Esta, porém, já representa considerável mudança e degeneração do significado original da palavra. Para Hume e Smith, como na verdade para o Iluminismo do século XVIII em sua variedade de tendências intelectuais, *paixão* ainda conservava em grande medida sua acepção clássica, denotando não apenas os processos mentais tempestuosos ou paroxísmicos, mas todos os processos mentais passivos (mesma raiz latina de *passio*: "sofrer") que ocorrem na mente humana, ou seja, que esta "sofre" ou suporta ("os cavalos") em contraste com o que ela faz quando tenta afirmar-se e exercer o livre arbítrio ("o cavaleiro"). Portanto, o termo paixão refere-se, como explicou Spinoza, a qualquer "estado no qual a mente é passiva".[20] Nesse sentido, as paixões podem ser calmas e equilibradas tanto quanto violentas e extravagantes, e nem por isso menos potentes.

Adam Smith, em *Teoria dos sentimentos morais*, fala das "paixões que têm sua origem no corpo" e das que "têm sua origem em determinada inclinação habitual da imaginação". Ele concentra a análise marcantemente nas segundas, sendo esta a razão por que o autocontrole — ou seja, não ceder a medo, raiva, orgulho, entusiasmo etc., mas também controlar nossa tendência a incorrer em auto-engano e a interpretar erroneamente para nós mesmos a nossa conduta — revela-se, em seu sistema moral, a principal virtude que um homem pode possuir.

> Agir conforme os ditames da prudência, justiça e beneficência apropriada parece não ter grande mérito quando não existe tentação para fazer de outro modo. Mas agir com tranqüila ponderação em meio aos maiores perigos e dificuldades, observar religiosamente as sagradas regras da justiça a despeito dos maiores interesses que possam nos tentar e das maiores injúrias que possam nos provocar a violá-las, jamais permitir que a benevolência de nossa índole seja ofuscada ou desencorajada pela perversidade e ingratidão dos indivíduos em favor dos quais ela poderia ter sido exercida, isto é a característica da mais elevada sabedoria e virtude. O auto-

> controle não é apenas uma grande virtude em si mesmo, mas também dele todas as outras virtudes parecem derivar seu brilho essencial (TMS,241; ver também TMS,244-5).

Os maiores artistas, como observou Smith, nunca estão plenamente satisfeitos com suas obras e realizações. Sabem que poderiam ter feito melhor. Mas sua situação, comentou ele, ainda assim é muito melhor que a dos homens de ação:

> O artista senta-se para trabalhar sereno, tranqüilo, em plena posse e concentração de toda sua habilidade, experiência e conhecimento. O sábio tem de manter a justeza de sua conduta na saúde e na doença, no sucesso e na decepção, nas horas de fadiga e entorpecida indolência, tanto quanto nas da mais desperta atenção. Os mais súbitos e inesperados golpes de dificuldade e aflição jamais o devem surpreender. A injustiça de outras pessoas jamais deve levá-lo à injustiça. A violência da dissenção nunca deve perturbá-lo. Todas as vicissitudes e perigos da guerra jamais o devem desalentar ou amedrontar (TMS,249).

O caráter central do autocontrole na teoria de Smith, podemos observar, enquadra-a na tradição aristotélica do pensamento ético. Pois, como o próprio Smith ressaltou em sua discussão sobre o conceito da virtude na história da ética:

> A virtude, segundo Platão, podia ser considerada uma espécie de ciência, e para ele homem algum podia ver clara e demonstrativamente o que era certo e o que era errado sem agir em conformidade com isso. A paixão podia fazer-nos agir contrariamente a opiniões duvidosas e incertas, não a julgamentos claros e evidentes. Aristóteles, ao contrário, era de opinião que nenhuma convicção do entendimento era capaz de prevalecer sobre hábitos arraigados e que a boa moral emanava não do conhecimento mas da ação (TMS,272; ver também TMS,237).

A mente humana tende a comportar-se de modos imprevisíveis — e acabar desencaminhando-se muito — ao encontrar condições de extrema adversidade ou circunstâncias excepcionais em geral. Como explicara Bacon, "a disposição de um homem nunca é bem conhecida antes de ele ser contrariado": "A prosperidade revela melhor o vício, mas a adversidade revela melhor a virtude".[21] As flutuações do destino têm grande influência sobre as crenças e opiniões dos agentes. E mesmo o sábio, afirmou Smith, estando inseguro quanto à sua capacidade de manter-se fiel ao melhor de si mesmo, "evitará, tanto quanto lhe permitirem o dever e o decoro, as situações para as quais ele não está perfeitamente apto" (TMS,245).

Como provavelmente deixam claro as citações dos últimos parágrafos, a ênfase de Smith no autocontrole emana da idéia afim de que as disposições e motivações sub-racionais do agente afetam acentuadamente seus processos de pensamento e seu comportamento. O conhecimento perfeito, se não for sustentado pelo autodomínio, de nada serve. Com efeito, como procurarei mostrar em seguida, essa idéia de que as "paixões da imaginação" têm papel central em nossos mecanismos de formação de crenças, e portanto em nossa conduta, segue uma linha distinta em toda a obra de Smith:

a) o célebre "desejo de melhorar a própria condição" predominante em *A riqueza das nações* é, evidentemente, uma paixão; ela se ampara no apropriado conjunto de crenças e pertence claramente ao reino da imaginação (este aspecto será retomado no capítulo 7).

b) de modo semelhante, o "amor pelo sistema", argumentou Smith, o prazer que sentimos ao contemplar na imaginação o funcionamento harmonioso de um "grande sistema de governo", é muitas vezes um incentivo mais poderoso à reforma pública do que a esperada utilidade, eficiência ou bem-estar social dela resultantes:

> Sentimos prazer ao contemplar a perfeição de um sistema tão belo e grandioso, e não sossegamos antes de remover todos os obstáculos que possam causar um mínimo de perturbação ou dificuldade à regularidade de seu funcionamento [...] Se alguém quisesse implantar a virtude pública no coração daquele que parece indiferente ao interesse de seu país, muitas vezes seria inútil mencionar-lhe as vantagens superiores de que desfrutam os súditos de um Estado bem governado [...] Tais considerações em geral não causam grande impressão. Mais provável seria persuadi-lo descrevendo o grande sistema de política pública que proporciona essas vantagens, descrevendo as conexões e dependências entre suas várias partes, a subordinação mútua entre elas e sua sujeição à felicidade da sociedade; mostrando como esse sistema pode ser introduzido em seu país, o que o impede de existir no presente, como esses obstáculos podem ser removidos e como todas as várias engrenagens da máquina governamental podem ser postas em movimento

com mais harmonia e uniformidade, sem atritos entre si ou sem retardar mutuamente os movimentos uma das outras. É pouco possível que um homem ouça um discurso desse tipo e não se sinta motivado a um certo grau de espírito público. Ele sentirá, ao menos no momento, algum desejo de remover esses obstáculos e de pôr em movimento uma máquina tão bela e organizada (TMS,185-6).

c) Reformistas e revolucionários impetuosos, por sua vez, ao confundirem o "espírito do sistema" com o "espírito público que se sustenta no amor pela humanidade" tendem a acabar inflamando suas opiniões, "chegando mesmo à loucura do fanatismo". Com freqüência deixam-se arrebatar por sua própria ânsia de mudança e, evidentemente, "não têm dúvida quanto à imensa superioridade de sua própria opinião":

> É bem comum proporem, nesse contexto, remodelar a constituição e alterar, em algumas de suas partes mais essenciais, o sistema de governo sob o qual os súditos de um grande império vêm desfrutando, talvez, paz, segurança e até mesmo glória, ao longo de vários séculos ininterruptos. Os do partido [descontente] em sua maioria comumente se encontram inebriados com a beleza imaginária de seu sistema ideal, sobre o qual não possuem experiência mas que lhes foi representado em todas as cores mais deslumbrantes com que a eloqüência de seus líderes foi capaz de pintá-lo. Esses líderes, embora originalmente possam ter tido em mente nada além de seu próprio engrandecimento, com o tempo tornam-se, muitos deles, vítimas de sua própria sofística, ficando tão ávidos por essa grande reforma quanto o mais fraco e tolo de seus seguidores [...] O homem de sistema [...] tende a julgar-se muito sagaz; e com freqüência encontra-se a tal ponto enamorado da suposta beleza de seu próprio plano ideal de governo que não consegue tolerar o menor desvio de qualquer parte dele (TMS,232-4).

Coaduna-se com essa visão (como veremos na segunda parte deste livro) o fato de os filósofos econômicos poderem ter dificuldade para conseguir um entendimento adequado de suas mensagens e, de fato, como já se observou corretamente, "muitos dos primeiros admiradores de *A riqueza das nações* foram motivados pelo próprio 'espírito do sistema' que o autor condenara".[22]

d) Smith, ele próprio ex-professor de retórica, estava singularmente consciente do grau em que a persuasão é uma função não apenas do conteúdo do que está sendo dito mas também da capacidade do orador para falar à imaginação e aos sentimentos da audiência ou, por assim dizer, de ludibriar os ouvintes e sutilmente granjear-lhes a simpatia e a confiança.

> O desejo de ser acreditado, o desejo de persuadir, de liderar e conduzir outras pessoas parece ser um de nossos desejos naturais mais poderosos. Ele é, talvez, o instinto sobre o qual se alicerça a faculdade da fala, a faculdade característica da natureza humana (TMS,336).

Além disso, podemos acrescentar, como esse "desejo natural" não se relaciona primordialmente à transmissão de conhecimento aos ouvintes mas à obtenção da convicção independentemente da rigorosa veracidade, ele atribui uma grande importância à retórica, ou seja, à arte de ganhar uma causa mesmo quando, como tantas vezes acontece na discussão dos assuntos públicos, só se pode provar uma parte muito pequena dos argumentos e fatos.[23] Pois "a inclinação natural", explicou Smith, "é sempre acreditar": "Raro é o homem que não é mais crédulo do que deveria ser" (TMS,335-6).

e) Por fim, em seu importante ensaio sobre a psicologia da pesquisa científica, ilustrado pela história da astronomia, Smith procurou explicar a própria inovação científica discorrendo sobre três paixões afins e muito humanas que tenderiam primeiro a perturbar e depois a restaurar a paz de espírito em momentos de contemplação ociosa — os sentimentos de surpresa, espanto e admiração. Assim, segundo a visão de Smith, as considerações utilitaristas e racionais teriam tido papel muito limitado e secundário na origem e desenvolvimento da ciência moderna. Cabe notar que a "curiosidade" e o "amor pela verdade" — essas "primeiras origens de todas as nossas investigações" tão análogas à "caçada" — são as últimas "paixões" discutidas por Hume no Livro II do *Treatise*.[24] Tanto Hume (cf. THN,271) como Smith nunca se cansaram de enfatizar "a facilidade com que os doutos abrem mão das evidências que lhes chegam pelos sentidos a fim de preservar a coerência das idéias de sua imaginação" (EPS,77).

A implicação analítica mais importante dessa visão que salienta a primazia das paixões no pensamento comum e na fixação das crenças é que ela elucida os modos como se formam as opiniões acerca do interesse privado e o comum.

Seria um grave erro igualar essa concepção de paixão — denotando todos os processos mentais passivos, em grande medida inconscientes, de nossa vida mental — com a do interesse próprio usado na teoria econômica pura moderna, ou com a do auto-interesse de classe adotado pela maioria dos teóricos ricardianos e marxistas. Pois o fato é que ambas as versões do auto-interesse nos assuntos econômicos, a atomizada e a da estrutura de classes, fogem da questão que é crucial para a compreensão das relações possíveis entre moralidade e vida prática: como é que os agentes vêm a formar uma opinião sobre seu interesse próprio e como podem mudá-la ou até mesmo deixar de agir segundo ela. De fato, o entusiasmo por ganhar dinheiro (essa "morbidez um tanto repulsiva" que certa vez Keynes propôs "entregar com um calafrio aos especialistas em doenças mentais"),[25] assim como o entusiasmo, digamos, pelo igualitarismo, não passam de indícios de que paixões foram despertadas e de que alguns dos possíveis objetos de interesse humano foram imbuídos de valor suficiente para atrair os agentes em questão e afastá-los de outros possíveis objetos de interesse humano como, por exemplo, a proteção do planeta habitável e da excelência na arte.

A primazia das paixões em geral, e especialmente das "paixões mentais" no que respeita às percepções do interesse por parte do agente individual, talvez esteja mais bem expressa no apêndice de Hume sobre o amor-próprio no segundo *Enquiry*. Dada a sua importância para a compreensão do papel das paixões no processo de formação de crenças e para boa parte da discussão do capítulo seguinte, talvez seja aconselhável citar essa passagem na íntegra:

> Existem necessidades ou apetites físicos reconhecidos por todos que necessariamente precedem todo prazer sensual e nos impelem prontamente a buscar a posse do objeto. Assim, a fome e a sede têm por objetivo comer e beber; e da satisfação desses apetites primários emana um prazer que pode transformar-se no objeto de uma outra espécie de desejo ou inclinação que é secundário e imbuído de interesse. Da mesma maneira, existem paixões mentais que nos impelem a imediatamente buscar objetivos específicos, como fama ou poder, ou vingança, sem estarem ligadas a algum interesse; e quando esses objetivos são alcançados produz-se um agradável contentamento em conseqüência de nossas inclinações satisfeitas. A natureza, pela estrutura e constituição interna da mente, deve criar uma propensão original à fama antes de podermos auferir algum prazer com sua obtenção ou buscá-la por motivos de amor-próprio e desejo de felicidade. Se não tenho vai-

> dade, não me compraz o elogio; se me falta ambição, o poder não me dá prazer; se não sinto raiva, a punição de um adversário é-me totalmente indiferente. Nesses três casos existe uma paixão que indica imediatamente o objeto e faz dele nosso bem ou felicidade; assim como há outras paixões secundárias que posteriormente emergem e o buscam como parte de nossa felicidade depois que ele tenha sido assim constituído por nossas inclinações originais. Se não existisse apetite de tipo algum antecedendo o amor-próprio, essa propensão não poderia ter chegado a manifestar-se, pois nesse caso teríamos sentido dores ou prazeres muito raros e insuficientes e teríamos pouco sofrimento ou felicidade a evitar ou buscar (2ºE,301-2).

Como esta passagem provavelmente deixa claro, não existe uma verdadeira contradição entre as paixões e os interesses do agente. O interesse próprio, abstratamente considerado, nada move. O prazer e a satisfação, que são os objetos diretos do comportamento movido por interesse, são derivativos e secundários *vis-à-vis* as paixões do agente. O conteúdo de representações específicas do interesse individual é estabelecido independentemente pelas paixões, em especial as que, segundo Smith, "têm sua origem em determinada inclinação habitual da imaginação". E preeminente entre as "paixões mentais", como será mostrado no capítulo seguinte, está o desejo por simpatia, ou seja, por respeito, aprovação e admiração dos outros homens.

> Quaisquer que possam ser as outras paixões que nos motivem, orgulho, ambição, avareza, curiosidade, vingança ou luxúria, a alma e o princípio ativador de todas é a simpatia; tampouco elas teriam força se nos abstraíssemos inteiramente dos pensamentos e sentimentos dos outros (THN,363).

A moralidade e as regras gerais de conduta, segundo essa visão, existem e são necessárias não apesar das paixões, mas precisamente porque elas existem e são determinantes extremamente poderosos (embora não absolutos) da conduta prática. A eficácia das paixões emana em boa medida do papel destas no processo de formação de opinião e de sua capacidade de usar para seus próprios objetivos a fixação das crenças. É esse o mecanismo a que se referiu Smith quando observou que nossas paixões tendem a justificar a si mesmas ou, em suas palavras, "a nos sugerir opiniões que as justifiquem". É trazendo à luz as operações da própria mente e os modos como esta se apodera de crenças e opiniões com vários graus de confiança e tenacidade que a filosofia moral pode contribuir para a busca do autodomínio e do autocontrole individual.

Assim, relacionando a formação das opiniões ligadas ao auto-interesse do indivíduo ao mecanismo das disposições e motivações sub-racionais (distintas das irracionais), os "iluministas céticos" encontraram uma *via media* entre dois extremos. Por um lado, os interesses que os agentes procuram atender na vida ordinária não são estabelecidos definitivamente, ou seja, igualados a algum monovalor (por exemplo, o ganho pecuniário individual ou a vantagem material da classe) que exclua logo de início qualquer possibilidade de que outros valores venham a influir no comportamento econômico. Mas, por outro lado, as opiniões de interesses são consideradas não inteiramente maleáveis, ou seja, suscetíveis ao capricho dos agentes ou aos "frios silogismos" invocados pelos filósofos em seus gabinetes.

A fixação das crenças relevantes, nessa perspectiva, não é uma "questão puramente intelectual" ou um resultado de "erro filosófico". Os agentes agem com base no que passaram a considerar ser do seu interesse mas, e este é um ponto crucial, o caminho pelo qual eles vêm a perceber tais interesses como sendo seus não é a via direta do cálculo racional, pensamento consciente e deliberação, nem a leitura atenta dos "clássicos" (ou dos autores da moda) da filofosia moral, política e econômica; é obra das paixões, ou seja, daqueles sentimentos, emoções e desejos sub-racionais que se revelam capazes de outorgar valor a qualquer objeto e, com isso, despertar os homens do repouso (ou do abismo da dúvida de si mesmo) para a ação e todas as crenças e opiniões que a acompanham.

7. As paixões da imaginação, II
Hume e Adam Smith sobre a psicologia do agente econômico

No capítulo anterior examinei o conceito de paixão no pensamento de Hume e Adam Smith, indicando que esse conceito tem um papel central em suas análises dos processos de formação das crenças e da ação humana em geral. Essa afirmação, cabe frisar, de modo algum destina-se a insinuar que Hume e Smith mostraram plena concordância em tudo o que escreveram ou que não existiram contrastes significativos entre as idéias e posições dos dois amigos. Na realidade, está-se afirmando que ambos tinham em comum algumas concepções básicas sobre o funcionamento da mente humana e especialmente sobre os modos como nosso comportamento e os hábitos mentais formadores de crenças que o fundamentam são afetados por fatores sub-racionais.

Neste capítulo, retomarei a argumentação apresentada no capítulo 6. Procurarei restringir mais o enfoque à psicologia econômica formulada pelos dois líderes do Iluminismo escocês a fim de explicitar como atuam as paixões no âmbito das ações dos agentes, destinadas a ganhar a vida e progredir. Como no capítulo anterior, o objetivo aqui é constatar o que pode parecer comum a Hume, Smith e outros "iluministas céticos" mas não àqueles "iluministas entusiastas" setecentistas e posteriores que faziam dos "erros filosóficos" e das "superstições" as causas fundamentais de tudo que julgavam estar errado na vida social e que por isso acabaram por buscar "reduzir as idéias de toda a humanidade exatamente aos mesmos comprimento, largura e altura das suas próprias".

No capítulo 5 fiz referência ao que Smith designava por "paixões do corpo", ou seja, os apetites que nascem da necessidade de preservar o indivíduo e perpetuar a espécie. São esses os principais motores dos esforços econômicos do homem: "Nossas paixões são a única causa do trabalho" (E,261). Porém, à medida que a sociedade ganha complexidade e passa de um sistema de subsistência baseado em caça e pastoreio a outro baseado em agricultura e comércio,[1] as "paixões mentais" — isto é, "as que têm sua origem em um determinado hábito da imaginação" — assumem papel muito mais destacado como forças motivadoras da oferta de trabalho e do esforço econômico. Um bom exemplo do modo como essas "paixões mentais" cristalizam-se em opinião de interesses e afetam acentuadamente o comportamento econômico é a discussão de Smith sobre o conjunto de motivações associado ao intenso interesse e assiduidade do agente individual na busca da riqueza material — o famoso desejo de melhorar a própria condição que é considerado responsável pela "opulência" e pelo crescimento econômico das nações.

Segundo a classificação de Hume no *Treatise*, existem três classes de bens que os agentes podem procurar obter e que podem tornar-se objeto de suas atividades motivadas pelo interesse próprio: *1*) "a satisfação interna de nossa mente" (bens da mente), *2*) as "vantagens externas de nosso corpo", como usufruir de boa saúde, sexo e boa aparência (bens do corpo) e *3*) "o desfrute dos bens que adquirimos por nossa diligência e bom êxito (bens externos)" (THN,487). A teoria smithiana, como veremos, é uma tentativa de explicar a relativa primazia de *3* na sociedade comercial moderna e de mostrar como até mesmo *1* e *2* tornam-se, em certa medida, dependentes do êxito do agente na obtenção de *3*.

A questão central, como é formulada por Smith na *Teoria dos sentimentos morais*, diz respeito à natureza da ambição econômica e às causas que fundamentam nosso desejo por bens externos. "Pois qual o propósito", indaga o autor de *A riqueza das nações*,

> de toda a labuta e azáfama deste mundo? Qual a finalidade da avareza e ambição, da busca de riqueza, poder e preeminência? Será para suprir as necessidades da natureza? O salário do mais pobre trabalhador pode supri-las. Vemos que esse salário permite-lhe ter comida e roupas, o conforto de uma casa e de uma família. Se

> examinássemos sua economia com rigor, constataríamos que ele gasta grande parte do que ganha com conveniências que podem ser consideradas superfluidades e que, em ocasiões extraordinárias, pode usar um pouco até mesmo para sua vaidade e distinção. Qual é, então, a causa de nossa aversão à sua situação e por que os que foram educados nas camadas mais elevadas consideram pior que a morte serem reduzidos a viver, mesmo sem trabalhar, compartilhando com ele a mesma comida simples, a habitar o mesmo teto modesto e a vestir-se com os mesmos trajes humildes? Por acaso imaginam que têm um estômago superior ou que dormem melhor em um palácio do que em uma cabana? O contrário tem sido observado com tanta freqüência e, com efeito, é tão óbvio, mesmo que nunca tivesse sido observado, que ninguém o ignora. De onde, portanto, nasce a emulação que permeia todas as diferentes classes de homens, e quais são as vantagens que pretendemos auferir com esse grande propósito da vida humana a que chamamos melhorar nossa condição? (TMS,50).

É verdade que, em seu tratado econômico, Smith evitou cuidadosamente dar uma resposta clara, franca e direta a essas questões. Preferiu, antes, salientar as conseqüências dessa "emulação que permeia todas as diferentes classes de homens" e particularmente ressaltar que

> o esforço natural de cada indivíduo para melhorar sua condição, quando lhe é permitido exercê-lo com liberdade e segurança, é um princípio tão poderoso que, sozinho, e sem nenhuma ajuda, é não só capaz de levar a sociedade à riqueza e prosperidade mas de suplantar uma centena de obstruções impertinentes com as quais a tolice das leis humanas muito freqüentemente estorva suas operações (WN,540).

O desejo de um grande número de agentes de melhorar sua posição econômica em relação aos outros é um pressuposto. O crescimento e a prosperidade, sugere-se, não deixarão de triunfar, e a boa saúde do vigoroso "corpo político" não será impedida, a despeito "não só da doença, mas das prescrições absurdas do médico" (WN,343; cf. WN,673-4, onde Smith usa essa idéia para criticar a rigidez e o purismo doutrinário dos fisiocratas).

Mas tudo que conseguimos saber em *A riqueza das nações* sobre o caráter desse desejo poderoso de melhorar a própria condição e suas raízes na psicologia humana é que:

> Um aumento da fortuna é o meio pelo qual a maior parte dos homens pretende e deseja melhorar sua condição. É o meio mais vulgar e o mais óbvio; e o modo mais provável de aumentar sua fortuna é poupar e acumular uma parte do que adquirem, seja regularmente, seja anualmente ou em certas ocasiões extraordinárias (WN,341-2).

O mais *vulgar* e o mais *óbvio* — mas por quê? Isso nos dá apenas um débil indício da discussão que o próprio Smith estivera disposto a fazer em outras ocasiões. Pois, na *Teoria dos sentimentos morais*, ele não se esquivou de levantar e responder a essa questão, e não fez segredo de suas razões para julgar que o desejo predominante em uma sociedade comercial próspera é realmente o mais óbvio e vulgar.

Como, então, Smith explicava essa "emulação que permeia todas as diferentes classes de homens"? E quais poderiam ser, em sua opinião, as verdadeiras "vantagens que pretendemos com esse grande propósito da vida humana a que chamamos melhorar nossa condição"?

> Ser notado, ser ouvido, ser tratado com simpatia e afabilidade e ser visto com aprovação são todas as vantagens que podemos pretender obter com isso. É a vaidade, e não a tranqüilidade ou o prazer, que nos interessa. Mas a vaidade sempre tem por base a convicção de sermos objeto de atenção e aprovação. O homem rico deleita-se com suas riquezas por julgar que elas naturalmente lhe atraem a atenção do mundo e que os homens estão dispostos a acompanhá-lo em todas as agradáveis emoções que as vantagens de sua situação tão prontamente lhe inspiram. Quando tal pensamento lhe ocorre, seu coração parece crescer e dilatar-se dentro do peito, e ele aprecia mais sua riqueza por esse motivo do que por todas as outras vantagens que ela lhe traz. O pobre, ao contrário, envergonha-se de sua pobreza. Julga que ela o deixa fora das vistas dos homens ou que, se estes chegam a notá-lo, têm porém muito pouco sentimento de solidariedade com a miséria e o sofrimento que ele padece (TMS,50).[2]

Portanto, é a "vaidade" que melhor exemplifica o controle do comportamento do agente por desejos sub-racionais.

No íntimo, todo indivíduo deseja ser estimado, isto é, atrair para si os bons sentimentos e uma disposição favorável das pessoas que o cercam. Os homens são vaidosos mas não gostam de ser assim considerados — ou de se imaginar como tal. Por isso, eles espontaneamente tendem: *a*) a não levar em conta o fato de que é a vaidade que lhes estimula o desejo de ter sucesso no mercado; *b*) a disfarçar sua motivação sub-racional com vestimentas racionais de um tipo ou de outro. Não é de espantar que o agente ansioso e inquieto que adentrou o círculo da ambição material represente a si mesmo como alguém em busca tão-somente da utilidade e segurança diretas proporcionadas por suas aquisições. Ninguém é mais propenso a ilusões, ou seja, tendente a uma interpretação parcial e interessada de sua própria conduta, do que o homem empenhado na busca daquilo que para ele faz toda a diferença do mundo. Mas o filósofo moral, especializado em observar com frio distanciamento, precisa tentar arrancar o véu do auto-engano.

Cabe notar que a observação de Smith não era novidade. O filósofo francês N. Malebranche, por exemplo, em fins do século XVII, já deixara claro que as pessoas em geral têm ainda mais interesse em parecer ricas, cultas e poderosas aos olhos dos outros do que em realmente sê-lo. Como expressou em *De la recherche de la vérité* (1712):

> Tudo que nos proporciona certa elevação em relação aos outros porque nos torna mais perfeitos, como por exemplo a ciência e a virtude, ou porque nos confere certa autoridade sobre eles tornando-nos mais poderosos, como as honras e as riquezas, parece fazer-nos independentes em certa medida. Todos os que estão abaixo de nós reverenciam-nos e nos temem; estão sempre prontos a fazer o que nos agrada para nossa preservação, e não ousam nos prejudicar ou resistir aos nossos desejos [...] A reputação de ser rico, culto e virtuoso produz na imaginação daqueles que nos cercam ou dos que nos são mais íntimos disposições de espírito que nos são muito vantajosas. Ela os deixa prostrados aos nossos pés; instiga-os a nos agradar; inspira neles todos os impulsos que tendem à preservação de nossa pessoa e ao aumento de nossa grandeza. Assim, os homens preservam sua reputação tanto quanto necessário a fim de viver confortavelmente neste mundo.[3]

A abordagem de Smith, porém, diferia da de Malebranche e outros filósofos iluministas porque ele atentou mais para os aspectos econômicos dos mecanismos, distintos de aquisição de estima. Observou em particular que, em uma sociedade comercial, a ligação entre renda e propriedade de um lado e respeito e aprovação de outro gera um forte incentivo, no âmbito do agente individual, ao esforço e eficiência econômica. A demanda por estima, nesse contexto, levaria os agentes a aplicar seus talentos e fazer todo o possível para melhorar sua posição econômica em relação aos outros; e isso, como já se viu, conduziria à prosperidade geral. Ademais, como procurarei mostrar em seguida, Smith propôs uma teoria geral da motivação humana na qual a busca de bens externos movida pela vaidade é um exemplo específico e moralmente tolerável — apesar de óbvio, vulgar e, para a maioria dos agentes, fadado ao fracasso — de um gênero muito mais abrangente.

Que é, então, que na teoria de Smith "confere à prosperidade todo o seu esplendor deslumbrante"? O que torna a riqueza e a posse de bens externos "o objeto de inveja, e compensa, na opinião dos homens, toda a labuta, toda a ansiedade, todas as mortificações que devem ser suportadas em sua busca"? Além disso, finda a paixão e (talvez) obtidos alguns resultados, o que então compensa "todo o descanso, toda a tranqüilidade, toda a segurança despreocupada que são para sempre perdidos com tal aquisição"? (TMS,51).

A resposta, para Smith, é a seguinte: não existe provavelmente uma paixão derivada da imaginação que seja mais forte que o desejo de infundir afeição, respeito e admiração nos outros. Inversamente, nada parece ser mais temido que a indiferença e o desprezo no rosto daqueles em meio aos quais se é criado e educado. Temos uma necessidade profundamente arraigada de possuir uma opinião favorável sobre nós mesmos e de acreditar que somos bem-vistos por aqueles cujas opiniões são importantes para nós. Precisamos, ao menos de tempos em tempos, "escorar nossa titubeante opinião na correspondente aprovação da humanidade" (2ºE,276), ou seja, confirmar nosso amor-próprio por meio de alguma indicação de que somos estimados por quem não é tão parcial quanto nós somos com respeito a nós mesmos.

E muito embora "não ser notado e ser objeto de desaprovação sejam coisas inteiramente diferentes", argumentou Smith, "como a obscuridade nos esconde das luzes da honra e aprovação, julgar que não somos notados necessariamente esmorece a mais agradável esperança e desaponta o mais ardente desejo da natureza humana" (TMS,51). Quando se empenham pelo sucesso no mercado, os agentes na verdade estão tentando enfrentar e parcialmente saciar essa mais potente e arraigada paixão da imaginação:

> Desejamos ser respeitáveis e respeitados. Tememos ser desprezíveis e desprezados. Porém, assim que chegamos a este mundo, descobrimos logo que a sabedoria e a virtude não são, de modo algum, os únicos alvos do respeito, nem o vício e a tolice os do desprezo. Com freqüência vemos as atenções respeitosas do mundo voltadas mais acentuadamente para os ricos e os grandes do que para os sábios e os virtuosos. Vemos com freqüência os vícios e tolices dos poderosos muito menos desprezados que a pobreza e fraqueza dos inocentes. Merecer, adquirir e desfrutar respeito e admiração dos homens são os grandes objetos de ambição e emulação. Dois caminhos diferentes se nos apresentam, conduzindo igualmente à obtenção desse tão desejado objeto: um, pelo estudo da sabedoria e prática da virtude; o outro, pela aquisição de riqueza e grandeza. Dois diferentes caráteres apresentam-se à nossa emulação: um, o da ambição orgulhosa e avidez aparatosa; o outro, o da modéstia humilde e justiça equitativa [...] São os sábios e virtuosos, principalmente, uma parcela seleta, embora infelizmente pequena, que constituem os verdadeiros e fiéis admiradores da sabedoria e da virtude. A grande massa da humanidade é a dos admiradores e adoradores e, o que pode parecer mais extraordinário, mais freqüentemente os admiradores e adoradores desinteressados da riqueza e grandeza (TMS,62).

Portanto, a fim de melhorar sua condição e sobressair na multidão para conseguir a sua estima, o agente empenha-se em obter os objetos prezados pela multidão e, desse modo, pensa como ela. Busca riqueza (ou poder) vendo que a riqueza é o que todo mundo respeita e admira e que o homem rico é aquele com quem todos simpatizam: "Em graus iguais de mérito, praticamente inexiste o homem que não respeite mais os ricos e grandes que os pobres e humildes" (TMS,62). Não é difícil perceber por que Smith referiu-se a "um aumento da fortuna" como o mais "óbvio" e "vulgar" meio de melhorar nossa condição.

Isto explicaria também por que tendemos, inadvertidamente e não só no sentido estrito, a "exibir nossas riquezas e disfarçar nossa pobreza" (TMS,50).

> Para a maior parte das pessoas ricas, o principal prazer proporcionado pelas riquezas consiste em exibi-las, prazer que a seu ver nunca é mais completo do que quando elas parecem possuir aquelas marcas decisivas de opulência que ninguém além delas pode ter (WN,190).

Igualmente, isso ajuda a entender por que resignar-se a um trabalho subalterno tende a ser muito mais penoso se isso precisar ser feito na cidade em que se nasceu, às vistas daqueles cuja opinião mais importa. "Um homem de baixa condição", argumenta Smith, enquanto permanece em sua cidade natal ainda precisa agir segundo a restrição "do que se chama uma reputação a perder":

> Mas assim que ele vai para uma grande cidade, mergulha na obscuridade e escuridão. Sua conduta não é observada nem notada por pessoa alguma, e ele assim tem grande probabilidade de descuidar-se e abandonar-se a toda espécie de desregramento e vício. Nunca ele emerge tão verdadeiramente dessa obscuridade, nunca sua conduta incita tanto a atenção da sociedade respeitável como quando ele se torna membro de uma pequena seita religiosa (WN,795).

Como provavelmente deixam claro as citações acima, os dois princípios essenciais que fundamentam a interpretação do comportamento prático comum por Smith são o desejo de estima ("amor ao elogio") e o medo da desaprovação ("temor da crítica").

> A natureza, quando formou o homem para a sociedade, dotou-o de um original desejo de agradar e de uma original aversão a desgostar de seus semelhantes. Ensinou-o a sentir prazer na opinião favorável destes e a sofrer com a opinião desfavorável. Tornou a aprovação dos semelhantes por si mesma mais lisonjeira e mais agradável para ele, e a desaprovação, mais mortificante e ofensiva (TMS,116).

Cabe notar que isso corresponde estreitamente aos comentários de Hume no *Treatise* nos quais esse autor salientava a idéia de que "Não podemos conceber nenhum desejo que não tenha uma relação com a sociedade":

> Sejam quais forem as outras paixões que nos incitam, orgulho, ambição, avareza, curiosidade, vingança ou luxúria, a alma ou princípio animador de todas elas é a simpatia; tampouco elas teriam qualquer força se nos abstraíssemos inteiramente dos pensamentos e sentimentos dos outros. Ainda que todos os poderes e elementos da natureza se combinassem para servir e obedecer a um único homem, ainda que o sol viesse a nascer e a se pôr conforme ele ordenasse, que o mar e os rios fluíssem como lhe aprouvesse [...] ele mesmo assim seria infeliz enquanto não lhe fosse dada pelo menos uma pessoa com quem pudesse compartilhar essa felicidade e cuja estima e amizade ele pudesse desfrutar (THN,363).[4]

> As mentes dos homens são espelhos umas das outras, não só porque refletem as emoções uns dos outros mas também porque esses raios de paixões, sentimentos e opiniões podem com freqüência reverberar e decair imperceptivelmente. Assim, o prazer que um homem rico sente com suas posses, quando exibido ao observador, provoca prazer e estima, e este sentimento, por sua vez, sendo percebido e apreciado, aumenta o prazer do possuidor e, sendo mais uma vez refletido, transforma-se em reforço do prazer e estima do observador (THN,365).

Enquanto na doutrina utilitarista tradicional, como se sabe, "a natureza colocou a humanidade sob o governo de dois senhores soberanos, a dor e o prazer",[5] para Hume e Smith não é a utilidade ou prazer, e sim a imaginação, ou seja, a simpatia e a estima, que recebeu poderes soberanos sobre os homens. "A vaidade" — e não o "estômago" — governa a humanidade. Como expressou claramente Smith: "Não é a tranqüilidade ou o prazer, mas sempre a honra, de um tipo ou de outro, embora com freqüência uma honra muito mal compreendida, que o homem ambicioso realmente busca" (TMS,65). E, como ele também salientaria, a vaidade não deve ser condenada *tout court*. O amor-próprio pode ser um motivo de ação virtuoso (cf. sua crítica a Mandeville apresentada no capítulo 3 deste livro), e "o amor à fama justa, à verdadeira glória, mesmo que só por ela mesma e independentemente de qualquer vantagem que possamos obter com ela, não é indigno nem mesmo de um sábio" (TMS,117). Nas palavras de Hume: "Amar a glória de feitos virtuosos é uma prova segura do amor à virtude" (E,86).

A tarefa da educação — e em especial a da "educação doméstica" (TMS,222) — é dirigir a vaidade, o mais possível, para os objetos de estima e admiração, ou seja, para objetivos e atividades que sejam dignos de louvor (por exemplo, benevolência ou manter a calma "em meio à turbulência e desordem da dissidência") e não para aqueles que, embora altamente prezados e adorados pela maioria, estão longe de ser admiráveis (por exemplo, exibir os "frívolos ornamentos do vestuário e aparatos" ou as "frívolas realizações do comportamento ordinário"). Desse argumento decorre que, seja qual for o veredito dos mercados e da "grande massa da humanidade", "para um verdadeiro sábio a aprovação judiciosa e bem ponderada de um único sábio proporciona mais satisfação sincera que todos os ruidosos aplausos de 10 mil admiradores ignorantes, ainda que ardorosos" (TMS,253).

Por isso, não há uma razão necessária para que a riqueza — a posse de bens externos — deva ser apontada como o objeto capaz de transformar seu possuidor em agente respeitável ou admirável. O próprio Smith, seguindo a tradição socrática e humanista da filosofia moral, via nisso "a corrupção de nossos sentimentos morais". E não só por considerar a virtude e a sabedoria mais merecedoras de estima do que "as meras bugigangas da utilidade frívola" veneradas pela "grande massa da humanidade", mas também por sentir-se claramente apreensivo ante a perspectiva de que

> um desconhecedor da natureza humana que visse a indiferença dos homens pelo sofrimento de seus inferiores e o pesar e indignação que eles sentem pelos reveses e sofrimentos dos que estão acima deles tenderia a imaginar que a dor deve ser mais excruciante e as convulsões da morte mais terríveis para as pessoas de posição mais elevada do que para a de condição mais humildes (TMS,52).

O desejo, é bem verdade, gera a qualidade de desejável, ou seja, uma *opinião* muito favorável sobre a coisa desejada. A massa smithiana tem uma forte "inclinação para admirar e, conseqüentemente, para imitar os ricos e os grandes" (TMS,64). Mas o desejado (isto é, a honra trazida por bens externos) não deve ser transformado na causa do desejável ou com este confundido; não se deve permitir que ele determine nossas crenças e julgamentos de valor. Precisamos lutar por uma consideração imparcial e objetiva das coisas que induzem nossa estima e aversão. Quando não o fazemos, tendemos a ser vítimas de raciocínio moral errôneo e a nos entregarmos, talvez inadvertidamente, a uma das fontes mais comuns de erro moral.

Ademais, como os bens externos desejados pelos agentes são efetivamente "bens posicionais" — sendo necessariamente, portanto, escassos e perdendo seu "esplendor deslumbrante" quando possuídos pela massa —, a maioria dos contendores fatalmente terá incorrido em auto-engano ao supor que a riqueza finalmente traria para si a distinção e o encanto dos poucos que são emulados.[6] De fato, a maior parte dos homens, como observou Smith em *A riqueza das nações*, mostra injustificada e "absurda presunção" quanto às suas próprias capacidades e chances de sucesso na vida (WN,124) ou, nas palavras de Hume, "os homens em geral têm propensão muito maior a sobrevalorizar que a subestimar a si mesmos, não obstante a opinião de Aristóteles" (2ºE,264).

Contudo, ao menos as conseqüências não intencionais desse sistema de ilusões e frustração felizmente eram boas. Em típica manobra argumentativa iluminista, Smith por fim vira do avesso o argumento e afirma que, se "mais forte que qualquer princípio é a natureza" (Hume), ela é, não obstante, forte demais também para vencer a miopia e falta de princípios dos homens. A "natureza" entra em cena para iludir o homem, mesmo ao ponto de salvá-lo de sua própria tolice e estupidez. Tudo considerado, afirma, entrando agora no tema característico de *A riqueza das nações*:

> É bom que a natureza nos engane dessa maneira. É essa ilusão que faz surgir e que mantém em contínuo movimento a indústria dos homens. Foi isso que primeiro os impeliu a cultivar o solo, construir casas, fundar cidades e países e inventar e aperfeiçoar todas as ciências e artes que enobrecem e embelezam a vida humana; que mudou por completo a face do planeta, transformou as florestas inóspitas da natureza em planícies aprazíveis e férteis e fez do oceano sem caminhos e improdutivo um novo fundo de subsistência e a grande estrada de comunicação entre as diferentes nações da Terra (TMS, 183).[7]

No mundo smithiano, poderíamos dizer, assim como no de Montaigne, as pessoas lutam para ser piores do que podem![8] E não é só o sistema econômico que funciona, por meio da "mão invisível", sem o conhecimento dos participantes. Os participantes individuais são, eles próprios, impelidos — e em um grau considerável — por motivos e mecanismos de formação de crenças que funcionam, por assim dizer, sem o conhecimento de suas próprias mentes.

Mas mesmo assim, somos tentados a indagar: de onde vem essa transformação de bens externos em objeto de paixão e alavanca privilegiada para a estima e respeitabilidade geral? O que possibilita que bens posicionais se tornem a fonte de "honra" e aprovação espontânea e que o agente abastado se torne, aos olhos da maioria, o *bom* agente? Como explicar o fato de que o "fureur de se distinguer" (Rousseau) e "pour obtenir dans l'esprit des autres une place honorable" (Malebranche) encontrem expressão no empenho em obter ganho material privado? Será isso passível de ser mudado pelo poder das idéias para transformar a conduta humana?

O primeiro aspecto a ser considerado na resposta a essas questões é a razão por que a aquisição material parece ter precedência sobre outros valores, mesmo depois de as necessidades dessa "tartaruga lenta", o corpo, terem sido adequadamente atendidas. Como se observou, quando o corpo está satisfeito, a mente em princípio fica livre e "propensa a viajar mais longe, a estender-se pelos campos da ciência ou entreter-se nas regiões da imaginação, a supor que 'se libertou da carcaça mortal' e está procurando o elemento com que tem afinidade".[9] Mas o salto, mesmo quando tentado a sério, com freqüência revela-se muito mais difícil do que parecera a princípio. Por que a posse de *bens externos*, e não de, digamos, a busca de aperfeiçoamento intelectual e excelência nas artes (bens da mente) ou de beleza física e habilidades atléticas (bens do corpo), tornou-se o objeto primordial de emulação e inveja na vida social?

"Esta não é uma questão de argumentação, mas de experiência", responde Malthus no *First essay*. Mesmo se aceitarmos a idéia de que a satisfação interna de nossa mente com esforços intelectuais é preferível ao gozo benthamista de bens externos (e também menos destrutiva para o ambiente natural), ou, ainda, que há boas razões para concordar com o escravo estóico Epicteto em que "mesmo você não sendo ainda um Sócrates, deve viver como alguém que deseja ser um Sócrates", mesmo assim, pergunta Malthus, "como irei comunicar essa verdade a uma pessoa que praticamente nunca sentiu prazer intelectual? É o mesmo que tentar explicar a natureza e a beleza das cores a um cego". Não pode existir uma vontade genuína exceto a que se tem pelas coisas que de algum modo já são conhecidas.

De fato, o reverendo Malthus, cura de Albury (Surrey), parece aqui estar falando com base em sua própria experiência profissional, e patentemente adota uma postura muito menos confiante na questão do que seu antigo mentor, Paley, o qual não duvidava ser capaz de eliminar a atração dos prazeres dos sentidos expondo seu caráter transitório e ilusório *vis-à-vis* os prazeres do intelecto. "Mesmo que eu venha a ser tão diligente, paciente e claro e a ter as mais repetidas oportunidades de argumentação", comentou Malthus, "qualquer progresso verdadeiro em direção à realização de meu propósito parece absolutamente impossível":

> Só o que posso dizer é que os mais sábios e melhores homens de todas as épocas concordaram em dar preferência, muito acentuadamente, aos prazeres do intelecto, e que minha experiência própria confirmou por completo a verdade de suas decisões; que constatei serem os prazeres dos sentidos frívolos, transitórios e con-

> tinuamente seguidos por tédio e repulsa, mas que os prazeres intelectuais pareceram-me sempre frescos e novos, preencheram todas as minhas horas satisfatoriamente, deram novo estímulo à vida e difundiram em minha mente uma duradoura serenidade. Se ele me acreditar, só poderá ser por respeito e veneração à minha autoridade; é credulidade, e não convicção. Não terei dito nada, nem nada pode ser dito, cuja natureza seja a de produzir uma real convicção. Esta não é uma questão de argumentação, mas de experiência.[10]

O princípio subjacente à argumentação de Malthus sobre o que mais recentemente se denominou o "obscurantismo do prazer"[11] foi trazido à luz por Hume em sua discussão acerca da influência da imaginação sobre as paixões no Livro II do *Treatise*: a idéia de que "qualquer prazer a que estamos habituados nos afeta mais do que qualquer outro que reconhecemos como superior mas cuja natureza ignoramos por completo" (THN,424).

Esse fator — nossa acentuada tendência a permitir que a lembrança de prazeres passados, já sentidos, determine nossos julgamentos de valor e conduta presentes — constitui, evidentemente, uma das principais fontes de inércia no comportamento humano e de estabilidade nos assuntos socioeconômicos. Ele nos ajuda a entender o motivo por que, por exemplo, "um bem trivial pode, em determinadas circunstâncias, suscitar um desejo superior ao que nasce com o prazer mais elevado e mais valioso" (THN,416). E talvez seja interessante observar que, quase dois séculos mais tarde, sua importância para a compreensão da mente em funcionamento seria enfatizada com grande veemência pelo pai da psicanálise: "Todo aquele que entende a mente humana sabe que nada é mais difícil para um homem do que desistir de um prazer que já tenha sentido".[12] Ademais, é pela ação desse princípio que o "obscurantismo do prazer" descrito por Malthus tende a perpetuar-se, enquanto argumentações como a de Paley e as de tantos outros na história da ética e da economia tendem a entrar por um ouvido e sair pelo outro.

Tendo em vista esse fator, também se pode entender por que a redução do dia de trabalho não levou, como Marx muito ingenuamente previra, a um empenho geral em "atividades superiores" (por exemplo, a apreciação de Goethe ou Platão) durante o "tempo livre" que se tornou disponível aos trabalhadores. A falácia, nesse caso, tem origem diretamente na suposição injustificada de que a visão aristotélica — "quando as necessidades prementes são satisfeitas, o homem volta-se para as gerais e mais elevadas"[13] — aplica-se *ipso facto* à totalidade dos homens e mulheres nas sociedades industriais modernas. Também podemos mencionar aqui a semelhança entre o retrato marxista do "homem socialista" no "reino de liberdade" e a convicção godwiniana de que, como se fosse algo natural, "quanto mais homens forem tirados da pobreza e de uma vida de expedientes, mais prevalecerá a decência em sua conduta e a sobriedade em seus sentimentos".[14]

Contudo, se Smith estiver certo ao afirmar que o prazer e a tranqüilidade proporcionados pelos bens externos são apenas os motivos supostos que impelem os agentes à vida laboriosa de ganhar dinheiro e que, de fato, é a vaidade a paixão que os incita a agir dessa maneira, ainda é necessário indagar como é possível que a posse de bens materiais possa tornar-se a causa de sentimentos como a vaidade, e seu contrário, na maioria, a inveja. O argumento de Malthus pode muito bem explicar a razão básica por que a posse de bens externos constitui o objeto primordial de emulação e desejo na vida social — o prazer e valor de outros bens, e especialmente dos bens mais refinados da mente, são em grande medida inacessíveis (ou desinteressantes) para a grande maioria dos agentes. Mas isso não explica por que, antes de mais nada, isso pode ocorrer. Que tipo de relação prevalece entre um agente e seus bens externos que, de alguma forma, possibilita que estes aumentem seu amor-próprio e suscitem nele o orgulho e no observador a admiração?

No Livro II de *Treatise*, e especialmente na segunda parte de sua pouco conhecida "A dissertation on the passions" (1757), Hume abordou essa questão e tentou respondê-la.

> Toda qualidade valiosa da mente, seja da imaginação, discernimento, memória ou inclinação, sagacidade, bom senso, erudição, coragem, justiça, integridade, todas estas são causas de orgulho, e seus opostos, de humildade. Também não estão estas paixões confinadas à mente, estendendo de modo semelhante sua abrangência ao corpo. Um homem pode orgulhar-se de sua beleza, força, agilidade, boa aparência, habilidade na dança, equitação, esgrima, de sua destreza em ofícios manuais ou manufatura. Mas isto não é tudo. As paixões vão mais longe, abrangendo quaisquer objetos que tenham a menor vinculação ou relação conosco. Nosso país, família, filhos, parentes, riquezas, casas, jardins, cavalos, cachorros, trajes; qualquer um destes pode tornar-se causa de orgulho ou humildade (THN,279).

Esses são hábitos mentais inteiramente costumeiros. E a mente humana está de tal modo habituada a eles que tende a cair na ilusão de que são óbvios ou conhecidos simplesmente por serem familiares e, assim como ocorre com a noção de causalidade, os mais acessíveis.

> Descobrimos vaidade em relação tanto a casas, jardins, carruagens e outros objetos externos quanto ao mérito e às realizações pessoais; e embora essas vantagens externas possam estar, em si mesmas, muito distantes do pensamento ou de uma pessoa, ainda assim elas influenciam consideravelmente até mesmo uma paixão, a qual está voltada para isso como seu objetivo supremo (THN,303).

Mas o que garante que possa ser assim, que objetos externos possam aumentar o amor-próprio e conseguir assegurar a deferência e a boa vontade amplamente desinteressada da maioria?

A chave desse enigma, indica Hume, encontra-se na *relação de propriedade* — um mecanismo de formação de crença ou hábito associativo mental e essencialmente não racional:

> Isso acontece quando objetos externos adquirem alguma relação específica conosco e estão associados ou ligados a nós. Um belo peixe no oceano, um animal bem-proporcionado na floresta e, de fato, qualquer coisa que não nos pertença ou não esteja relacionada conosco, não têm como influenciar nossa vaidade, por mais extraordinárias as qualidades que possam possuir e por mais surpresa e admiração que possam naturalmente causar. É preciso estarem de algum modo associados a nós para suscitar nosso orgulho. Sua idéia deve, de algum modo, ligar-se à que temos de nós mesmos, e a transição de uma para outra deve ser fácil e natural.[15]

A característica distintiva da relação de propriedade é que ela aproxima de tal modo o agente e o bem externo que dá margem à sobreposição entre a pessoa do proprietário e o objeto de sua posse. "A imaginação passa naturalmente e com facilidade da consideração de um campo para a da pessoa a quem ele pertence", "a menção da propriedade naturalmente conduz nosso pensamento para o proprietário, e a do proprietário para a propriedade" (THN,310): essa transição fácil dá plausibilidade ao sentimento de orgulho e amor-próprio derivado dos bens externos possuídos. "Portanto, a propriedade", conclui Hume, "é uma espécie de causação": "Ela permite à pessoa fazer alterações no objeto e implica que a condição do dono seja melhorada ou alterada por isso. É de fato a mais interessante de todas as relações, e ocorre à mente com a maior freqüência".[16]

Além disso, pode-se acrescentar, as chances de eliminar por completo essa "espécie de causação" fortemente arraigada são talvez tantas quantas as de realmente dissuadir os agentes do preconceito da imaginação com respeito ao valor de tipos diferentes de prazer, de modo a dissipar o "obscurantismo do prazer" que os filósofos morais observaram e condenaram com graus variados de veemência — mas pouco ou nenhum êxito — desde o tempo de Sócrates e Crítias, Lucrécio e Memmius, Sêneca e Nero. Contudo, não parece absurdo esperar que uma percepção maior sobre essa singular "espécie de causação" e o correspondente preconceito da imaginação pelo qual "naturalmente estimamos e respeitamos os ricos, mesmo antes de descobrir neles qualquer disposição favorável em relação a nós" (THN,361) possa ajudar a coibir pelo menos algumas das mais aberrantes tentativas de impingir alegações de valor moral ou intelectual baseadas tão-somente no exercício do poder político ou na posse de bens posicionais.

Como observou Hume (e também Smith):

> Existem poucas pessoas que estão satisfeitas com seu próprio caráter, índole ou fortuna, que não tenham desejo de exibir-se para o mundo e de granjear o amor e a aprovação da humanidade. Ora, é evidente que as mesmas qualidades e circunstâncias que são as causas de orgulho e amor-próprio são também as causas da vaidade ou desejo de reputação, e que sempre pomos à mostra aqueles detalhes que mais satisfazem a nós mesmos (THN,331-2).

Não existe uma razão necessária ou inevitável, é bem verdade, por que a "fortuna" — em oposição ao "caráter" e à "índole" — deva ser a moeda comum com a qual se faz o jogo da aquisição de estima. Mas imaginar que o socialismo (ou seja, abolição da propriedade privada dos meios de produção) ou que qualquer tipo de *coup* filosófico ou político acarretará por si mesmo a abolição da relação de propriedade humiana com respeito aos bens externos é, segundo esta visão, apenas mais uma ilusão tranqüilizadora, originada de uma superestimação da área de racionalidade no funcionamento da mente humana.

A conclusão da discussão acima é que o problema da autonomia do indivíduo merece um exame mais atento. O "tempo livre" exigido por Marx — "Economia de tempo; a isto, em útima análise, reduz-se toda economia"[17] — é um importante objetivo social (capítulo 5). Mas de modo algum ele é o ponto final da questão. Pois, como tentei mostrar, nenhum grau de "liberdade para fazer" ou de oportunidades de levar "uma boa vida" pode trazer maior autonomia se não for acompanhado pela busca de autoconhecimento (conhecimento das coisas que governam nossa estima e aprovação) e autocontrole (viver conforme as próprias idéias e opiniões).

O processo de formação de crenças — como salientaram Hume, Smith e Malthus — está, ele próprio, sujeito a poderosas tendências ocultas sub-racionais. A relação entre nossas crenças conscientes e nossa conduta prática observável tende a ser menos direta do que poderia parecer à primeira vista. Se os "iluministas céticos" estiverem certos, a tarefa de rever e mudar ativamente nossos mecanismos formadores de crenças revela-se muito mais árdua e, quando bem-sucedida, mais difícil de consolidar do que muitos teóricos sociais gostariam de nos fazer imaginar. E como ressaltou Keynes, entre outros, nossas maiores dificuldades muitas vezes começam exatamente quando podemos fazer o que desejamos: "Para os que suam pelo pão de cada dia, o lazer é uma delícia muito esperada — até que eles a obtenham".[18]

Marshall certa vez afirmou que, embora um governo pudesse ordenar que fosse impressa uma boa edição das obras de Shakespeare, não seria capaz de fazer com que elas fossem escritas.[19] Poderíamos agora acrescentar que esse governo também não teria condições de fazer com que elas fossem lidas ou apreciadas pelo povo; pois ainda que existam muitas coisas que os governos podem fazer para melhorar a educação do povo e ajudar a deter o incalculável desperdício devido ao "obscurantismo do prazer" descrito por Malthus, está além de sua capacidade eliminar por decreto hábitos mentais que parecem estar fortemente arraigados no mecanismo de nossas emoções e propensões sub-racionais.

A alfabetização e a instrução convencional — "o ensino do alfabeto a todo o povo" — que Carlyle exigira em *Chartism*[20] — permitiram que a grande maioria dos homens e mulheres, inclusive muitos do Terceiro Mundo, pudessem ler. Mas isso também trouxe à luz o fato de que "ensinar todos os homens a ler" de modo algum basta para capacitar as pessoas para desfrutar e apreciar a literatura em seu "tempo livre". Pois elas podem muito bem escolher o joguinho de *push-pin* benthamita (ou a pornografia e violência da moderna cultura de massas), deixando definhar, intocadas e desconhecidas, as "artes e ciências da música e da poesia" de que falou Mill.

Assim como as comunidades primitivas podem ter sofrido com frio e hipotermia em locais onde hoje em dia existem minas de carvão, pode-se argumentar que há fome entre nós, que levamos uma vida cômoda e um tanto longa (mas ainda um tanto estúpida) e que destruímos o meio ambiente mais do que de outro modo seria necessário porque não conseguimos dar um bom uso às nossas capacidades espirituais e estéticas. "Nossa era pode falar de economia, mas na verdade é uma era de desperdício: ela desperdiça a coisa mais preciosa que existe, o espírito".[21] Um século e meio depois dessa formulação, o ideal milliano de um estado estacionário ainda se afigura "um lamento lírico em meio aos negócios".

Portanto, se for verdade, por um lado, que *a*) a educação moral e estética ainda é muito necessária para ajudar a melhorar a capacidade das pessoas para tirar o máximo proveito dos recursos culturais e ambientais existentes, parece igualmente verdade, por outro lado, que *b*) apenas o agente individual sabe quais são suas necessidades e, portanto, não há como uma autoridade externa possa impor a apreciação da "grande arte" ou suprimir a demanda por "lixo cultural e violência". Enquanto o *laissez-faire* econômico vulgar dá grande ênfase a *b* mas deixa até mesmo de abordar o problema representado por *a*, os experimentos socialistas do século XX tenderam a dar uma certa margem à implementação de *a* e a demonstrar os enormes perigos de se negligenciar *b*, ou seja, o fato de que não existe "ditadura sobre as necessidades" nem aptidões impostas. Os problemas da iniciativa econômica e do uso eficiente dos recursos existentes só podem ser verdadeiramente resolvidos a partir da base.

Conclusão da primeira parte

Assim, a mensagem dos "iluministas céticos" do século XVIII é clara: "Nada tende mais a perturbar nosso discernimento e a nos impelir para opiniões, ainda que despropositadas, do que a conexão destas com as paixões" (THN,321). Ou, como expressou primorosamente o poeta: "Serão então as paixões as pagãs da alma? A razão, a única batizada?".[1]

O estudo do homem, segundo essa visão, leva à conclusão de que, embora a natureza humana seja essencialmente uniforme "em todos os países e épocas" e estável "em seus princípios e operações" (1ºE,83), as crenças e opiniões do homem tendem a ser muito mais voláteis. Como observou Hume: "O homem é um ser muito variável e suscetível a muitas opiniões, princípios e regras de conduta diferentes. O que pode ser verdade enquanto ele adota um modo de pensar revelar-se-á falso quando abraçar um conjunto oposto de maneiras e opiniões" (E,255-6).

Toda a argumentação (capítulos 6 e 7) poderia ser sintetizada na seguinte afirmação de Malthus:

> As ações voluntárias dos homens podem ter origem em suas opiniões, mas essas opiniões serão modificadas de forma acentuada em se tratando de criaturas que se compõem de uma faculdade racional e de propensões corporais, o que as torna muito diferentes do que seriam se fossem seres inteiramente intelectuais.

A melhor maneira de encarar o agente econômico individual é vê-lo como um "ser composto": "Uma verdade pode ser inculcada em sua convicção como ser racional, embora ele possa decidir agir contrariamente a ela, como ser composto".[2] Portanto, falta-lhe a "racionalidade" e regularidade da "máquina de prazer" pressuposta pela economia neoclássica tradicional, e contudo ele não é tão "perfectível" e maleável à educação moral e científica como sugerido pela escola milliana-marshalliana (capítulos 3 e 4).

Isso leva à segunda razão fundamental por que a noção de que "as idéias governam o mundo dos assuntos humanos e seus eventos" precisa de ressalvas. Assim como existem na vida prática áreas de *ação* nas quais a lógica da situação econômica e não as crenças e opiniões dos agentes determina a conduta (capítulo 5), existem também constelações de *crenças* que são relativamente inacessíveis à escolha voluntária dos agentes e que afetam acentuadamente o comportamento destes como produtores, consumidores e tomadores de decisão (capítulos 6 e 7).

Os filósofos econômicos de Paley a Hayek (capítulo 1) tenderam a considerar a persuasão e a "guerra das idéias" — a arte que dominavam — as forças controladoras dos assuntos humanos. Os filósofos econômicos, afirma-se, são os legisladores não reconhecidos do mundo. Mas essa alegação, como procurei mostrar, ainda que não deva ser sumariamente descartada como relíquia das visões pré-científicas sobre a mente humana (capítulos 2 e 4), mesmo assim é uma interpretação altamente duvidosa dos eventos, na medida em que não leva em consideração o papel dos fatores sub-racionais no pensamento comum, exagera a influência das idéias no comportamento prático, não dá o devido valor à lógica da situação econômica em sociedades complexas e se fundamenta em uma interpretação excessivamente intelectualizada do papel da filosofia política e econômica nos processos de formação das crenças e de mudança social. "Em termos gerais, os erros da religião são perigosos; os da filosofia, apenas ridículos" (THN,272).

Sendo isso verdade, decorre que o que os agentes *fazem* com as idéias postas à venda pelos filósofos é imensamente mais importante do que as próprias idéias. Estendendo um pouco mais o argumento, seria possível afirmar, à guisa de conclusão, que as verdadeiras vítimas da "guerra das idéias", portanto, não são os agentes — que meramente se apoderam das idéias que se mostrarem convenientes — e sim os filófosos, a cujas idéias muito provavelmente se darão usos que eles não previram, contribuindo, assim, para trazer conseqüências que eles não tencionavam e talvez não desejavam produzir.

Na segunda parte procurarei salientar, examinar e ilustrar o papel das paixões da imaginação *a*) na transmissão entre gerações e *b*) na comunicação interpessoal de sistemas abstratos de pensamento político e econômico.

SEGUNDA PARTE

MODALIDADES DE MAL-ENTENDIDOS

Na primeira parte (capítulos 6 e 7), argumentou-se que as paixões da imaginação têm um papel central nos processos de formação de crenças e mudança social. Na segunda parte, procurarei seguir essa mesma linha de raciocínio, salientando os modos como o componente não-racional de nossos mecanismos de fixação das crenças pode afetar a transmissão e recepção de sistemas abstratos de pensamento econômico e político. Enquanto a primeira parte tratou essencialmente da questão dos determinantes das opiniões sobre o interesse próprio e o bem comum que moldam o comportamento de um número elevado de agentes, a segunda parte versa sobre problemas relacionados ao intercâmbio entre as mentes e à nosssa capacidade de compreender erroneamente as idéias de outras pessoas.

O axioma geral nesse campo é a idéia lockiana (discutida adiante, no capítulo 15) de que os leitores, tanto quanto os autores, são sujeitos falíveis: "Embora tudo que está dito no texto seja infalivelmente verdade, o leitor ainda assim pode ser, ou melhor, não tem outra escolha além de ser, falível na compreensão dele". Precisamos entender o que foi dito ou escrito antes de podermos discordar ou concordar. Mas a compreensão, como veremos, tem graus variados. Como se sabe, os leitores de uma mesma mensagem ou texto com freqüência não concordam, e nem todas as alegações de entendimento podem ser simultaneamente consideradas verdadeiras. A história das idéias como empreendimento intelectual, argumentarei no capítulo 8, pode ser vista como uma luta interminável para "corrigir mal-entendidos", ou seja, para trazer à luz, esmiuçar e evitar a ocorrência de distorções nas comunicações intelectuais específicas.

O principal objetivo da segunda parte é elaborar uma taxonomia dos mal-entendidos — organizar, descrever e analisar alguns dos modos ou tipos mais freqüentes de mal-entendido na história das idéias, com especial referência à história do pensamento econômico e político. Portanto, nenhum caso específico de mal-entendido na comunicação intelectual foi reconstituído com muitos pormenores históricos, pois a preocupação fundamental ao longo do trabalho foi, antes, identificar e examinar possíveis armadilhas que espreitam as tentativas de compreender os pensamentos e conclusões produzidos por mentes outras que não a nossa (capítulos 8 a 12). Entretanto, atentou-se particularmente para o verdadeiro labirinto de alegações de mal-entendidos em torno da teoria da população de Malthus (capítulo 13). Adicionalmente, também terei a oportunidade de investigar as origens da teoria humiana-smithiana da formação das crenças na história da filosofica britânica (capítulo 11).

Cabe notar ainda que, embora eu tenha empregado o termo com muita freqüência, não procurei em parte alguma apresentar uma definição formal de "mal-entendido". Em vez disso, tomei por base o uso comum do termo na linguagem coloquial e na história intelectual, o qual denota uma falha espontânea de entendimento ou interpretação das idéias de outra pessoa (isto é, "mal-entendido puro") e não a deliberada comunicação errônea dessas idéias a uma terceira parte ("deturpação"). O mal-entendido puro, nesse sentido, encerra uma relação solitária entre o sujeito pensante e a mensagem ou texto que ele tem à frente. As deturpações podem ser — e talvez o sejam com freqüência — perpetradas, mas uma pessoa só pode "sofrer" ou tornar-se vítima de mal-entendidos puros. (Se não acredito que entendi algo, então posso ter certeza de que não entendi errado; porém, se julgo que entendi perfeitamente e "desvendei" o texto em exame, posso então ter sido vítima de alguma forma de mal-entendido).

O argumento central da segunda parte consiste na idéia de que os receptores, e não os autores, estabelecem e variam o significado do que está sendo dito. A interpretação específica que determinada mensagem ou texto recebe dependerá, em geral, não só da intenção e clareza do autor mas também, e em grande medida, da percepção que se tem quanto às exigências da vida prática (os problemas da época) e dos interesses, objetivos e preocupações específicas dos usuários individuais.

O argumento básico é que o relativo descaso para com o problema do mal-entendido e das fontes de distorção ligadas ao intercâmbio entre as mentes constitui mais uma razão fundamental por que os filósofos políticos e econômicos têm persistentemente superestimado o poder das idéias para transformar a conduta e as instituições humanas. Como procurarei mostrar, a concepção generalizada de que "as idéias governam o mundo dos assuntos humanos e seus eventos" atribui peso excessivo e injustificado à transparência e à transmissibilidade de sistemas de pensamento altamente abstratos. Os capítulos 14 e 15 e a conclusão da segunda parte são dedicados a esse aspecto.

Sócrates. *Sabes, Fedro, esta é a singularidade do escrever, que o torna verdadeiramente análogo ao pintar. As obras de um pintor mostram-se a nós como se estivessem vivas; mas, se as questionamos, elas mantêm o mais altivo silêncio. É o mesmo com as palavras escritas: parecem falar conosco como se fossem inteligentes, mas se lhes perguntamos qualquer coisa com respeito ao que dizem, por desejarmos ser instruídos, elas continuam para sempre a nos dizer exatamente a mesma coisa. E uma vez que algo foi escrito, a composição, seja qual for, espalha-se por toda parte, caindo em mãos não só dos que a compreendem mas também dos que não têm relação alguma com ela; não sabe como dirigir-se às pessoas certas e não se dirigir às erradas. E quando é maltratada ou injustamente ultrajada, precisa sempre que seu pai lhe venha em socorro, sendo incapaz de defender-se ou cuidar de si mesma.*

Platão, *Fedro*, 275d-e

8. Compreendendo os mal-entendidos
A transmissão de idéias entre gerações e o fator tempo

> Sei que eu quis dizer exatamente o que você explica, mas não expliquei o que eu quis dizer tão bem quanto você. Você me entende tão bem quanto eu próprio me entendo, mas me expressa melhor do que fui capaz de me expressar. Peço que aceite meu mais sincero reconhecimento.[1]

Assim escreveu o poeta inglês setecentista A. Pope em carta a seu futuro testamenteiro literário e editor, o teólogo W. Warburton, agradecendo-lhe a publicação de uma defesa exegética de *Essay on man*.

O comentário do poeta guarda certa analogia com o cumprimento que se afirma ter Adam Smith dirigido a William Pitt, o jovem primeiro-ministro que na época supostamente estava "reformando as finanças nacionais com *A riqueza das nações* em mãos".[2] Certa noite, em 1787, tendo acabado de jantar com Pitt na casa de um amigo escocês em Londres e ouvindo do próprio primeiro-ministro como este apoiava efusivamente as idéias apresentadas em *A riqueza das nações*, Smith comentou com Henry Addington (outro convidado no jantar): "Que homem extraordinário é Pitt — ele me faz compreender minhas próprias idéias melhor do que antes".[3]

Porém, embora à primeira vista lembrasse a entusiasmada resposta do poeta ao homem que deslindou o verdadeiro significado de sua obra, o aparte de Smith em seu primeiro encontro com o jovem Pitt é, no mínimo, muito ambíguo. Pois é de fato muito provável que seu tributo a Pitt fosse, na verdade, carregado de ironia, tendo em mente o persistente ceticismo de Smith quanto ao poder da filosofia moral e da teoria social para mudar efetivamente o curso dos assuntos humanos, sua crítica ao "espírito do sistema" (como vimos no capítulo 6), sua crítica aos fisiocratas franceses pela tendência destes a sempre apelar para a intervenção direta do governo em nome da "combinação exata de perfeita liberdade e perfeita justiça" (ver WN,674) e sua célebre descrição do político profissional, também no Livro IV de *A riqueza das nações*, como "esse animal insidioso e astuto, vulgarmente denominado estadista ou político, cujos conselhos são governados pela flutuação momentânea dos acontecimentos" (WN,468).

W. Bagehot, na verdade, em seu relato de 1861 sobre o jovem Pitt, descreveu-o não como administrador medíocre e irrefletido, mas como um "homem de idéias" — "o tipo ideal de relação entre idéias e atos". "Ele foi o primeiro grande estadista inglês", escreveu Bagehot, "que leu, compreendeu e deu valor a *A riqueza das nações*."[4] Mas o proprio Smith, como vimos, foi ainda mais longe e afirmou que o jovem primeiro-ministro ajudara-o a compreender suas próprias idéias "melhor do que antes". Porém, se isso de fato fosse verdade, poderíamos argumentar, talvez fosse não tanto porque Pitt houvesse ensinado a Smith algo que este não sabia com respeito à sua teoria econômica, mas porque Pitt inadvertidamente tornara o filósofo mais consciente dos usos a que suas idéias poderiam prestar-se quando assimiladas pela política partidária. Isto — e não a suposta sagacidade analítica do primeiro-ministro como leitor do famoso tratado — teria instruído Smith sobre seu próprio pensamento. Os irônicos se fazem passar por desconhecedores.

Mas seja qual for a interpretação correta desse episódio curioso, a verdade é que nenhuma teoria isolada — e especialmente as idéias abstratas de economistas e filósofos políticos — ganha acesso ao debate público estando a salvo e sendo à prova de equívocos, distorções ou inconfundível abuso propagandista. Nenhum conjunto de idéias ou teoria econômica, não importa o quanto ele seja claro e tecnicamente refinado, está imune ao seqüestro. Não existe um dispositivo embutido para interceptar ou impedir seu eventual uso errôneo e deturpação no processo político. Assim como as características morfológicas de uma espécie biológica ou as habilidades técnicas de uma comunidade humana, as idéias podem acabar sendo usadas e contribuir para efeitos que não faziam parte das intenções (ou falta de intenções) dos autores originais. As tentativas de mover até mesmo a superfície das mentes dos leitores na direção desejada podem ter resultados inesperados e indesejáveis.

Na argumentação desenvolvida a seguir, pressuponho que o domínio do mal-entendido é a *transmissão interpessoal de idéias por meio da linguagem*. Os mal-entendidos, nesse sentido, ocorrem não no "intercâmbio da mente com as coisas" mas no intercâmbio das mentes entre si. Implicam alguma falha na transmissão do pensamento ou, mais drasticamente, panes na comunicação. Alegações e contra-alegações em contrário envolvendo um ou mais tipos de mal-entendido não são difíceis de encontrar. Elas abrangem não apenas *a*) as inúmeras asserções indicando o erro direto de compreensão ou interpretação de determinado texto ou discurso mas também alegações quanto a *b*) questões de prioridade (como não indicar o caráter original e pioneiro de uma obra), *c*) fontes não consideradas (revelando ligações e conotações que de outra forma permanecem inacessíveis), *d*) não-transparência de textos isolados (as idéias de um autor devem ser vistas em relação à evolução deste e à abrangência de seus esforços intelectuais), *e*) influência subestimada (não perceber o verdadeiro impacto de um autor ou obra sobre desenvolvimentos posteriores) etc.

A ubiqüidade dos mal-entendidos na história das idéias dispensa apresentação. Como salientou o historiador intelectual americano A. O. Lovejoy:

> A história da filosofia e de todas as fases da reflexão humana é, em grande medida, uma história da confusão das idéias [...] O registro adequado até mesmo das confusões de nossos antepassados pode ajudar não apenas a esclarecer essas confusões mas a suscitar uma dúvida salutar quanto a sermos totalmente imunes a confusões diferentes porém igualmente consideráveis. Pois, embora disponhamos de mais informações empíricas, não possuímos mentes diferentes ou melhores.

De modo semelhante, o historiador das idéias francês A. Koyré observou que "os filósofos [...] raramente, ou talvez nunca, convencem uns aos outros, e uma discussão entre dois filósofos lembra quase sempre um 'dialogue de sourds'". De fato, como já observara Locke com respeito ao intercâmbio e às controvérsias intelectuais:

> Comentários geram comentários, e explicações dão novos motivos para explicações [...] não ocorre com freqüência que um homem com capacidade comum entende muito bem um texto ou uma lei que ele lê até que vá consultar um comentarista ou procure conselheiros, os quais, quando tiverem terminado de lhe explicar, fazem as palavras não significar coisa alguma ou significar o que ele deseja?[5]

Talvez não seja exagero afirmar que a história das idéias como é praticada em qualquer disciplina acadêmica e como disciplina em si mesma tem como núcleo o problema do mal-entendido. Ela deve sua existência à existência desse problema, e prospera com ele. Pois se as obras de qualquer autor do passado ou do presente fossem de algum modo à prova de ambigüidades e se seu significado e importância (sejam eles quais forem) fossem perfeitamente perceptíveis, toda a tarefa de escrever a respeito delas e de apresentar novas leituras, chaves e interpretações seria não apenas patentemente inútil mas praticamente inconcebível.

Mas se é verdade, como parece ser, que as alegações de mal-entendido (em um ou mais dos sentidos mencionados acima) quase sempre fornecem o tema para estudos concretos na história das idéias, e que esse problema parece ser sua preocupação central, unificadora, então como se explica essa ocorrência generalizada de falhas na transmissão do pensamento? O que, afinal, faz da transmissão das idéias esse campo minado de resultados impremeditados? São os autores necessariamente as maiores autoridades sobre sua própria obra? Os equívocos dividem-se em classes ou são ocorrências individuais, singulares, a respeito das quais nada de útil se pode afirmar de modo mais geral e abstrato? E supondo que fosse preciso definir tipos ou modos específicos de mal-entendido sem intercâmbios intelectuais, que tipo de critério se poderia empregar para levar a cabo essa tarefa?

As razões que fundamentam e explicam a ocorrência de casos concretos de mal-entendido na história das idéias são, obviamente, por demais variadas para ser abrangidas por algum conjunto único ou pequeno de hipóteses explicativas. O *porquê* das falhas de comunicação provavelmente não é menos diversificado do que o *como*, ou seja, a configuração específica que elas podem assumir em qualquer intercâmbio específico. Contudo, como a seguir procurarei mostrar, talvez seja possível apresentar uma taxonomia dos mal-entendidos. O objetivo é identificar e ilustrar ao menos alguns dos padrões mais básicos de equívoco na história das idéias — padrões que parecem repetir-se com notável freqüência nos intercâmbios intelectuais. Para corroborar esse argumento, tomarei por base em especial (mas não exclusivamente) a riqueza de dados empíricos fornecidos pela história do pensamento econômico.

No restante deste capítulo, procurarei examinar como o elemento temporal — o fator tempo — contido na transmissão das idéias entre gerações é responsável pela ocorrência de uma significativa classe de mal-entendidos. Em seguida (capítulos 9 a 13), examinarei mais detalhadamente fontes de mal-entendidos que são independentes do fator tempo e podem impedir (ou dificultar) a transmissão adequada das idéias entre mentes contemporâneas. Por fim, (nos capítulos 14 e 15), procurarei aplicar os resultados e conclusões da discussão anterior a uma avaliação crítica do papel da filosofia política e econômica nos processos de formação das crenças e mudança social.

O fator tempo intervém de três maneiras básicas. Para começar, os termos passam por variações de significado e, em conseqüência, as idéias que representam adquirem conotações novas e muitas vezes inesperadas. Decerto não é coincidência que vários historiadores intelectuais tenham julgado necessário dedicar muito tempo e esforço à tentativa de recuperar, analisar e salientar o que se denominou "biografia semântica" das palavras, ou "semântica filosófica". Como salientou Lovejoy:

> Um termo, uma frase, uma fórmula que entre em voga ou ganhe aceitação devido a um de seus significados ou às idéias que sugere e que é compatível com as crenças, padrões de valor e gostos prevalecentes em determinada época pode ajudar a alterar crenças, padrões de valor e gostos, porque outros significados ou implicações sugeridas, não distinguidas claramente pelos que os empregam, gradualmente se tornam os elementos dominantes de seu significado.[6]

À semelhança das moedas e do papel-moeda, as palavras e conceitos sofrem variação contínua em seu poder de compra, embora seu valor nominal permaneça inalterado desde que saem (natimortos ou não) do prelo. E o alerta do filólogo — "em cada obra do conhecimento tem-se de tropeçar em palavras mortas, petrificadas, e é mais provável se quebrar uma perna do que uma palavra"[7] — aplica-se ao historiador das idéias tanto quanto ao moderno economista ou filósofo político que estuda a obra de seus predecessores e identifica a genealogia de suas próprias teorias e idéias.

Nenhum estudioso dos textos iluministas, por exemplo, pode deixar de notar a espantosa freqüência com que certas palavras específicas como "natureza" ou "paixão" tendem a aparecer em uma grande variedade de contextos. Como observa B. Willey em seu trabalho sobre o conceito e uso de "Natureza" no pensamento daquela época, embora hoje em dia o leitor desses textos se veja confuso pela multiplicidade e ambigüidade dos significados associados a esse e a alguns outros termos, é plausível supor que para os leitores setecentistas deva ter sido diferente.[8] Para eles, eram antes a clareza e a autoridade dessas palavras que, por assim dizer, dispensavam explicações. E os autores sentiam-se livres para aproveitar essa concordância tácita, raramente, ou talvez nunca, parando para refletir por que seu poder de compra, em termos de persuasão, era tão elevado.

Palavras que costumavam "funcionar" e presumivelmente excitar a imaginação daqueles a quem eram dirigidas parecem, aos olhos de hoje, sem atrativos e não conseguem esse intento. Assim, mudanças por atacado na moeda ou denominação — "reformas monetárias" espontâneas — também são eventos possíveis, embora raros, na "biografia semântica" das linguagens. Se é verdade, como foi dito, que "os homens mais grandiosos sempre se associam ao seu século por alguma fraqueza", podemos também afirmar que, em muitos casos, foi precisamente a associação desses homens a termos, frases e fórmulas lingüísticas *específicas de sua época* a causa de sua fraqueza — e de nossas dificuldades para não os compreender erroneamente.

Obviamente, é muito fácil que um leitor menos cuidadoso, em época posterior, venha a ler nessas palavras e conceitos poderosos significados que lhe convenham, criando assim uma linhagem nobre e reconfortante para suas próprias crenças e opiniões. Ele consegue afastar todos os indícios de "desconforto semântico" em sua leitura e, com isso, usando aqui a admirável formulação de C. S. Lewis em *Studies in words*, "a dificuldade de entender uma frase estranha raramente será insuperável para ele. Enquanto o leitor menos sagaz simplesmente não compreende, ele entende errado — triunfante, brilhantemente".[9]

Para o estudioso dos clássicos na história da ciência e da filosofia, a lição mais abrangente expressa-se bem na recomendação de Kuhn:

> Ao ler as obras de um pensador importante, procure primeiro os absurdos aparentes no texto e se pergunte como uma pessoa sensata os teria escrito. Quando encontrar uma resposta [...] quando entender essas passagens, você talvez descubra que as passagens mais importantes, aquelas que você antes pensava ter entendido, mudaram de significado.[10]

Outra razão, relacionada à anterior, por que as idéias podem escapar às intenções de seus criadores vincula-se ao fato de que nenhum autor é capaz de prever ou controlar os usos que serão dados à sua obra depois que ela vier a público. Isto se aplica *a fortiori* após a morte do autor. Pois quem escreve sobre os assuntos humanos nunca pode prever e impedir as relações existentes entre, de um lado, sua obra e, de outro, os problemas concretos trazidos pelo rumo futuro dos acontecimentos. Suas idéias, quando não caem no esquecimento, estão, portanto, fadadas a assumir novos significados e uma relevância que vai além daqueles originalmente pretendidos por ele.

Como observou com clareza:

> Uma razão por que os autores se tornam ultrapassados, mesmo tendo sido importantes outrora, é que suas obras, quando reforçadas pelo contexto contemporâneo, falam aos homens com eloqüência, ao passo que sem esse reforço suas obras morrem, como que destituídas da iluminação que lhes dava cor.

O contexto contemporâneo, neste caso, compreende não apenas *1)* um conjunto de convenções lingüísticas, mas também *2)* o contexto intelectual e *3)* o contexto prático que os autores devem (em certa medida) tomar como pressuposto em suas tentativas de mover outras mentes na direção desejada. "Atualmente", salienta L. Wittgenstein,

> estamos combatendo uma tendência. Mas essa tendência desaparecerá gradualmente, suplantada por outras, e então o modo como estamos argumentando contra ela não mais será compreendido; as pessoas não perceberão por que tudo isso tem de ser explicado.[11]

Contudo, pode-se argumentar, ainda pode ocorrer que as pessoas percebam e forneçam outras razões, muito diferentes, para que tudo aquilo tenha outrora necessitado de explicação. Assim, a maneira como estamos discutindo agora será mais do que simplesmente não mais compreendida — ela será mal compreendida.

O mecanismo em ação nesse caso é exatamente inverso ao sugerido pela idéia da obra destituída de "sua verdadeira cor" devido à extinção do contexto que antes a iluminava. Pois nada exclui a possibilidade de que obras amplamente consideradas mortas há muito tempo venham a ser subitamente ressuscitadas. Assim, elas passam mais uma vez a "falar aos homens com eloqüência", reforçadas por uma situação-problema — um "contexto póstumo" — que lembra vagamente aquela que se apresentou originalmente aos autores. Esses textos, portanto, não se encontram tão destituídos do contexto que outrora lhes conferia sua "cor", mas são, ao contrário, vistos através de uma moldura que lhes atribui significado e importância totalmente novos e muitas vezes enganosos. Recuperam sua atração e até mesmo sua "cor", embora esta, evidentemente, possa ter muito pouco em comum com a original.

A história das idéias fornece uma profusão de exemplos de mal-entendidos desta categoria. Consideremos os dois exemplos a seguir. Quando, por exemplo, *a*) Hayek adota a postura ofensiva popperiana (como apresentada em *The open society and its enemies*) e se põe a acusar Hegel de ser, em suas palavras, "esse ultra-racionalista que se tornou a origem do mais moderno irracionalismo e totalitarismo", ou quando, nessa mesma linha, *b*) G. Lukács afirma, convicto (em um artigo de 1955 intitulado "Sobre a responsabilidade dos intelectuais"), que "não se pode encontrar em Hitler uma só palavra que já não houvesse sido enunciada por Nietzsche ou Bergson, Spengler ou Ortega y Gasset 'em um plano elevado'", ambos estão dizendo que as palavras e argumentos dos filósofos em questão falaram com eloqüência a alguns homens em situações que os filósofos não poderiam ter previsto, e que o fizeram de maneira a conduzir, de algum modo, a eventos trágicos.[12]

Obviamente, nem Hayek nem Lukács se deram ao trabalho de indagar se cada um dos filósofos mencionados teria também aprovado as maneiras como suas idéias foram "revividas" por gerações futuras ou quanto suas concepções foram gritantemente mal interpretadas e deturpadas no processo. Pois o fato é que seus ensinamentos foram (e são ainda) usados por propagandistas de muitos preceitos e causas conflitantes e, como ressaltou muito a propósito E. Cassirer com respeito à "vitória de Pirro" do hegelianismo em *The myth of the State*, "diferentes escolas e partidos recorrem todos à autoridade de Hegel mas, ao mesmo tempo, dão interpretações totalmente diversas e incompatíveis com os princípios fundamentais desse autor".[13] A própria idéia de que cada filosofia é adequada à sua própria época e sofre influência das limitações dessa época é um *Leitmotif* fundamental do pensamento de Hegel. Culpá-lo (ou àqueles mencionados por Lukács) pelo que as gerações posteriores fizeram com sua filosofia equivale a culpar A. Nobel pelo uso da dinamite na guerra ou G. Mendel pelas experiências genéticas perpetradas em Auschwitz.

Portanto, claramente não é preciso concordar com as acusações radicais de Hayek e Lukácks nos exemplos *a* e *b* acima para perceber que o problema geral a que eles indiretamente aludem é real e relevante para a história das idéias. A apresentação e defesa da tese, digamos, de "mais (ou menos) Estado possível *aqui e agora*" continuará a fazer seu "trabalho" no futuro, quando os problemas forem diferentes, as informações disponíveis forem mais numerosas e mesmo quando, talvez, o autor da defesa em questão não venha a julgar necessário esgotar sua capacidade de persuasão e eloqüência em nome da causa escolhida.

O texto impresso compõe-se de "palavras mortas, petrificadas" — só pode repetir-se e é incapaz de se defender. Por isso, aos autores é negada a chance de aprender. Não existe um "contexto póstumo" concebível capaz de levá-los a decidir mudar as crenças e opiniões que professam. Mas as pessoas que depois os lêem e estudam, em contraste, estão vivas e sempre, de algum modo, são impelidas por assuntos práticos e pessoais, desde o desejo de fazer o bem e ajudar a resolver os problemas de sua época até a busca individual de poder, segurança e sucesso. A tendência espontânea é sondar os textos antigos e neles descobrir idéias que por coincidência são interessantes ou simplesmente estão em voga no presente. Os leitores (bons e maus) têm a palavra final sobre o que sobrevive do passado, e sobre como sobrevive.

Em suma, a leitura de significados modernos em termos antigos, altamente figurativos e indeterminados, por um lado, e a reciclagem de textos a fim de ajustá-los às demandas de outro contexto e "forma de vida", por outro, são mecanismos resultantes do fator tempo que afetam a transmissão entre gerações das idéias que sobrevivem. Os contextos lingüístico, intelectual e prático que os autores tomam como pressupostos quando falam a seus contemporâneos sobre algum tópico de interesse mais ou menos geral não estão prontamente disponíveis — e, em alguns casos, são praticamente irrecuperáveis — para os leitores de uma geração que possui um código um tanto diferente de compreensão imediata e que enfrentam um conjunto novo de problemas e perspectivas.

Lendas populares e há muito acalentadas na história da economia, como por exemplo a imagem de Adam Smith como o "otimista radiante" que pregava o *laissez-faire* irrestrito e o "Enrichissez-vous!", ou a de Malthus (exemplo que será examinado em detalhe no capítulo 13) como o "profeta da perdição" que se empenhou em negar a possibilidade de lidar com a subnutrição e a pobreza em massa, talvez devam sua existência, ao menos em parte, ao descaso pelos problemas relacionados à transmissão das idéias ao longo do tempo.

Como salientou Robbins em seu estudo do pensamento econômico britânico no século XIX:

> Não é exagero afirmar ser impossível entender a evolução e a importância da civilização liberal ocidental sem saber alguma coisa sobre economia política clássica. Mas, apesar disso, ela é muito pouco compreendida. É verdade que, em conseqüência do árduo trabalho de alguns estudiosos eminentes [...] muitas partes desse assunto têm sido mais bem examinadas e analisadas do que antes. Porém, a grande maioria da opinião contemporânea [1952] mostra ter pouca noção disso [...] De fato, a situação é bem pior. O que se escreve vulgarmente a esse respeito está abaixo da crítica em termos de conhecimento ou das convenções estabelecidas. Neste plano, não só o conhecimento verdadeiro dos autores clássicos é inexistente, mas ainda por cima o lugar destes foi tomado por um conjunto de figuras mitológicas chamadas pelos mesmos nomes mas não raro dotadas de atitudes que são quase exatamente opostas às que os originais adotavam. Essas falsificações são realmente criaturas muito malignas.[14]

Seria errado, a meu ver, afirmar que a situação descrita por Robbins mudou para melhor nesse ínterim. Estudar a *fortuna* das grandes obras na história da economia é relembrar sempre a idéia de que "o destino do conhecimento é começar como heresia e terminar como superstição". Como recentemente comentou G. Stigler, refletindo sobre a experiência de toda uma vida como estudioso, historiador e professor de história da economia na Universidade de Chicago:

> As obras de economistas falecidos há muito tempo permitem ao leitor um grau de distanciamento que provavelmente é impossível de se obter com autores vivos. Uma característica surpreendente ensinada pela história intelectual é a persistência da incerteza quanto ao que a pessoa realmente quis dizer. Poderíamos pensar que competência intelectual e boa vontade constituem tudo que é preciso para compreender o que um estudioso quer dizer, mas o estudo de qualquer pensador importante do passado mostrará que essa idéia é muito ingênua [...] Os estudiosos têm forte propensão a referir-se a seus ancestrais intelectuais de maneira favorável ou desaforável e, em geral, tendo ou não lido as obras desses ancestrais [...] Jacob Viner, cuja erudição vasta e honesta há muito deixei de tentar igualar, disse-me certa vez que a referência moderna média sobre os economistas clássicos é de uma ignorância tão vulgar que não merece atenção, e muito menos refutação.[15]

Os historiadores das idéias estão familiarizados com a propensão a reconstruir todo o pensamento passado de modo "racional", ou seja, como se ele fosse uma versão mais pobre, ainda ingênua, do que hoje em dia é consagrado. Os equívocos são, com freqüência, resultado da falácia anacrônica — a tendência a reduzir desenvolvimentos passados na esfera do pensamento abstrato à condição de um "presente espúrio".[16]

Mas talvez não seja exagero afirmar também que uma das principais fontes de distorção responsável por essa galeria de "figuras mitológicas" mencionadas por Robbins e Stigler relaciona-se à própria transformação de certas obras nos chamados "clássicos". É com muita razão que os "clássicos" da história do pensamento político e econômico têm sido comparados a "aristocratas e reis", pois muita gente acredita que basta conhecer seus títulos para alegar conhecê-los intimamente. Em uma passagem de seu *Manual* que reúne muitos dos temas e linhas de pensamento que permeiam este livro, Pareto ressaltou exatamente esse problema:

> As teorias econômicas e sociais usadas por aqueles que participam da luta social precisam ser julgadas não por seu valor objetivo, mas primordialmente por sua eficácia para despertar emoções. A refutação científica que delas se possa fazer é inútil, por mais correta que possa ser objetivamente. Isto não é tudo. Quando lhes convém, os homens podem acreditar em uma teoria da qual conhecem tão-somente o nome. Esse é um fenômeno comum a todas as religiões. A maioria dos socialistas

> marxistas não leu as obras de Marx. Em alguns casos específicos existem provas decisivas disso. Por exemplo, antes de essas obras terem sido traduzidas para o francês e o italiano, os socialistas franceses e italianos que não sabiam alemão certamente não as poderiam ter lido. As últimas partes de *O capital* foram traduzidas para o francês na época em que o marxismo começou a declinar na França. Todos os debates científicos a favor ou contra o livre-comércio não tiveram influência, ou tiveram influência reduzida, sobre a prática do livre-comércio ou do protecionismo.[17]

Assim, o que outrora fora "heresia" pode acabar como a bandeira de ortodoxia e dogmatismo discriminadores; garantindo, sem dúvida, a glória do nome que o acompanha, mas à custa de distorcer, às vezes de tornar irreconhecível, tudo aquilo que deveria representar. Afinal, já não se disse, com saudável dose de realismo, que "a fama, afinal de contas, é apenas a quintessência de todos os mal-entendidos que se acumulam em torno de um nome?".

9. Contratos e armadilhas
O contrato do erro baconiano e a concepção do mal-entendido puro

No uso que é dado às obras e tradições intelectuais, o fator tempo decerto não constitui o único motivo por que as idéias podem escapar a seus porta-vozes originais e acabar frustrando as intenções dos que tanto se empenharam em divulgá-las. O intercâmbio entre as mentes pertencentes a uma mesma geração também pode perder o rumo, originando resultados singulares ("externalidades") na transmissão das idéias. Como veremos neste capítulo, a "entropia da informação" — a tendência das mensagens a perder gradualmente seu teor original e dissipar-se à medida que vão sendo transmitidas de uma pessoa a outra — tem sido objeto de estudos minuciosos na psicologia experimental moderna.

Como já observara Francis Bacon no início do século XVII (certamente tendo sua própria experiência como autor contribuído para a conclusão),

> não é tão fácil como se pensa transmitir o conceito da mente de um homem para a de outro sem perda ou erro, especialmente em se tratando de noções novas e diferentes daquelas que são recebidas.[1]

A transmissão de idéias por meio da linguagem em geral é acompanhada por certa perda ou dissipação das informações que elas contêm. Em raríssimos casos (por exemplo, na citação que inicia o capítulo 8), é verdade, os autores realmente acabam por acreditar que o conteúdo de sua obra foi melhorado, mesmo em sua própria opinião, por um leitor particularmente atento e dotado de empatia. De fato, como nos alerta Nietzsche, "os bons leitores continuamente melhoram um livro, e os bons oponentes o clarificam".[2] Mas tudo indica, como veremos a seguir, que tais casos são, na verdade, exceções extremamente raras.

A observação direta de Bacon sobre a freqüência da "perda ou erro" na transmissão das idéias tem sido amplamente corroborada pelas constatações da psicologia moderna. Estudos experimentais sobre o assunto, realizados pelo psicólogo inglês F. C. Bartlett, forneceram muitas evidências interessantes quanto ao grau em que a degradação e dissipação ("entropia") das informações no processo de transmissão é de fato o resultado estatisticamente predominante.

Bartlett aplicou o "método da reprodução seriada" para estudar as mudanças combinadas produzidas pela transmissão em seqüência de determinada mensagem através de uma sucessão de indivíduos ligados em série. Os testes extensivos e controlados que foram realizados envolveram a reprodução oral, em experimentos separados, de histórias populares, passagens de prosa argumentativa e material descritivo, e os resultados obtidos revelaram quanto é marcante a tendência das mensagens a mudarem e se dissiparem à medida que se deslocam ao longo da série. Para evitar qualquer ilustração impremeditada e adicional da conclusão de Bartlett, talvez seja aconselhável citar suas próprias palavras:

> Está agora perfeitamente claro que a reprodução seriada [de mensagens] normalmente ocasiona alterações surpreendentes e radicais no material com que se trabalhou. Epítetos transformam-se em seus opostos, incidentes e eventos têm sua ordem invertida, nomes e números raramente sobrevivem intactos por mais do que algumas reproduções, opiniões e conclusões são radicalmente modificadas — quase todas as variações possíveis parecem capazes de ocorrer, mesmo em uma série relativamente curta. Ao mesmo tempo, os participantes da experiência podem estar bem satisfeitos com seus esforços, acreditando que passaram à frente todas as características importantes com pouca ou nenhuma alteração e, talvez, tendo omitido meramente aspectos não essenciais.

Ademais, como o próprio Bartlett teve o cuidado de salientar, esses resultados provavelmente ainda subestimam o grau de perda e erro que se verifica nas transações comuns da vida.

> Uma pessoa que participa de uma experiência mostra-se, em geral, mais cuidadosa que de costume, e portanto podemos seguramente supor que as mudanças efetuadas pela reprodução seriada durante o intercurso social da vida diária provavelmente acontecerão com facilidade ainda maior e serão mais notáveis do que as que foram ilustradas nos presentes testes.[3]

As evidências provenientes da vida prática — e em especial do "diálogo de surdos" de tantas controvérsias filosóficas, econômicas e políticas — provêm de diversas fontes. Locke, por exemplo, escrevendo em fins do século XVII em memorando sobre o uso errôneo da linguagem no debate público e a "afetada obscuridade" dos filósofos, observou:

> Hás de concordar comigo, creio, em que não existe coisa alguma em que os homens mais se enganam e desencaminham outros do que na leitura e escrita de livros [mas] não discutirei se os escritores desencaminham os leitores ou *vice-versa*: pois parecem ambos dispostos a enganar e ser enganados.

No Livro III (capítulos 9-11) de seu *Essay concerning human understanding*, Locke estendeu-se sobre esse problema, afirmando que a maioria das disputas intelectuais que encontrara havia revelado, depois de exame atento, ser efetivamente apenas verbal:

> Inclino-me a imaginar que, se fossem as imperfeições da linguagem, como o instrumento do conhecimento, ponderadas mais atentamente, muitas das controvérsias que causam tanta balbúrdia no mundo haveriam de cessar por si mesmas; e o caminho do conhecimento, e talvez também da paz, estaria muito mais aberto do que está [...] A multiplicação e obstinação das disputas que têm devastado dessa maneira o mundo intelectual deve-se tão-somente a esse mau uso das palavras. Pois ainda que em geral se acredite existir grande diversidade de opiniões no volume e nas variedades das controvérsias que perturbam o mundo, o que posso constatar é que os doutos em contenda nas diferentes facções, o máximo que fazem quando discutem entre si é falar línguas diferentes.[4]

Uma linha de raciocínio semelhante, cabe observar, levaria Carlyle a conclusão ainda mais radical. Pois, como argumentou, já que "homem algum, no fundo, tem por intuito a injustiça" e "é sempre por alguma imagem obscura e distorcida do correto que ele disputa", o resultado, segundo ele, é que "toda batalha é um mal-entendido: se as partes conhecessem uma à outra, a batalha cessaria".[5] Evidentemente não precisamos concordar cem por cento com essa afirmação radical para avaliar a pertinência do ponto de vista lockiano, mais factual. Ao mesmo tempo, não deve passar despercebido que o acordo, a harmonia e a paz, como o próprio Locke não deixou de observar, são tão passíveis de mal-entendido quanto a controvérsia, a disputa e a batalha. Pois os homens podem pensar (e com freqüência o fazem) que concordam uns com os outros quando, na verdade, acaba se revelando não ser esse o caso e que a concordância tivera por base nada mais do que uma compreensão equivocada ou semelhanças lingüísticas superficiais.

É interessante notar que em *The advancement of learning* Bacon já abordara o problema do mal-entendido como uma combinação de ilusão do outro e ilusão de si mesmo. De fato, ele deixou uma descrição memorável de como a tentativa de transmitir pensamento e idéias descamba, em muitas ocasiões, para o que ele designou como "uma espécie de contrato do erro entre o transmissor e o receptor". Atentando para as pressões institucionais que normalmente influenciam os atores envolvidos na oferta e demanda organizadas de conhecimento (ensino formal), Bacon afirmou que a ocorrência generalizada desses "contratos" resultava do seguinte fato:

> Aquele que transmite conhecimento deseja transmiti-lo do modo como melhor possa ser acreditado, e não como melhor possa ser examinado; e aquele que recebe conhecimento requer antes a satisfação presente que a investigação promissora e, assim, prefere não duvidar a não errar; a glória leva o autor a não revelar sua fraqueza, e a preguiça leva o discípulo a não conhecer sua força.[6]

Em conseqüência desse processo, não só o progresso do conhecimento seria prejudicado e ambas as partes do contrato gozariam de uma parceria ilusória e altamente enganosa, mas também, como observa Bacon em outra passagem, acabaria por surgir uma situação em que "as aulas e outros exercícios são conduzidos de tal maneira que a última coisa provável de ocorrer a alguém é uma idéia não conhecida. Quem quer que se permita a liberdade de indagar ou a independência de julgar prontamente se vê isolado".[7]

O tipo de intercâmbio baseado no "contrato de erro" descrito por Bacon resulta do fato de que ambas as partes em questão não deram prioridade a seus interesses cognitivos. Quem transmite as idéias, está claro, procura principalmente manter intacta sua autoridade e realçar sua reputação. Procura alcançar isso apregoando uma barragem de "certezas" e assim ocultando dos receptores (e *in extremis* até de si mesmo) tudo que possa prejudicar suas "descobertas" e posição. Portanto, ele obviamente não faz caso da lição socrática — "nas discussões filosóficas, quem é vencido ganha mais na medida em que aprende mais" — e não o incomoda o medo de que "tentar causar boa impressão" tende a provocar o efeito inverso quando, como já se disse, "nada é tão incapaz de causar uma boa impressão quanto o comportamento destinado a impressionar".[8]

O receptor, por sua vez, é um cúmplice tácito nesse contrato. De fato, ele se faz uma presa fácil. Pois adota atitude muito passiva no intercurso — "somos mais preguiçosos na mente do que no corpo", como alerta La Rochefoucauld — e, dessa forma, não só poupa o esforço necessário para compreender mas também se enquadra no que foi recentemente descrito como "a tendência inerradicável da grande maioria dos homens a repetir as opiniões dos poucos que se deram ao trabalho de pensar".[9]

Assim, no "contrato de erro" baconiano, cada ator está tentando enganar o outro e, no processo, sofrem ambos uma forma de auto-engano. O transmissor, por confiar que sua reputação será boa enquanto o mundo em geral se curvar a ela — em versão atenuada da idéia de que "o crime bem-sucedido é virtude". E o receptor, por concordar com declarações e opiniões que, apesar de não terem sido compreendidas, finge (ou acredita) ter entendido, simplesmente por ser capaz de reproduzi-las se lhe for solicitado.

A questão, porém, é que o "contrato de erro" baconiano, como procurarei demonstrar a seguir, é ainda uma forma impura ou mista de mal-entendido. A razão por que ele não é um mal-entendido puro está no fato de existir em ação aqui um elemento de *indução a erro deliberada*. Pressupomos que o transmissor da mensagem é quem sabe mais, embora se recuse a transmitir esse conhecimento ao receptor. O que ele faz, na verdade, é relatar de forma errônea seu próprio pensamento a fim de manipular a situação, aproveitar-se da credulidade dos ouvintes e, desse modo, assegurar da melhor forma possível a admiração de quem o escuta. Mas esse elemento de manipulação e desencaminhamento deliberado, a meu ver, é mais bem refletido *não* pela idéia de mal-entendido, mas pela de *deturpação*. Uma analogia bem próxima neste caso é a do leitor/autor que conscientemente distorce as idéias de seu oponente e as transmite erroneamente de modo a, por exemplo, apresentar sua própria teoria de uma perspectiva mais favorável ou simplesmente obter uma vitória fácil e triunfante.

As formas puras e mais interessantes de mal-entendido, como demonstrarei, não requerem a manobra intencional do transmissor para desencaminhar ou informar errado o receptor. Elas são, antes, análogas não a "contratos", e sim a "armadilhas" não premeditadas e camufladas.

Cair em armadilha é, por natureza, algo suave e fácil. Os atores não estão buscando fins outros que não o aumento do conhecimento ou a busca da verdade. O *receptor*, neste caso, está em primeiro plano. Ele acredita sinceramente que compreende a mensagem que lhe é apresentada, quando de fato não a compreende: caiu em uma armadilha preparada por ele mesmo. Se ele desconfiar ter caído em uma armadilha, pode procurar uma saída (por exemplo, mais estudo ou uma leitura e interpretação alternativa combinadas a uma suspensão mais ou menos temporária da crença). Ele evita a armadilha do mal-entendido. Mas se, ao contrário, o receptor, tendo sido vítima de alguma forma de mal-entendido, não conseguir identificar o que ocorreu, não procurará uma saída. Sua confiança (ilusória) em sua capacidade de decodificar e entender adequadamente a mensagem que está sendo transmitida deixa-o indefeso. Não existe maquinação, premeditação ou intenção perversa de eclipsar. Trata-se simplesmente de um caso de mal-entendido puro.

Não surpreende terem sido precisamente os autores que ousaram nutrir e expressar "pensamentos estranhos" os que parecem ter deparado com as maiores dificuldades para fazer com que suas mensagens fossem compreendidas. De fato, como procurarei ilustrar a seguir, níveis sem precedentes de mal-entendidos puros, discussões por falta de entendimento e resultados impremeditados parecem ter sido gerados na luta, por relativamente poucos autores muito influentes, para solapar e substituir algumas das crenças e maneiras de pensar habituais da época. Alguns desses autores — e não todos da área de economia — ficaram sinceramente surpresos ao descobrir que apenas pouquíssimas interpretações de suas obras verdadeiramente tinham relação com a exposição original.

Consideremos primeiro, por exemplo, a seguinte resposta dada por Darwin a uma sugestão feita por A. R. Wallace, o co-descobridor inglês da teoria da evolução por seleção natural. Escrevendo a Darwin em 1866, sete anos após a publicação de *Origem das espécies*, Wallace primeiro relatou sua experiência de ter "repetidamente ficado surpreso com a total incapacidade de numerosas pessoas inteligentes para perceber claramente, ou ao menos perceber, os efeitos automáticos e necessários da seleção natural". Prosseguiu sugerindo que algumas alterações terminológicas específicas — em especial a substituição da expressão "seleção natural", em vários casos, por "sobrevivência dos mais aptos" (termo cunhado por H. Spencer) — poderiam ser de grande valia, não tanto para assegurar maior aceitação da teoria, mas para impedir que ela fosse "tão deturpada e mal compreendida".

Na resposta, Darwin reconheceu prontamente "as vantagens da excelente expressão de Spencer" (e, na quinta edição [1869], "sobrevivência dos mais aptos" estreou nas páginas de *Origem das espécies*), mas em seguida registrou uma observação mais cética:

> Duvido que o emprego de qualquer termo teria tornado o assunto inteligível para algumas mentes, por mais claro que ele o seja para outras; pois não vemos, mesmo hoje em dia, a teoria da população de Malthus ser absurdamente mal compreendida? Esta reflexão sobre Malthus muitas vezes me tem confortado quando me exaspero com essa desvirtuação de meu pensamento.[10]

A resposta de Darwin a Wallace reafirmou questões que ele abordara seis anos antes, quando a publicação das primeiras resenhas sobre a *Origem das espécies* estava, de fato, apenas começando a fazê-lo perceber o quanto a obra estava sujeita a "equívocos e deturpação". "Deus queira que você tenha mais êxito que eu em fazer as pessoas compreenderem o que quer dizer", escreveu a seu amigo e antigo defensor, o botânico J. D. Hooker, enquanto indagava sobre o trabalho em andamento do colega: "Estou inclinado a desistir definitivamente de tentar. Os que não entendem, ao que parece, não podem ser levados a entender". E um dia depois, em carta de 6 de junho de 1860 ao geólogo C. Lyell, Darwin voltou ao problema que estava enfrentando e comentou:

> A propósito, que exemplo desalentador é Malthus, ao mostrar por quantos longos anos a questão mais simples pode ser deturpada e mal compreendida [...] Começo a perder as esperanças até mesmo de fazer com que a maioria compreenda minhas idéias.[11]

A questão em relevo nessas cartas, cabe salientar, está ligada não à validade desta ou daquela teoria científica, mas aos obstáculos às vezes formidáveis que impedem a compreensão precisa e adequada de determinadas conjeturas e linhas de pensamento. E, nesse contexto, as duas referências de Darwin aos problemas em torno da acolhida dada à teoria de Malthus — fonte de desalento em 1860 mas de conforto seis anos depois — são bem pertinentes. Como procurarei mostrar no capítulo 13, provavelmente não há exagero nas palavras de seu biógrafo, J. Bonar, quando reivindica para Malthus o título de "o homem de quem mais se abusou em sua época".[12]

O interessante aqui é que, no caso de Malthus, talvez não menos que no de Darwin, parecemos, de modo geral, estar diante de situações de equívoco puro. Pois, em contraste com o "contrato de erro" baconiano, nestes casos as comunicações deficientes podem ser vistas como a reunião de um *transmissor* que está mais que disposto a reconhecer e expor abertamente as dificuldades existentes em seus argumentos e *receptores* que, longe de refugiar-se em silenciosa e dúbia aquiescência, ativamente compreendem errado o objeto de sua censura ou elogio. Nos capítulos seguintes, procurarei analisar com mais detalhe os mecanismos presentes nos casos de mal-entendido puro. O capítulo 10 trata de questões concernentes à *emissão* do pensamento e ao involuntário uso enganador da linguagem ("lado da oferta"), enquanto os capítulos 11 e 12 são destinados à discussão de questões ligadas à *recepção* do pensamento abstrato e ao problema da acrasia teórica ("lado da demanda").

10. Sobre o uso errôneo da linguagem
Linguagem comum, formalismo e a armadilha da falsa segurança

A falta de clareza e o uso inadvertido da linguagem são os primeiros candidatos óbvios para explicar o mal-entendido puro (ou do tipo "armadilha") quanto a um conjunto de proposições. Não é necessário concordar plenamente com as versões mais extremas da filosofia lingüística recente — "Eu realmente penso com a caneta, pois minha cabeça muitas vezes nada sabe sobre o que minha mão está escrevendo" — para perceber a validade do que Bacon já notara ao comentar

> Embora julguemos governar nossas palavras e recomendemos "falar como falam as pessoas comuns, pensar como pensam os sábios", na verdade é certo que as palavras, como o arco de um tártaro, de fato revertem e se voltam contra o entendimento dos mais sábios, dificultando e pervertendo o discernimento.[1]

"É impossível *fazer* apenas uma coisa", costuma-se dizer. Mas é igualmente impossível *dizer* apenas uma coisa. A linguagem fala — e não só na direção exata pretendida por quem está falando. A quantidade de informações transmitidas pelas palavras e sintaxe excede muito aquilo de que um escritor pode se dar conta. Darwin, por exemplo, em sua já mencionada resposta a Wallace, também reconheceu que inadvertidamente acabara empregando a expressão "seleção natural" em dois sentidos muito diferentes no texto de *Origem das espécies* — denotando um processo e o resultado do processo — e acrescentou: "mas meu erro não causou mal, pois não creio que alguém além de você o tenha notado". Aqui, novamente, cabe mencionar, um leitor conseguiu perceber coisas que até mesmo "os mais sábios" deixaram passar. Não há razão para duvidar do sincero reconhecimento do acontecido pelo autor.

A linguagem é um auxiliar imensamente poderoso e econômico na vida prática dos homens. Como salientou Adam Smith em sua primorosa "Dissertation on the origin of languages" (1761), a linguagem comum como a conhecemos deve ter surgido e evoluído muito gradualmente, como resultado espontâneo dos repetidos esforços dos homens pré-históricos em seu "empenho para tornar suas necessidades mútuas inteligíveis uns aos outros". Pois, afirmou Smith, a invenção "até mesmo do mais simples adjetivo [por exemplo, verde] deve ter exigido mais metafísica do que conseguimos imaginar", e "número", prosseguiu, sempre ressaltando o caráter espontâneo e preeminentemente social da linguagem como instituição, "considerado em geral, sem relação com algum conjunto específico de objetos numerados, é uma das idéias mais abstratas e metafísicas que a mente humana é capaz de formar".[2] Assim, ao adquirirmos a competência da fala, herdamos, em grande medida e a um custo de aprendizagem apenas residual, mais trabalho mental "metafísico" e abstrato — ou seja, resultante de classificação, ordenação, comparação etc. — do que qualquer indivíduo isoladamente poderia sonhar ou esperar realizar em toda a sua vida.

Mas a linguagem comum, ainda que poderosa, eficiente e rica em recursos, ainda é uma instituição humana, ou seja, falível e ocasionalmente não confiável. Ela oferece possibilidades ilimitadas ao pensamento e à expressão humana. Mas também é um campo minado de resultados impremeditados.

"Um homem inepto sempre produz um resultado que não pretende." O que Hegel escreveu a respeito de "trabalhadores não instruídos" em geral, o poeta F. Hölderlin (seu amigo e ex-colega no seminário de teologia da Universidade Estadual de Tübingen) disse sobre si mesmo: "Por mais que eu deseje, nunca atino com o ritmo certo".[3] Mas para Adam Smith e outros, reconhecer e enfrentar isso era de fato a própria marca registrada do bom profissional. "Em todas as artes liberais e criativas", escreveu ele em *Teoria dos sentimentos morais*, comparando a excelência no comportamento comum e nas profissões liberais, "em pintura, poesia, música, oratória, filosofia, o grande artista sempre sente a verdadeira imperfeição de suas melhores obras [...] É somente o artista inferior que sempre está perfeitamente satisfeito com seu desempenho" (TMS,248). Portanto, os resultados impremeditados no uso da linguagem são, em maior ou menor grau, inevitáveis. O reconhecimento da imperfeição é, em grande medida, uma questão do cuidado, atenção e esforço empregados (o poeta sentindo-se menos satisfeito com sua obra do que, digamos, o jornalista com a dele) e da capacidade de autocrítica que, como ensinou Smith, em qualquer campo distingue o profissional que evolui daquele que não progride.

É interessante notar que o próprio Hegel — que, segundo muitos, sofria de "obscuridade afetada" mesmo (ou especialmente) nos textos filosóficos que mais lhe exigiam reflexão — também se dispunha a reconhecer suas próprias deficiências nessa área. Depois de lutar com a tortuosa sintaxe de sua filosofia, Goethe nos legou a célebre declaração: "Continuo intrigado, mas em nível mais elevado". Porém, em carta de 1807 a estudioso dos clássicos que lhe escrevera lamentando a profunda obscuridade e ausência de "forma física" de sua recém-publicada *Fenomenologia do espírito*, Hegel observou: "Gostaria de ter atendido ao seu desejo de maior clareza e compreensibilidade; mas este é precisamente o aspecto mais difícil de alcançar e constitui a marca da perfeição, supondo que o conteúdo também seja sólido".[4] Afirmou ainda, em defesa própria, que o raciocínio filosófico ou o "material abstrato" não se prestava à mesma clareza de apresentação que o discurso mais comum, como por exemplo, ao se dizer "que o Príncipe passa por aqui hoje ou que Sua Majestade caçou javalis".

Contudo, pode-se argumentar contra a tese de que tudo que foi dito pode, no devido tempo, ser tornado igualmente claro. Não deve existir um *trade-off* necessário entre clareza e profundidade. Pois a obscuridade não permite nem mesmo uma compreensão superficial, ainda que pareça permitir muito mais. "Os que sabem que são profundos", já se afirmou com grande perspicácia, "empenham-se pela clareza; os que gostariam de parecer profundos à multidão empenham-se pela obscuridade." E como salientou Nietzsche em outra passagem, provavelmente pensando em Hegel e no "estilo ruim que lhe era peculiar": "Todo pensador profundo receia mais ser compreendido que ser mal-entendido".[5] (Como Hume observou certa vez a um correspondente que entendera mal sua discussão sobre a causalidade no Livro I do *Treatise*: "Quando um homem sensato compreende mal o que eu quis dizer, reconheço que me zango. Mas apenas comigo mesmo: por haver expressado meu pensamento tão mal que dei ensejo ao erro".[6])

Porém, seja qual for a validade da opinião segundo a qual tudo que foi dito pode ser tornado igualmente claro, sem dúvida é *mais fácil* ser claro com respeito a determinadas coisas do que a outras. Por exemplo, é mais fácil relatar um fato ou acidente isolado (como o registro de níveis de radiação elevados próximo a uma usina nuclear) do que explicar minuciosamente suas relações ou falta de relações com outros fatos e acidentes (digamos, outros acidentes nucleares ou as relações históricas entre ciência e tecnologia), ou, o que certamente é muito mais difícil que ambos, ser claro e persuasivo na tentativa de atribuir ao fato isolado um valor e significado especial no contexto de uma estrutura conceitual total como "natureza", "história mundial" ou, de fato, quaisquer dentre uma vasta série de *Weltanschauungen* reveladas, intuídas ou baseadas na ciência.

Existem, obviamente, muitos níveis diferentes de compreensão. Os mal-entendidos ocorrem em todos os níveis. Interpreto mal o choro do bebê e dou a ele alimento em vez de trocar-lhe as fraldas molhadas, assim como posso interpretar erroneamente (embora inadvertidamente) como sendo malevolente e presunçosa a afirmação de Hegel de que "um grande homem condena outros homens a explicá-lo".[7] *Ceteris paribus*, porém, podemos dizer que a seguinte conclusão decorre do argumento defendido no parágrafo precedente: o risco do equívoco puro tem correlação positiva com o nível de generalidade e abstração das asserções que se fazem sobre qualquer tema.

Por outro lado, é preciso observar que as tentativas de vencer a imprecisão da linguagem comum criando termos técnicos novos específicos, introduzindo definições rígidas e levando o mais longe possível o formalismo da apresentação, tendem a deparar com problemas próprios. Mesmo a clareza e a precisão, como sugerirei a seguir, podem ser compradas por um preço demasiado alto.

Vale aqui lembrar os ponderados comentários de Marshall nos Livros I e II dos *Princípios* sobre as dificuldades da terminologia econômica popular e técnica e as razões que ele alega para nunca desviar-se demais dos "termos familiares da vida cotidiana" e da "linguagem que é inteligível para o público em geral" (PEC,43) — na prática, a recomendação baconiana (citada acima) de "pensar como pensam os sábios" mas "falar como falam as pessoas comuns".

É verdade que Marshall desejava ser lido por leitores influentes nos círculos empresariais, sindicais, jornalísticos e governamentais. Seu objetivo era não apenas instruí-los, mas também persuadi-los. A linguagem comum, portanto, era sua maior aliada. Mas havia outros motivos para ele tentar evitar o recurso excessivo ao formalismo e o uso de tecnicalidades na transmissão de idéias econômicas. Ao contrário de outros pioneiros do movimento neoclássico, Marshall estava bem ciente de como eram conducentes a equívocos as tentativas de empregar o jargão técnico em economia e nas ciências sociais em geral, e chamou a atenção para um de seus modos de ocorrência menos óbvios: o mal-entendido da "falsa segurança".

O uso da matemática na ciência econômica, afirmou Marshall,

> é útil por permitir o domínio de uma linguagem maravilhosamente concisa e exata para expressar com clareza algumas relações gerais e alguns processos breves de raciocínio econômico, os quais podem realmente ser expressado na linguagem comum, porém não com a mesma nitidez sintética (PEC,644).

Contudo, como ressaltou no Livro II e examinou nos Apêndices C ("Abrangência e método da economia") e D ("Usos do raciocínio abstrato em economia") dos *Princípios*, deve-se resistir à tentação de seguir o exemplo das ciências físicas e criar um jogo de circuito fechado baseado em termos esotéricos e sintaxe matemática, por dois motivos principais.

Primeiro, porque permitir que isso aconteça faria com que a disciplina se tornasse totalmente inacessível aos tomadores de decisão e ao público em geral e, pelo mesmo motivo, encorajaria intermináveis "excursões recreativas" que, segundo Marshall, "poderiam concebivelmente interessar criaturas que não têm problemas econômicos nem minimamente parecidos com os nossos" (PEC,644). Esse é o problema da irrelevância que, na opinião de Keynes, estava assolando a economia acadêmica no período entre guerras e que na opinião de muitos outros a tem assolado desde então.[8] (Cabe observar que Bacon, em sua luta contra as práticas escolásticas que permeavam as ciências de sua época, mencionara que elas teciam "laboriosas teias de saber [...] admiráveis pelo primor da trama e do lavor, porém sem substância ou utilidade"; de modo semelhante, Locke, ressaltando a aridez de tanta "sutileza" e "agudeza" nos "homens cultos do mundo", comentou que alguns daqueles eruditos descobriram ser um bom expediente encobrir sua ignorância com uma curiosa e inexplicável teia de palavras desorientadoras e obter a admiração dos outros com termos ininteligíveis, mais apropriados para produzir admiração por não poderem ser compreendidos, enquanto parece que em toda a história esses doutores profundos não foram mais sábios nem mais úteis que seus vizinhos, nunca trazendo grande vantagem à vida humana ou às sociedades em que viveram.)[9]

O segundo motivo, para Marshall, era que introduzir uma terminologia rígida e levar o formalismo longe demais traria novos problemas de comunicação *na própria* comunidade acadêmica. Assim, referindo-se "aos autores mais formais da ciência econômica", ele indicou acertadamente que "as definições confiantes e rígidas com que têm início suas exposições da ciência induzem o leitor a uma falsa segurança". O efeito impremeditado desse uso excessivo do formalismo, prosseguiu Marshall, é o estudioso freqüentemente "atribuir ao que lê um significado diferente daquele que os autores tinham em mente, e talvez vir a interpretá-los mal e acusá-los de tolice da qual não foram culpados" (PEC,43).

Assim, em todo o texto dos *Princípios* e em sua discussão sobre o uso de analogias emprestadas da ciência moderna na análise econômica, Marshall ressaltou quanto eram propensas a mal-entendidos todas as tentativas de "traçar linhas divisórias amplas, rígidas e firmes e formular proposições definitivas com respeito às diferenças entre coisas que a natureza não separou com tais linhas" (PEC,44). Em uma carta de 1901 ele repetiria — embora desta vez empregando linguagem incomumente impetuosa — o argumento de que o emprego da matemática na economia muitas vezes revela-se estéril e desorientador:

> Em minha opinião, cada fato econômico, seja ou não de natureza a poder ser expressado em números, possui relação de causa e efeito com muitos outros fatos; e como nunca acontece de todos eles poderem ser expressado em números, a aplicação de métodos matemáticos exatos aos que podem sê-lo é quase sempre perda de tempo, enquanto na grande maioria dos casos ela é positivamente enganosa; e o mundo estaria mais evoluído se esse trabalho não houvesse sido feito.

Em outra carta sobre esse assunto, escrita cinco anos mais tarde, ele expressou seu próprio conjunto de regras para o uso da matemática e do formalismo na análise econômica:

> *1*) Use a matemática como uma linguagem abreviada, e não como um instrumento de investigação. *2*) Atenha-se a ela até ter concluído. *3*) Traduza para o inglês. *4*) Depois, ilustre com exemplos que sejam importantes na vida real. *5*) Queime a matemática. *6*) Se não tiver êxito em *4*, queime *3*. Esta última medida eu tomei muitas vezes.[10]

Clareza e precisão não bastam. O alerta de Marshall indica um tipo de mal-entendido puro, interessante e fácil de ocorrer: a transmissão inadvertida de "falsa segurança" aos leitores pelo uso de modelos da economia altamente formalizados que se justificam por si mesmos. Seria difícil distinguir quanto os autores de manuais de economia do pós-guerra não são eles próprios vítimas — em vez de autores conscientes — do tipo de mal-entendido da falsa segurança descrito por Marshall. Mas poucos dos que têm conhecimento da reação dos alunos de graduação a esses livros didáticos talvez discordassem da opinião de que eles muito freqüentemente fornecem a esses alunos uma falsa sensação de segurança a respeito da economia e que esse é um resultado a que esses livros se prestam com muita facilidade.

De fato, poucos dos que mais tarde afirmaram ter acompanhado a síntese marshalliana da economia neoclássica parecem ter percebido a importância dessa questão, não só para o entendimento adequado do conceito de equilíbrio parcial no Livro V dos *Princípios*, mas também para o uso profícuo da arte da construção de modelos na análise econômica. O mais talentoso aluno de Marshall (J. M. Keynes), porém, seguiu de perto o conselho do mestre ao optar por: *a*) criticar a economia acadêmica convencional como uma espécie de "Cândido cultivando o jardim" ou como "um edifício de puro cristal" e *b*) tomar antes o partido daqueles dentre os economistas menos prestigiados que, como descreveu na *Teoria geral*, "preferiram ver a verdade obscuramente e de maneira imperfeita a afirmar o erro, alcançado de fato com clareza e consistência e pela lógica fácil, porém com base em hipóteses inadequadas aos fatos".[11]

Mas evidentemente empenhar-se em "falar como falam os homens comuns" — para evitar a armadilha marshalliana da falsa segurança — não pode, por si mesmo, impedir que ocorram outros tipos de equívoco. E como recentemente se observou com respeito a tentativas de transmitir o raciocínio econômico em "linguagem coloquial" em vez de formalmente e com a ajuda de notação matemática:

> A desvantagem desse modo de comunicar-se com os leitores pode ser percebida no fato de que, quase cinqüenta anos depois da publicação da *Teoria geral* de Keynes, os economistas continuam debatendo sobre o que realmente Keynes quis dizer.[12]

Destino, poderíamos acrescentar, do qual nenhum outro "clássico" na história da economia, de Smith, Ricardo e Marx a Marshall e mesmo Arrow-Debreu até agora conseguiu escapar.

Comentando desenvolvimentos recentes na economia e o impacto da formulação matemática da teoria do equilíbrio geral por Arrow-Debreu, F. Hahn observou:

> Era quase inevitável que quando esses resultados emergissem nos livros didáticos e os boatos sobre eles chegassem aos homens práticos eles fossem compreendidos de modo totalmente equivocado [...] A má compreensão generalizada do trabalho de Arrow e Debreu é ilustrada amplamente pelo que se denomina "nova macroeconomia", difundida principalmente nos Estados Unidos.

A má interpretação, nesse caso, pode ser vista como uma variação muito próxima da armadilha da falsa segurança. A principal diferença está em que, nesse caso, como explica Hahn, os receptores não acusam os teóricos abstratos de tolices das quais não são verdadeiramente culpados. Em vez disso, introduzem na teoria tolices que não se encontram ali, e passam a se basear nelas. Assim, o que teve início como um "experimento mental" rigoroso, mas hipotético e altamente abstrato sobre o funcionamento e as propriedades de uma economia de mercado *pura*, é confundido por uma descrição do "mundo real" e um "modelo verdadeiro" de uma economia concreta específica. "Os economistas dessa escola", conclui Hahn, "supõem que a teoria é descritiva e não entendem sua natureza de *Gedanken-Experiment*. Outros — economistas radicais, por exemplo — cometem o mesmo erro."[13] Mais de trinta anos depois da formulação matemática da teoria do equilíbrio geral, os economistas continuam debatendo o que realmente queria dizer o trabalho de Arrow-Debreu.

A matemática pura lida com relações precisas, definidas e abstratas e apresenta verdades necessárias. Mas a ciência econômica lida com um conjunto de fatos e relações que são dados empiricamente — ela nunca ultrapassa a esfera do provável e só pode apresentar verdades contingentes. Quando o sentimento de certeza e segurança proporcionado pela manipulação de axiomas e técnicas matemáticas contamina nossas asserções sobre a verdade quanto a fenômenos econômicos empíricos, estamos confundindo o abstrato com o concreto. Marshall, como vimos, estava ciente dessa sedutora armadilha intelectual — a chamada "falácia da concretude". E isso, por sua vez, levou-o a um emprego muito mais cuidadoso das ferramentas e da notação matemáticas na economia. Como Malthus antes e Keynes depois dele, Marshall não desejava incutir nos leitores um sentimento ilusório de segurança com respeito ao que fora conseguido.

Não obstante, se os fatores lingüísticos fossem os principais culpados pelos persistentes mal-entendidos associados a teorias como a de Keynes sobre o nível de emprego, a de Malthus sobre a população ou a de Darwin sobre a origem das espécies, seria então, obviamente, seu uso excessivo da linguagem comum — em vez de rigidez ou formalismo potencialmente desnorteadores na apresentação — que deveria ser escolhido para exame. O significado exato e os relativos prós e contras de expressões como "seleção natural", "sobrevivência dos mais aptos", "luta pela existência", "armadilha da liquidez" e algumas outras são ainda hoje tema de muitas controvérsias entre estudiosos, e o próprio fato de que esses três autores dispuseram-se a fazer amplas alterações terminológicas à medida que suas obras passaram por novas edições é prova de que eles reconheciam haver espaço para maior clareza e exatidão na exposição de suas idéias. Keynes, por exemplo, escreveu em 1937: "Se as idéias básicas simples puderem tornar-se familiares e aceitáveis, o tempo, a experiência e a colaboração de várias mentes revelarão a melhor maneira de expressá-las".[14]

O fato, porém, é que livros como o *Ensaio* de Malthus e *Origem das espécies* de Darwin, sejam quais forem suas deficiências estilísticas e terminológicas (por exemplo, todas as personificações de "natureza" em ambos), seguramente não merecem ser acusados de fazer exigências lingüísticas demasiado elevadas aos leitores. A reação fria e descompromissada de Goethe a Hegel seria despropositada aqui. De fato, parece razoavelmente seguro dizer que a grande maioria dos leitores contemporâneos dessas obras, desorientados ou não, sentia-se confiante de que estava lidando realmente com a "verdade", e não a entendendo errado. Seus muitos críticos raramente, ou talvez nunca, desconfiaram que estivessem talvez sendo vítimas de alguma forma de *ignoratio elenchi* ou multiplicando "refutações" que nem chegavam perto das teses, questões e padrões da presumida vítima.

Por outro lado, a defesa, tanto quanto a censura, pressupõe comprometimento, ou seja, uma asserção positiva quanto à posse de algum grau de compreensão sobre o objeto de concordância. E para muitos dos contemporâneos de Malthus e Darwin, eram antes a simplicidade e o poder de convicção de suas teorias que se destacavam. T. H. Huxley, por exemplo, ao ler pela primeira vez *Origem das espécies*, fez a célebre confissão: "Que imensa estupidez não ter pensado nisso!". E o próprio Darwin, lendo o *Ensaio* de Malthus quase trinta anos antes de sua observação a Wallace sobre a obra ter sido até então "absurdamente mal compreendida", espantou-se com o vigor da argumentação e a "linguagem veemente" do livro; em um de seus cadernos de anotações — na verdade, no mesmo registro de 28 de setembro de 1838 no qual se encontra o esboço original de sua teoria da evolução — ele rabiscou às pressas: "contudo, até a sentença de Malthus ninguém percebia claramente a grande restrição [ao crescimento da população] entre os homens [isto é, a restrição incontestável da fome]".[15]

De fato, no máximo se poderia dizer que Malthus empenhou-se demais, especialmente no mais polêmico primeiro *Ensaio* (1798), em facilitar as coisas para seus leitores, dirigindo suas idéias (nas palavras de Bagehot) "a homens que compreendem um exagero simples e marcante muito mais facilmente do que uma verdade plena e precisa". Mas na segunda edição (1803) e nas edições subseqüentes de sua obra, ele não mediu esforços na tentativa de revestir com evidências históricas e detalhes empíricos seu modelo "simples e marcante"; no processo, ele também eliminou do ensaio de 1798 a teodicéia que concluía a obra original e da qual ele nunca se retratou. Seu diligente esforço para produzir melhores evidências para sua teoria e melhorar sua apresentação levaria Marshall a elogiar a versão de 1803 do *Ensaio* como "uma das respostas mais esmagadoras que a ciência paciente e laboriosa já deu à irresponsável asserção de seus adversários".[16] (Porém, como procurarei mostrar no capítulo 13, a compreensão equivocada do *Ensaio* não esmoreceu; ademais, há alguns indícios de que o próprio Malthus estava longe de sentir-se satisfeito com os modos como seus próprios defensores vinham interpretando e empregando as idéias que expressara.)

O X da questão, porém, é que, sejam quais forem as impropriedades do equipamento lingüístico empregado, nenhum grau de imprecisão verbal, sintaxe tortuosa e argumentação nebulosa pode, por si mesmo, explicar a singular propriedade de certas contribuições ao conhecimento para atrair o fogo cruzado dos equívocos de interpretação. Isto é o que requer explicação.

Infelizmente, pode haver algo de verdade na idéia de que "leva-se mais a sério uma coisa obscura e inexplicável do que uma clara e explicável".[17] Talvez seja esta a semente de muitos mal-entendidos. Mas permanece o fato de que uma obra irremediavelmente ininteligível só pode "sair natimorta do prelo". É difícil conceber obscuridade, incorreção e estilo ruim, ou um formalismo desmedido e sem propósito, como sendo *per se* passaportes para um papel de destaque no debate público ou acadêmico. A fagulha necessita da pedra oposta — acende-se pelo impacto. Algum nervo tem de ser tocado para que o texto de alguma forma "fale com eloqüência aos homens" e suscite o fogo. Nos dois capítulos a seguir, examinarei alguns problemas relacionados à recepção ("demanda") de idéias abstratas na política, na economia e na ciência.

11. Erros e ilusões
Francis Bacon sobre os determinantes sub-racionais da crença

A falta de clareza e o emprego inadvertidamente incorreto da linguagem funcionam como dois poderosos catalisadores do mal-entendido puro. Assim como o uso de linguagem desnecessariamente técnica, são caminhos muito freqüentes na produção de resultados imprevistos na transmissão de mensagens. Mas sem dúvida existem muitos outros. K. Arrow forneceu instrutiva enumeração de problemas relacionados à linguagem na transmissão do conhecimento:

> Podemos considerar que cada informação é transmitida em um código e só pode ser usada se for decodificada. No primeiro caso, a própria linguagem é um código, e a simples dificuldade da tradução pode talvez ser subestimada. (É célebre a incapacidade dos economistas de língua inglesa para aprender com seus colegas franceses, alemães e italianos.) Existem problemas nas formas não verbais de comunicação. Quando os britânicos, na Segunda Guerra Mundial, forneceram a nós [norte-americanos] os planos para o motor a jato, foi preciso dez meses para redesenhá-los a fim de os adequar às convenções americanas. Em um plano mais sutil, como notaram diversos observadores talentosos na área educacional, existem diferenças no significado das palavras que estão ligadas aos fatores raça e classe, não tanto na acepção literal mas nas conotações e associações e no significado do com-

portamento não verbal. Na complicada interação das mensagens entre professor e aluno, a precariedade da comunicação pode conduzir a ineficiências extremas.[1]

Mas a questão crucial é que embora os problemas relacionados à linguagem possam facilitar o processo do mal-entendido puro, eles não são capazes de explicá-lo. Nenhum grau de obscuridade e imprecisão e nenhum número de descuidos lingüísticos em uma mensagem podem, por si mesmos, "condenar outros homens a explicá-lo" ou comandar o fogo — mal direcionado ou não — de um exército de receptores. Tentativas de refutação, concordância e crítica em geral implicam a assunção de uma compreensão positiva. E é essa alegação de entendimento que, quando acontece de ser infundada, desencadeia o fenômeno mental involuntário que venho designando por mal-entendido puro. Somente o leitor pode fechar negócio com a oferta do autor, embora este, evidentemente, possa facilitar muito e até mesmo abrir caminho para uma transação falha.

Portanto, há boas razões para supor que Darwin estivesse apontando na direção certa quando, em sua resposta de 1866 a Wallace, duvidou que "o emprego de qualquer termo teria tornado o assunto inteligível para algumas mentes, por mais claro que ele seja para outras", aludindo, assim, à possibilidade de haver algo mais do que imprecisões lingüísticas na explicação do labirinto de mal-entendidos que se aglomerou — e continua se propagando — em torno de obras como a de Malthus e a sua própria.

Sem dúvida seria errado supor, como já argumentei, que uma hipótese explicativa única e totalmente abrangente pudesse ser arquitetada para abranger, de algum modo, todos os casos de mal-entendido ou os casos mais relevantes. Cada caso específico deve sempre ser examinado por si mesmo, podendo-se esperar que os pormenores das comunicações deficientes sejam únicos para cada exemplo particular dos inúmeros casos em que a resposta de um leitor deixa de satisfazer o autor no sentimento de que sua mensagem foi ao menos compreendida. Entretanto, há uma consideração geral importante que pode ajudar a explicar o mecanismo de muitos resultados imprevistos na transmissão de idéias e, assim, explicar (juntamente com outros fatores) muitas anomalias observáveis no intercâmbio das mentes. O argumento tem por base a distinção entre dois tipos de crença: *erros* e *ilusões*.[2] E, como procurarei mostrar na segunda metade deste capítulo, o argumento é coerente com um princípio central da lógica baconiana.

Um *erro* não é o mesmo que uma ilusão. Os erros podem ser difíceis de detectar, mas depois de terem sido expostos é simples e até mesmo agradável livrar-se deles. Vergonha e constrangimento são os sentimentos predominantes que eles provocam. Ao contrário das ilusões, os erros não se sobrepõem à auto-imagem do sujeito pensante.

Assim, quando, por exemplo, Malthus afirma (no primeiro *Ensaio*) que "nenhum movimento em direção à extinção da paixão entre os sexos verificou-se nos *cinco ou seis mil anos* de existência do mundo", ou quando, nesse contexto, Marx escreve em nota de rodapé do primeiro volume de *O capital* que

> embora Malthus fosse pastor da Igreja Anglicana, *fizera os votos monásticos de celibato* [...] esta circunstância distingue favoravelmente Malthus de outros pastores protestantes, que renegaram a exigência católica do celibato no sacerdócio,[3]

estão ambos cometendo erros notórios. Dificilmente se poderia duvidar de que os dois ficariam bem satisfeitos se lhes houvesse sido dada a chance de corrigir o que disseram à luz de informações mais confiáveis quanto à idade da Terra e à prole de Malthus. Ambos cometeram erro.

Os erros, obviamente, não precisam ser pouco significativos e inofensivos ou necessariamente danosos. Alguns erros — por exemplo, não identificar um alimento envenenado — implicam pena de morte. Mas se, digamos, confundo-me ao olhar o relógio e perco meu vôo para o Rio, ainda pode acontecer que eu não venha a ser prejudicado pelo engano, descobrindo depois que o avião foi seqüestrado por terroristas e levado para Trípoli. Os erros fazem parte de nossas crenças superficiais, que podem ser facilmente descartadas.

Mas as *ilusões*, em contraste com os erros, são extremamente difíceis de ser descartadas. Sua característica distinta é possuírem raízes mais profundas em nossa vida mental. Estão muito mais arraigadas em nosso sistema de crenças do que os erros e as crenças mais triviais, pois não só emanam de nossas inclinações psicológicas sub-racionais e são por estas sustentadas, mas também, pelo mesmo motivo, são muito mais resistentes quando contestadas e muito mais difíceis de ser descartadas. O que distingue as crenças ilusórias, portanto, não é serem mais ou menos falsas do que outras crenças, mas, o que é fundamental, conciliarem-se em um sentido não trivial com a vontade e os desejos de quem as professa.

Vejamos, por exemplo, as duas afirmações a seguir. Primeiro, a feita por Adam Smith em *Teoria dos sentimentos morais:* "Considerando em média todo o planeta, para cada homem que padece com dor ou miséria encontraremos vinte na prosperidade e na alegria ou ao menos em circunstâncias toleráveis". Assim sendo, por que "chorar por causa de um em vez de rejubilar-se com os vinte"? Ou ainda, mudando radicalmente o ângulo de projeção, vejamos a conclusão de Hegel em seu curso sobre *Filosofia da história*: muito embora "a história do mundo não seja o teatro da felicidade" (pois os "períodos de felicidade são páginas em branco dessa história"), pode-se mesmo assim descobrir uma "astúcia da razão" em funcionamento e, tudo considerado, "o mundo real é como deveria ser", ou seja, "Deus governa o mundo, e o verdadeiro funcionamento de seu governo — a execução de seu plano — é a história do mundo".[4]

Parece razoavelmente seguro afirmar que, em ambos os casos, o papel desempenhado pelos desejos dos autores na determinação da crença é decisivo. Existe um elemento perceptível de sentimento *pela* idéia proposta, sentimento esse que está ausente nos casos em que a vontade de quem pensa é fundamentalmente neutra ("fria") quanto a concordar ou não com determinada proposição. Pois, nas passagens citadas, Smith e Hegel declaram e defendem crenças que estão intimamente ligadas às suas características distintivas como filósofos. Revê-las ou afastá-las implicaria colocar em risco suas próprias identidades. A combinação entre *eu* e *crença* possui uma coesão "química" ou "nuclear" ausente no caso dos erros cometidos por uma pessoa.

Não há dificuldade para imaginar erros sendo corrigidos, como por exemplo Marx reconhecendo os três filhos de Malthus ou este último abrindo mão de sua crença a respeito da idade bíblica da Terra. Mas será que é possível conceber um Adam Smith lastimoso, lamentando as desgraças do universo ou afirmando (como faria Mill em crítica a Bentham) que "a raça nunca desfrutará a décima parte da felicidade de que nossa natureza é suscetível" enquanto não nos emendarmos e percebermos onde residem nossos verdadeiros interesses? Ou ainda um hegeliano que passou a acreditar que a "história do mundo", considerada globalmente, é apenas o que parece ser, ou seja, um entrechoque schopenhaueriano de "anseios mórbidos" e o "campo de batalha de seres atormentados e angustiados que só continuam a existir devorando uns aos outros"?

Portanto, embora seja difícil conceber que tipo de evidências empíricas ou argumentos poderia verdadeiramente ter convencido Smith ou Hegel do contrário nos exemplos mencionados, parece certo que se, por alguma peculiar razão, isso viesse a ocorrer, o processo de conversão não teria sido nem um pouco fácil ou indolor. As repercussões doutrinárias teriam sido esmagadoras.

Uma peça importantíssima de seus sistemas de crenças teria de ser substituída em alto-mar, com água entrando em enxurrada na embarcação e com esta saindo terrivelmente do curso. Porém, à medida que se percebe um aumento dos custos de substituição e reparos, como sugerirei, as "medidas de segurança" preventivas empregadas pelo sujeito pensante tendem a tornar-se mais elaboradas. Haverá cuidado muito maior para não permitir que golpes ameaçadores (ou seja, fatos ou idéias do tipo adverso) cheguem muito próximos. A questão no caso das ilusões não é serem elas falsas ou irrefutáveis, mesmo se, por motivos óbvios, elas tendem a ficar fora do alcance da argumentação. O que as torna especiais *vis-à-vis* outras classes de crenças é o fato de que descartar-se delas é extremamente custoso e desagradável.

A origem da distinção proposta entre erros e ilusões pode ser buscada na análise de Bacon sobre os Ídolos da Tribo (*Idola tribus*), no primeiro livro do *Novum Organum* (1620). Ao contrário dos outros três "ídolos" ou classes de fatores da mente humana que assediam a cognição e atuam como obstáculos ao avanço do conhecimento —, os Ídolos da Caverna (as peculiaridades características dos indivíduos e sua localidade), do Teatro (os dogmas da filosofia) e do Mercado (problemas ligados à linguagem) —, os Ídolos da Tribo não são resultado da formação. Não são adquiridos pelo intercurso com outros homens e o ambiente específico em que o pensamento da pessoa ocorre; eles são, antes (e daí o seu nome), "inerentes à natureza humana e à própria tribo ou raça dos homens".

Explicitando os modos como os Ídolos da Tribo vêm a influir na compreensão humana, persistentemente predispondo e distorcendo seu funcionamento em direções específicas, Bacon observou:

> A compreensão humana assemelha-se não a uma *luz pura*, mas adquire uma coloração da vontade e das paixões que, assim, geram seu próprio sistema: pois o homem sempre crê mais prontamente naquilo que prefere.

Como expressou na passagem correspondente em *The advancement of learning*, após discorrer sobre o "equívoco ou ambigüidade das palavras e frases" (Ídolos do Mercado):

> Mas por fim existe um tipo ainda muito mais importante e profundo de falácias na mente do homem que vejo não ser observado nem investigado de modo algum e que julgo acertado mencionar aqui por ser de todos o mais dado a modificar a capacidade de discernimento, e cuja força é tal que ele não ofusca ou seduz o entendimento em coisas específicas, mas de modo mais geral e intrínseco contamina e corrompe o estado desse entendimento. Pois a mente do homem está longe de ter a natureza de um espelho límpido e liso no qual os raios das coisas refletem-se conforme sua verdadeira incidência; ela é, antes, como um espelho encantado, cheio de superstição e impostura se não for libertada e conquistada.

Portanto, segundo essa concepção, as disposições sub-racionais encontram-se entre os fatores determinantes da fixação das crenças. E qualquer homem, permitindo-se um mínimo de auto-exame, pode perceber (nas palavras de Bacon) que "seus sentimentos impregnam e corrompem seu entendimento de maneiras inumeráveis e por vezes imperceptíveis":

> A compreensão humana, uma vez tendo adotado uma opinião (seja como opinião recebida ou como opinião conveniente a si mesma), convoca todas as outras coisas para apoiá-la e concordar com ela. E mesmo havendo maior número e importância nos argumentos encontrados do outro lado, ela os negligencia e despreza ou, por alguma distinção, discrimina e rejeita, a fim de que, por essa grande e perniciosa predeterminação, a autoridade de suas conclusões originais possa permanecer inviolada [...] é o erro singular e perpétuo do intelecto humano ser mais impelido e excitado por afirmativas que por negativas.[5]

As ilusões, como definidas acima, devem sua existência a esse mecanismo psicológico descrito por Bacon como pertencente aos Ídolos da Tribo em sua doutrina dos Quatro Ídolos.

O que pretendo sugerir centralmente neste capítulo é que as contribuições positivas ao conhecimento nem sempre assumem a forma *1*) de uma exposição e remoção de erros, ou seja, de crenças das quais seja relativamente fácil descartar-se. A história das idéias revela, de tempos em tempos, a emergência *2*) de obras que atacam — ou ao menos que muitos consideram afrontar — ilusões firmemente arraigadas, isto é, as crenças e opiniões que exercem certo domínio sobre nossos sentimentos e parecem tornar a vida mais desejável para quem as adota. Os eventos da categoria *1* trazem poucos problemas, ou mesmo nenhum; é a ocorrência de *2* que merece ser examinada em maior profundidade.

No que concerne à lógica dos mal-entendidos puros na história das idéias, decorre dessa argumentação que o fato de algumas teorias e linhas de pensamento específicas revelarem-se singularmente suscetíveis a ser mal interpretadas pode ser explicado como resultante, em certa medida, de encontrarem não meros erros no lado receptor da comunicação, mas crenças que nascem de nossas paixões (ilusões). Uma questão, por conseguinte, não tanto da "facilidade com que podemos crer no que atende a nossos desejos",[6] e sim, se esta hipótese for correta, da facilidade com que nós espontaneamente *entendemos erroneamente* o que não vai ao encontro dos nossos desejos.

Os cientistas, é claro, estão profissionalmente comprometidos com o controle do funcionamento de sua própria mente, de modo a tornar sua compreensão dos fenômenos o mais parecida possível com a *luz pura* — imune à sua vontade e disposições de ânimo — descrita por Bacon. "O cerne do ponto de vista científico", escreveu B. Russel com um espírito verdadeiramente baconiano, "é a recusa em considerar nossos desejos, gostos e interesses como uma chave para a compreensão do mundo".[7] Porém, manter-se à altura desse princípio de conduta intelectual é uma tarefa muito mais árdua e espinhosa do que apregoá-lo e recomendá-lo a terceiros. E o próprio Bacon, cabe salientar, nunca deu a entender que os Ídolos da Tribo poderiam ser erradicados da mente humana ou que o conhecimento intelectual de seu *modus operandi* em si mesmo constituiria salvaguarda suficiente para o sujeito pensante:

> É preciso confessar que não é possível divorciar-nos dessas falácias e falsas aparências, pois elas são inseparáveis de nossa natureza e condição de vida; não obstante, a cautela contra as mesmas [...] é de extremo interesse para a verdadeira condução do discernimento humano.[8]

Ademais, devemos observar ainda, as condições em que formamos e fixamos as crenças na vida prática cotidiana são claramente distintas das que em geral prevalecem no relativamente isolado mundo do gabinete, da biblioteca e do laboratório.

A maneira mais habitual como as disposições sub-racionais da mente humana agem como forças perturbadoras no funcionamento do entendimento é provavelmente *desviando* nossa atenção daquilo que poderia prejudicar ou ameaçar crenças estabelecidas. O mecanismo básico é descrito a seguir.

A mente humana opera sujeita a uma fortíssima restrição da atenção. Pois ela *a*) é incapaz de fixar sua atenção em mais de um objeto ao mesmo tempo e *b*) quanto mais procura concentrar-se em um ponto único e bem-definido, mais se vê compelida a eliminar e deixar de considerar outras coisas em seu campo de atenção. Obviamente, existem muitos modos de lidar com a restrição da atenção. Propriamente controlada, usada e ajustada, ela produz admiráveis abstrações científicas, mas se a deixamos seguir livremente seu curso na vida comum ela atua como um expediente muito eficaz para a proteção das crenças que acalentamos.

Essa barreira, que funciona persistentemente desviando nossa atenção daquilo que poderia ameaçar a sobrevivência de crenças ilusórias, é o que J. Viner descreveu como a "carapaça dura" de que a mente humana foi dotada, "de modo a resistir obstinadamente à destruição, pelo acúmulo de conhecimento científico, de suas crenças herdadas". Pois, "se formos prudentes", alegou Viner contra a idéia de que "os sentimentos e crenças da massa da humanidade" são cada vez mais orientados pela ciência, "talvez seja bom evitarmos atribuir demasiado valor ao poder do conhecimento astronômico sobre as inclinações e o comportamento do homem".[9] Porém, como veremos a seguir, outros exemplos podem ser extraídos de disciplinas mais mundanas.

Como indicou o lógico norte-americano C. S. Peirce, muitas vezes a "carapaça dura" é deliberadamente colocada pelo sujeito pensante a fim de manter fora de alcance tudo que poderia vir a causar mudança em suas opiniões. Peirce denominou "método da tenacidade" esse método popular de fixação das crenças e forneceu uma ilustração bem apropriada (aparentemente extraída de seu próprio círculo) de seu *modus operandi* na vida comum. "Este método simples e direto é realmente empregado por muitos homens" escreveu ele:

> Lembro-me de certa vez ter sido instado a não ler determinado artigo porque ele poderia mudar minha opinião com respeito ao livre-comércio. "Para que eu não fosse ludibriado por suas falácias e deturpações", foi a forma de expressão. "Você não é um estudioso especializado em economia política", afirmou meu amigo. "E por isso poderia facilmente ser enganado por argumentos falaciosos sobre o assunto. Assim, lendo esse artigo, poderia ser levado a acreditar no protecionismo. Mas você reconhece que o livre-comércio é a verdadeira doutrina, e não deseja

acreditar que ela não é verdadeira." Com freqüência constatei que esse sistema é adotado deliberadamente.[10]

Portanto, a pessoa tenazmente faz tudo para acreditar apenas no que acredita e empenha-se em manter sua crença a uma distância razoavelmente segura de tudo que julgar ameaçador à sua sobrevivência.

Deve-se observar também que a disposição de ânimo mais conducente à adoção do "método da tenacidade" não tem uma pátria ideológica. Ela viaja livremente entre as fronteiras oriente-ocidente e norte-sul.

Entre os desenvolvimentos mais recentes na economia podemos discernir com clareza essa disposição de ânimo em declarações como as seguintes: *a*) a afirmação de Hayek de que, sendo às vezes difícil explicitar convincentemente todos os custos imprevistos de medidas governamentais específicas que interferem no sistema de livre mercado,

> uma defesa bem-sucedida da liberdade tem de ser, portanto, dogmática e não fazer concessões ao que é expediente, mesmo não sendo possível mostrar que, além dos efeitos benéficos conhecidos, algum resultado danoso específico também decorreria de sua violação,

e *b*) a afirmação igualmente dogmática e reveladora de G. Myrdal (em artigo de 1951 intitulado "A tendência ao planejamento econômico") de que "não existe alternativa ao planejamento econômico": "Portanto, não se pode argumentar em favor do planejamento econômico ou contra ele, em favor da livre empresa ou livre-comércio ou contra eles. Cada vez mais a intervenção do Estado e o planejamento econômico fazem parte das tendências históricas [...] Na verdade, nunca foi, e certamente não é hoje, uma escolha. É um destino. Teremos de fazer o melhor possível com o mundo que temos".[11]

O que há em comum entre *a* e *b* é o forte empenho *a priori* para bloquear dúvidas graves quanto às crenças centrais (ilusões) do pensamento econômico desses autores, a saber: a crença de Hayek no caráter benéfico da "ordem espontânea" do mecanismo de mercado e a de Myrdal na "inevitabilidade histórica" do socialismo. Pode haver alguma discussão significativa entre os defensores de *a* e *b*? Entre um homem que está absolutamente disposto a "ser dogmático" sempre que sua munição racional tiver se esgotado e outro que está intimamente certo e convicto de que não existe de fato uma "escolha verdadeira" entre o que ele e seus oponentes crêem ser a verdade? Sem esgotar o assunto, eu diria que os que crêem em *a* e *b* têm em muito alta conta suas próprias convicções, e essa disposição de ânimo é totalmente hostil ao espírito de investigação científica.

Portanto, há casos em que a recusa a encarar e fazer frente aos desafios às próprias crenças é deliberada. A "cegueira protetora" resultante, assim, é em grande medida auto-imposta — um problema relativamente simples (embora não menos intratável) de um ponto de vista lógico. Pois o "método da tenacidade", garantindo que o receptor nem mesmo entre em contato com o que poderia levá-lo a mudar ou abandonar suas crenças relevantes, impede com isso todas as possibilidades de mal-entendido puro.

Mas isso não é tudo. Um mecanismo muito mais insidioso, difícil de detectar e por isso mesmo muito mais eficaz no condicionamento do processo de formação das crenças, está ligado às forças que atuam, por assim dizer, às escondidas de nossa mente, impedindo a entrada de fatos e pensamentos não desejados.

A "carapaça dura", neste último caso, não é deliberadamente colocada pelo agente — ela cresce em nossa mente de maneira espontânea. E, como tende a escapar à detecção, pode desempenhar melhor sua missão, ou seja, desviar nossa atenção de tudo que possa prejudicar as crenças centrais ou conduzir àqueles desconfortáveis estados mentais denominados incerteza e dúvida. O fato de que até mesmo a relativamente isolada província da pesquisa científica pura não está livre da atuação desse mecanismo sub-racional tem sua melhor comprovação no que Darwin observou em sua *Autobiografia* com respeito a sua "regra de ouro" metodológica. Descrevendo os estudos que conduziram à *Origem das espécies*, Darwin conta que "durante muitos anos, seguira uma regra de ouro":

> Sempre que chegasse até mim um fato publicado, uma nova observação ou idéia que fosse contrária a meus resultados gerais, fazer uma anotação sobre ela, sem falta e imediatamente; pois eu descobrira, por experiência, que tais fatos e idéias tendiam muito mais a escapar da memória que os favoráveis.[12]

Como deixa claro essa "regra de ouro", a tendência predominante na memória de Darwin era perverter, de maneiras não desejáveis, as relações do cientista com a restrição da atenção. E isso era feito não de modo arbitrário ou errático, mas segundo um critério próprio e em concordância com o que os Ídolos da Tribo baconianos levariam a prever: a supressão de evidências e argumentos de modo a proteger as crenças relevantes.

Portanto, enquanto o amigo-avestruz de Peirce recomendava nada menos que enterrar a cabeça no chão a fim de desfrutar melhor as próprias crenças, Darwin precisava travar uma luta precisamente na direção oposta: forçando-se a enxergar e dar o devido valor a fatos e idéias que não se coadunavam com as inclinações de sua vontade e desejos. Essa é uma luta contra o auto-engano, e começa, naturalmente, com o reconhecimento de quanto é difícil não enganar a si mesmo.

A "regra de ouro" de Darwin, podemos observar, conforma-se perfeitamente ao alerta do filósofo a seu ex-pupilo: "É impossível você pensar adequadamente se não quer causar dano a si mesmo". Como o próprio Bacon indagara em seu ensaio "Of truth" (1625):

> Algum homem duvida de que se fossem eliminadas da mente humana as opiniões presumidas, as esperanças lisonjeiras, as avaliações falsas, as imaginações conforme o que se deseja e coisas do gênero, ficariam as mentes de muitos homens mirradas e estéreis, cheias de melancolia e indisposição e desagradáveis a si mesmas?[13]

No capítulo seguinte, examinarei como os fatores não racionais condicionantes da fixação das crenças — os Ídolos da Tribo de Bacon — podem afetar a transmissão e recepção do pensamento na história das idéias.

12. A proteção da crença
O mal-entendido puro como resultado de acrasia teórica

O método da tenacidade descrito por Peirce e a propensão ao auto-engano apontada (e diligentemente combatida) por Darwin são, ambos, modos de manter nossas crenças relevantes a salvo do impacto de influências desfavoráveis (ou apenas de aparência desfavorável). Seu denominador comum é a idéia de "evitar". Em um caso, isso é conseguido afastando-se metodicamente a atenção do que pode vir a prejudicar a ilusão tranqüilizadora, e, no outro, por nossa tendência espontânea a desconsiderar, subestimar e eliminar do campo de atenção fatos e idéias que se mostram incômodos quando examinados mais a fundo. Ambos os mecanismos evidenciam a participação dos desejos e emoções do sujeito pensante no processo de formação das crenças — mostram como essa interferência pode afetar o funcionamento da compreensão e, assim, prejudicar a cognição.

Esses mecanismos de proteção das crenças podem ser vistos como exemplos do que recentemente foi descrito, em termos mais gerais, como o fenômeno da "acrasia teórica": "Observamos ou alegamos um caso de acrasia teórica sempre que falamos em recusar-se a ver, em não querer saber e, exceto em alguns dos casos, quando acusamos alguém de auto-engano ou satisfação infundada".[1] Cabe notar que o termo "acrasia", neste caso, provém da *Ética* de Aristóteles, onde é empregado para designar o caso em que um agente individual não age consoante sua própria opinião com respeito ao que deveria fazer quando chega a hora de agir. Tipicamente, a acrasia prática resulta do fato de que, no calor da ação, as disposições sub-racionais ou paixões do agente sobrepujam suas outras considerações, levando-o a fazer ou deixar de fazer coisas que ele sabe, e em outras circunstâncias acredita, que não deve fazer. Daí a conclusão (cf. a interpretação de Adam Smith em TMS,272, citada no capítulo 6) de que a inteligência não constitui salvaguarda suficiente para um homem e a virtude está ligada menos ao conhecimento do bem do que à ação.

A *acrasia teórica* ocorre na esfera da conduta intelectual. Nesse caso, são os recursos lógicos da pessoa, em vez dos éticos, que entram em colapso. A vontade e as emoções do agente passam a predominar no processo de formação de crenças, levando-o a crer em coisas nas quais não acreditaria se fosse capaz de aplicar e utilizar regras lógicas que em outras circunstâncias ele acata. Assim, por exemplo, "uma mulher pode 'acalentar a vã esperança' de que seu filho se cure de leucemia ou poliomielite quando não existe razão para otimismo, e mesmo sabendo disto"; de modo semelhante, temos o caso em que o "desejo de um homem de vitória ou segurança, em uma convicção fortemente nutrida, cega-o para a verdade que sua mente perceberia não fosse a intervenção de sua vontade". É este último tipo de ocorrência, como procurarei indicar neste capítulo, que pode ser considerado relevante para o estudo da história das idéias e o problema do mal-entendido puro.

Um bom exemplo de acrasia teórica, que em muitos aspectos é análogo ao "desejo de vitória e segurança" acima citado, é dado por Dostoiévski em sua análise da psicologia do jogo no livro *O jogador*. Consideremos, primeiro, a questão que o jogador se coloca quando, longe da roleta e no sossego de seu quarto, ele pergunta: "Será realmente impossível começar a jogar sem imediatamente ser contaminado pela superstição?". O cassino, poderíamos afirmar, representava para o jogador de Dostoiévski um verdadeiro "templo" da acrasia teórica, pois, embora normalmente não fosse dado a hábitos de pensamento supersticiosos, descobria que a superstição "contaminava" sua mente quando ele se punha a jogar. O impasse é descrito assim:

> E contudo, às vezes, o pensamento mais louco, a idéia mais patentemente impossível, apodera-se da mente com tamanha força que finalmente é tida por algo realizável. Mais que isso: se a idéia coincidir com um desejo possante e ardente, pode

às vezes ser aceita como uma coisa predestinada, inevitável, preordenada, algo que não pode deixar de existir ou acontecer!

Portanto, embora fosse capaz, longe da mesa de jogo, de ver, descrever e até mesmo desprezar o que sentia e pensava quando começava a jogar, não estava em seu poder impedir aquilo de voltar a acontecer quando estava jogando. Como o próprio Dostoiévski mencionaria em outra passagem, descrevendo o que denominava "a lei primordial da natureza humana": "Aquele que decide acreditar em alguma coisa não pode ser detido".[2]

Subjacente à aplicação proposta da concepção de acrasia à análise da formação das crenças está a idéia baconiana de que a compreensão humana não é uma *luz pura*. Bacon percebera que certezas profundas ("fé") e convicções zelosamente guardadas com freqüência revelam os pontos fracos da pessoa, ou seja, uma escassez de bases lógicas e racionais para as crenças e opiniões em questão. A conclusão que tirou dessa idéia foi a importante regra: "tudo que a mente agarra com avidez e em que se demora com singular satisfação deve ser visto com desconfiança".[3] Nas palavras de Hume: "Todas as doutrinas que sejam favorecidas por nossas paixões devem ser vistas com desconfiança" (E,598). E talvez caiba observar que o mesmo filósofo grego antigo (Heráclito) que inspirou a imagem baconiana da "luz pura" afirmando que "a luz pura e seca é a alma mais sábia", deixou também outro trecho dizendo que "causa prazer às almas ganhar umidade".[4]

Nosso argumento principal aqui é: existe uma categoria importante de mal-entendidos puros que tem como causa fundamental alguma forma de acrasia teórica. A proteção da crença relevante não é obtida *a*) pelo modo familiar (do "avestruz") de evitar o que poderia ameaçá-la, nem *b*) pelo esquecimento quase subliminar de fatos e idéias desfavoráveis. Em vez disso, a proteção é conseguida por meio *c*) da distorção positiva do argumento ou conjetura ameaçadora, de modo a neutralizar seu poder destrutivo. Assim, as estratégias relativamente passivas de recusar-se a ver e de não querer saber dão lugar, agora, ao muito mais intruso exercício de avançar por entre as linhas do inimigo e desfigurar seu pensamento transformando-o em adversário conveniente, mais controlável. Quando isto ocorre, pode-se considerar o mal-entendido uma forma de acrasia teórica.

Como em outros casos de mal-entendido puro, a distorção e a má interpretação existentes nesses casos não são intencionais. Pois apenas na medida em que são ocorrências espontâneas — ou seja, eventos que acontecem para o sujeito pensante, em vez de algo que ele pode escolher e ponderar — elas podem funcionar eficazmente como barreiras para salvaguarda e isolamento das crenças. O equívoco "funciona" aqui apenas na medida em que seja "como uma armadilha", ou seja, enquanto a distorção e a má interpretação permaneçam ocultas *qua* mal-entendido do agente que o sofre. Importante característica da lógica dos mal-entendidos é não poderem ser reconstituídos depois de detectados e revelados.

Assim, posso planejar e empenhar-me em transmitir erroneamente as idéias de outra pessoa a fim de obter uma vitória fácil ou de promover alguma causa louvável. Ao fazê-lo, e se tiver êxito em meu plano, estou perpetrando um ato de deturpação. Mas não posso enganar a mim mesmo dessa maneira, pois tenho conhecimento e não sou capaz de induzir-me a acreditar no que sei ser uma deturpação de minha própria autoria. Somente se eu acreditar que compreendi realmente os principais argumentos de meu oponente e que estou de fato encarando-os e enfrentando-os, e não a um "espantalho" que me seja conveniente, eu me sentirei seguro em minha convicção — a agradável sensação de que minhas crenças relevantes sobreviveram ao "teste" e se encontram agora mais firmes do que nunca. Esta, para mim, é a forma abstrata de uma categoria significativa de mal-entendidos puros na história das idéias.

Não há razão, por exemplo, para supor que Darwin, avaliando a acolhida e impacto de sua teoria da evolução, expressasse opinião indevidamente generosa sobre aqueles que publicaram críticas à sua obra. Ele escreveu:

> Quase sempre tenho sido tratado honestamente por meus críticos, desconsiderando aqueles sem conhecimento científico por não serem dignos de nota. Minhas idéias com freqüência têm sido extremamente deturpadas, combatidas com ardor e ridicularizadas, mas isso de modo geral tem sido feito, acredito, de boa-fé.[5]

É precisamente esse elemento de "boa-fé", ou seja, de falta de intenção dolosa e desonesta no ato de entender errado (e, portanto, de deturpar) as idéias de outra pessoa que nos permite falar em equívoco genuíno. Além disso, como procurei mostrar, apenas este último pode funcionar eficazmente como mecanismo de defesa para a proteção das crenças relevantes do receptor. É a convicção segura, embora errônea, de que realmente se compreendeu a mensagem transmitida e, portanto, se chegou "à sua verdade" que permite ao mal-entendido atuar como mecanismo protetor nesse sentido, no mesmo plano que os mecanismos mais conhecidos do esquecimento tendencioso e do método da tenacidade.

Distorções e mal-entendidos devidos a acrasia teórica na leitura tendem a ocorrer sempre que a vontade e as propensões sub-racionais do leitor constituem obstáculos poderosos a uma compreensão adequada do texto. Como a argumentação exposta no capítulo anterior ajuda a esclarecer, a probabilidade desse resultado fatalmente aumenta à medida que a pessoa lida com crenças que são muito prezadas pelo receptor, muito ligadas à sua auto-imagem ou, de modo mais geral, sobre as quais ele tem opiniões muito arraigadas.

Um político resoluto, dedicado, com altas ambições de carreira, por exemplo, tem pouquíssimas probabilidades de chegar a um uso satisfatório de sua capacidade de entendimento quando procura compreender e aquilatar plenamente a validade de argumentos e evidências que colidem com os próprios alicerces das crenças que até então formaram a base de sua carreira. Ele não pode dar-se o luxo de permitir que, com esse exercício, sementes de dúvida penetrem em sua "ideologia", pondo em risco suas perspectivas profissionais, sua reputação e talvez até mesmo sua identidade. É claro que uma mente parcial como essa normalmente tentará evitar uma verdadeira imersão no pensamento do oponente, transformando em virtude o que Locke denominou "o hábito de conversar com apenas um tipo de homem e de ler apenas um tipo de livro". De fato, podemos até mesmo descobrir que ele acabará por confessar (lembrando aqui o comentário de Popper em sua "sociedade aberta" sobre seu arquiinimigo (Hegel)): "Nunca pude nem desejei despender um tempo ilimitado com estudos minuciosos sobre a história de um filósofo cuja obra eu abomino".[6]

Mas se essa mente, por alguma razão singular, for conduzida ao outro campo, para sondar as linhas inimigas e então fornecer uma avaliação de sua solidez, a probabilidade de equívoco será grande. Como observou Montaigne, "Para um ateísta, todas as obras falam em favor do ateísmo".[7] Mentes seriamente empenhadas sempre darão um jeito de descobrir, de algum modo, exatamente o que se haviam proposto a descobrir. Quantos *istas* e *ismos* do passado ideológico recente, poderíamos perguntar, não substituiriam adequadamente "ateísta" e "ateísmo" nessa fórmula?

Analogamente, um pensador que, acompanhando Hegel, digamos, veio a crer que "a descrição da criação encontrada no Gênese ainda é a melhor porque afirma claramente que as plantas, os animais e o homem foram criados em dias separados" e que, portanto, "o homem não se formou do animal, nem o animal da planta", talvez tenha dificuldade em ouvir com simpatia e compreender plenamente uma explicação evolucionista (ou emanacionista) sobre as espécies que venha a atacar um alicerce essencial de seu edifício filosófico. De fato, é muito sugestivo que o próprio Hegel, embora ciente das evidências geológicas e materiais fósseis disponíveis na época, mesmo assim preferisse acreditar (como salientou um de seus comentaristas modernos)

> que as formas orgânicas encontradas nos estratos geológicos mais antigos na verdade nunca viveram: são meramente pinturas ou esculturas dos vivos, imitações e antecipações de formas orgânicas, porém produzidas por forças que eram inorgânicas.[8]

Assim, uma linha de pensamento potencialmente devastadora, sugerindo a possibilidade da extinção biológica das espécies e da descendência animal do homem, foi "desarmada" (mal compreendida) por Hegel e assimilada à força a sua laboriosa filosofia da natureza.

Talvez não seja exagero afirmar que, pelo menos com respeito à imparcialidade científica, a interpretação das evidências fósseis por Hegel situa-se no mesmo plano que a de Pitt sobre *A riqueza das nações* (como vimos no início do capítulo 8). Ambas, pode-se argumentar, são exemplos claros do mecanismo comum de formação de crenças salientado por Adam Smith segundo o qual "todas as nossas paixões justificam a si próprias, ou seja, sugerem-nos opiniões que as justificam". Como expressou Hume:

> Um covarde cujos temores são despertados com facilidade concorda prontamente com toda descrição de perigo que encontra, assim como uma pessoa de índole tristonha e melancólica é muito crédula sobre qualquer coisa que alimente sua paixão predominante (THN, 120).

Um subconjunto significativo dessas crenças e opiniões que se auto-reforçam, como tenho mostrado, é constituído pela má compreensão espontânea de idéias e conclusões encontradas por mentes outras que não a nossa.

Obras que apresentam as chamadas "verdades desagradáveis", "reflexões desalentadoras" e coisas do gênero são, obviamente, alvos privilegiados dos equívocos em razão de alguma forma de acrasia teórica. Um Capelão do Diabo, empenhado em tentar os leitores a "pegar, arrancar e comer o fruto proibido da árvore do conhecimento", pode descobrir que é difícil conseguir ouvintes para seu evangelho. Mas pode descobrir ser ainda mais difícil conseguir que sua mensagem seja compreendida e adequadamente digerida se os frutos que ele tem para oferecer não indicarem boas-novas mas, pelo contrário, parecerem tristes, amargos e repulsivos.

Darwin, em carta muito citada escrita em 1856 a J. D. Hooker, relembrou e aplicou a si mesmo a metáfora do Capelão do Diabo: "Que livro um Capelão do Diabo poderia escrever sobre as deselegantes, ruinosas, desajeitadas, vis e horrivelmente cruéis obras da natureza!". O que poucos sabem, porém, é que o título de Capelão do Diabo havia sido conferido anteriormente pelas autoridades da Igreja a um ex-clérigo, o reverendo R. Taylor, na tentativa de excomungar e lançar uma maldição sobre o padre, que foi considerado culpado de blasfêmia e depois condenado a dois anos de prisão em razão de dois sermões proferidos em 1831. Em 1829, quando o "Capelão do Diabo" (reverendo Taylor) foi à cidade de Cambridge para pregar e desafiar o cristianismo ortodoxo, Darwin fazia o curso de graduação na Christ's College, atendendo ao desejo de seu pai e preparando-se para seguir carreira na Igreja Anglicana.[9] Três décadas mais tarde iria desferir um golpe fatal e "demoníaco" (como indica a carta citada a Hooker) contra a crença iluminista em uma natureza divina — a muito prezada idéia de que *natura codex est Dei*.

Pode-se considerar que a autodescrição de Darwin como um "Capelão do Diabo escritor de livros" permite um vislumbre adicional de sua própria luta para reconhecer e ponderar as coisas contra a inclinação de sua vontade. Como o próprio Darwin escrevera quando jovem, em um de seus cadernos de anotações: "a crença é aliada do instinto". Ele fora levado a essa conclusão, ao que parece, observando como argumentos bem fundamentados com freqüência não conseguiam convencer de fato as pessoas a quem eram dirigidos e que até mesmo pareciam concordar com eles. Recordando seus tempos de graduação na Christ's College, escreveu: "Nunca me ocorreu quanto era ilógico dizer que eu acreditava no que não conseguia entender e que é, na verdade, ininteligível".[10]

O equívoco, podemos afirmar agora, a distorção e desarme hábil, embora não intencional, de fatos e idéias com aparência adversa, é um dos caminhos pelos quais o "instinto" (ou "paixão") reafirma sua ascendência sobre a crença. "Percebo claramente", observou Montaigne, que "não prestamos devoção a nada além dos ofícios que adulem nossas paixões";[11] mas igualmente pode ocorrer, como indicamos, que haja uma tendência a entender mal tudo aquilo que parece negá-las ou abatê-las.

Esta análise, se correta, lança uma luz sobre a resposta de Darwin a Wallace afirmando que os grandes problemas de inteligibilidade enfrentados por sua teoria eram mais profundos do que poderiam parecer a princípio. Contribui também, assim espero, para a compreensão de suas repetidas alegações de que esses problemas eram, de modo fundamental, análogos aos que ainda cercavam a obra de Malthus. Como notou vividamente Keynes: "Antes do século XVIII, a humanidade não acalentava falsas esperanças. Para derrubar as ilusões que se tornaram populares no final daquela época, Malthus revelou um Demônio".[12] Mas as ilusões são renitentes, e os demônios suscitam reações estranhas. Não surpreende que várias respostas ao "espectro escrito" evocado por Malthus forneçam ilustrações contundentes de mal-entendido por acrasia teórica. Ademais, é possível mostrar que isso afetou não só muitos de seus antagonistas intelectuais mas também, como indicou o próprio Malthus, até mesmo alguns dos que se acreditavam defensores do credo malthusiano. O capítulo 13 é uma tentativa de fundamentar essa afirmação.

13. Sobre o mau entendimento de Malthus

A acolhida ao Ensaio sobre o princípio da população: *críticos e defensores*

Não chega a ser surpreendente constatar que quase todos os críticos românticos da economia política no século XIX tenham honrado Malthus com o melhor de sua virulência e indignação. Ruskin, reproduzindo e refinando a reação de Carlyle contra o "Radicalismo Paralítico" e a "lúgubre ciência benthamista-malthusiana", escreveu que "em todas as categorias de pensamento humano não conheço nada tão melancólico quanto as especulações de economistas políticos sobre a questão da população". Ele escolhera a economia política como objeto de crítica por acreditar que "nada na história jamais foi tão ignominioso para o intelecto humano quanto a aceitação entre nós das doutrinas comuns da economia política como uma ciência".

Assim como a maioria de seus colegas românticos do início e meados do século XIX, Ruskin julgava que "o desalento e a misantropia tornaram-se características da época em que vivemos" e que a "doutrina do desespero" malthusiana, que "deixara uma nódoa sobre a face da natureza", era em grande medida a culpada. Em carta escrita em 1871, Ruskin apontou com precisão o que acreditava ser a verdadeira origem de seu abatimento mental; suas palavras, podemos observar, lembram muito as do "Capelão do Diabo escritor de livros" mencionado por Darwin: "De todas as coisas que me oprimem, essa idéia do mecanismo perverso da própria natureza — minha indignação ante sua barbaridade-deselegância-obscuridade, amarga zombaria de si mesma — é a mais desoladora".[1]

Como procurarei mostrar neste capítulo, a "natureza perversa" malthusiana atingiu as raízes do movimento romântico. Malthus propusera inverter a ordem de raciocínio e enfrentar alguns fatos extremamente desagradáveis. Como indicou no primeiro *Ensaio*, ele tentara "raciocinar partindo da natureza em direção a Deus, e não presumir raciocionar a partir de Deus em direção à natureza".[2] Mas sua doutrina, do ponto de vista romântico, era na verdade um "monstruoso sofisma prático". Coleridge, sintetizando a posição romântica acerca da teoria de Malthus, declarou:

> Afirmo categoricamente que não acredito que todas as heresias, seitas e facções que a ignorância, a fraqueza e a perversidade do homem já criaram tenham sido em conjunto tão desonrosas para o ser humano como cristão, filósofo, político, ou cidadão, quanto esse abominável princípio.[3]

Com a mesma intensidade que sentiam, eles liam e escreviam. E poucos tinham a franqueza de reconhecer — como o romântico americano R. W. Emerson acabaria por fazer — que "nunca *entenderemos* a economia política enquanto um poeta não a ensinar em canções, e ele jamais há de ensinar o malthusianismo". A maioria deles, ao contrário, tinha plena certeza não só de que havia dominado o pensamento de Malthus mas também de que podia desprezá-lo como "enganos infantis" e "verborragia e repetição absurda", conforme anotou Coleridge nas margens de sua densamente comentada cópia da segunda edição (1803) do famigerado *Ensaio*.[4]

W. Hazlitt e o amigo pantisocrático de Coleridge, R. Southey, expressariam sua ira e falta de condescendência em público e com mais detalhes. Hazlitt escreveu:

> Confesso sentir certo grau de repulsa e indignação emergindo em mim quando vejo um homem do caráter e vocação do sr. Malthus apresentando-se como acusador daqueles que "não possuem ninguém para ajudá-los", como o sumo-sacerdote do "orgulho e cobiça", fazendo do egoísmo um código regular, com seus aditamentos, preceitos e glosas anexas, tentanto reter a mão da caridade com os

grilhões da lei, suprimir "as compungidas visitas da natureza", fazer com que os homens se envergonhem da compaixão e benevolência como tolice e fraqueza.

E, referindo-se em outra passagem à tentativa de Malthus de mostrar a inviabilidade do ideal godwiniano de uma sociedade "perfeitamente racional", Hazlitt não hesitou em concluir: "Dificilmente a sagacidade do homem poderia conceber um erro mais crasso, uma perversão do raciocínio mais estranha".[5]

De modo semelhante, Southey, servindo-se das anotações de Coleridge sobre Malthus em longa resenha sobre o *Ensaio* de 1803, repudiou a obra considerando-a vazia, ilógica e (na expressão de Hazlitt) permeada de "propósitos sinistros e servis". "Com esses sofismas desprezíveis", escreveu, "o sr. Malthus granjeou a reputação destacada que ora desfruta, tendo seu livro se transformado na bíblia política dos ricos, dos egoístas e dos libidinosos." Uma década depois, Southey chegaria a ponto de afirmar que, acima de tudo, "um escritor tem de possuir mente mais lógica do que aquela com que foi dotado o sr. Malthus". Ademais, acrescentou, "um livro necessariamente conducente a temas de discussão como os do sr. Malthus não deveria ter sido escrito em inglês", pois em sua opinião

> o principal aspecto a fundamentar seu argumento, e a necessidade do vício para a preservação da ordem adequada, não eram assuntos próprios para ser postos em circulação em bibliotecas e sociedades literárias nem para ser discutidos à mesa do chá.[6]

O poeta P. Shelley, escrevendo em 1818, seguiria o exemplo e denunciaria "sofismas como o do sr. Malthus, calculados para abrandar os opressores da humanidade na tranqüilidade do triunfo perpétuo".[7]

As acusações dos críticos românticos contra Malthus eram diversas. Entre elas incluíam-se: *a*) plágio, *b*) vacuidade, *c*) ilogicidade, *d*) sectarismo e reacionarismo, *e*) crueldade com os pobres, *f*) devassidão e *g*) degradação da humanidade. Mas nenhuma delas parece ter sido tão comum e crucial para o argumento romântico quanto a acusação de *h*) fatalismo: a idéia de que a obra de Malthus acarretara uma complacência generalizada para com a pobreza e privação social, pela destruição de todas as esperanças de que a reforma econômica pudesse melhorar as condições materiais dos pobres. Sua doutrina, dizia-se, era "sombria, impassível, funesta" — "sem esperança neste mundo ou no outro" (Carlyle)

— ou, como resumiu Coleridge em sua interpretação da teoria de Malthus, "estamos à beira da ruína devido aos excessos de população, e quem impedir os pobres de se aniquilarem na doença, miséria e perversidade é inimigo do país!".[8]

Mas esta, como procurarei mostrar mais à frente, não era a interpretação que o próprio autor teria esperado que fosse dada a seu texto. Na verdade, ela parece ser uma interpretação baseada em sério mal-entendido quanto ao que Malthus se propusera a fazer. O padrão lógico de mal-entendido subjacente neste caso consiste na tendência romântica a entender as descrições e explicações de Malthus no *Ensaio* como se fossem tentativas não de revelar a natureza e as causas de certos eventos, mas de legitimar e perpetuar — ou mesmo recomendar — um determinado estado de coisas. Mas ver fatalismo em sua teoria da população era interpretação, e não texto. Claramente esse não era, por um lado, o modo como o próprio Malthus via sua obra científica; nos *Princípios*, por exemplo, ele defendeu uma abordagem mais empírica e pragmática da economia, rejeitando a abordagem ricardiana e deixando claro que "é impossível para um governo permitir estritamente que as coisas sigam seu curso natural".[9] E não foi, por outro lado, o que os leitores menos exaltados de sua obra, como por exemplo J. S. Mill e outros reformistas utilitaristas, como veremos adiante, conseguiram derivar de seu legado.

O *Ensaio* de Malthus, já se observou muito apropriadamente, "é um estudo da natureza e das causas da pobreza e não da riqueza das nações". Como descreveu um comentarista recente, a parte principal da edição de 1803 e das subseqüentes consistiu em

> um catálogo de detalhes sobre vida bestial, doença, fraqueza, alimentação deficiente, incapacidade de cuidar das crianças, escassez de recursos, carestia, infanticídio, guerra, massacre, pilhagem, escravidão, frio, fome, doença, epidemia, praga e aborto.[10]

Mas Malthus não "excluiu" a possibilidade de progresso econômico e de melhora geral do bem-estar. É verdade que afirmara (contrariando Ricardo) que "o progresso da sociedade consiste em movimentos irregulares" e também declarara (contrariando Godwin, Condorcet e os "iluministas entusiastas" em geral) que "nada é mais fácil do que encontrar defeito nas instituições humanas, nada é mais difícil do que sugerir melhoras práticas adequadas".[11] (Como diria

Lenin pouco antes da Revolução Russa, "é muito mais fácil tomar o poder em época revolucionária do que saber como usar corretamente esse poder").

Mas os leitores românticos de Malthus, ao que parece, não toleravam tal realidade. Declarou Coleridge:

> Não importa o que nosso desalento possa murmurar ou o que os renomados mestres da economia política possam ter parecido demonstrar; nem pelos temores e escrúpulos de um, nem pelas afirmações categóricas de outros, ousamos ser desencorajados. Ambos devem ser falsos se o Profeta for verdadeiro. Continuaremos, não obstante, em poder dessa fé capaz de esperar pelo impossível, a semear à beira de todas as águas.[12]

De fato, seria difícil encontrar melhor reconhecimento involuntário de acrasia teórica do que essa afirmação.

Coube a Thomas de Quincey salientar, com respeito aos críticos românticos de Malthus e referindo-se particularmente a seu amigo Coleridge, que "eles parecem ter sido um tanto capciosos e estar muito desorientados quanto ao verdadeiro sentido e tendência da doutrina [malthusiana]". "De fato", prosseguiu, "eu me pergunto se qualquer um dentre eles seria capaz de começar seu trabalho [ou seja, a crítica a Malthus] apresentando uma análise justa da obra que estava censurando."[13] Mas infelizmente nenhum deles parece ter aceito o desafio de Quincey.

É muito mais surpreendente, porém, encontrar um ateísta declarado e crítico materialista da economia política clássica descontrolando-se e baixando a guarda diante do Demônio de Malthus.

O jovem Engels, em seu ensaio "Esboço de uma crítica da economia política", de 1844, lamentou a frieza, a severidade e até mesmo a crueldade do que ele interpretou como sendo a doutrina malthusiana. "Precisarei prosseguir no exame dessa teoria vil, infame, dessa revoltante blasfêmia contra a natureza e a humanidade?", perguntou-se depois de discorrer sobre a teoria de Malthus — em linhas muito românticas — como "a mais rude, a mais bárbara teoria já existente, um sistema de desespero que deitou por terra todas as belas frases sobre o amor ao próximo e a cidadania mundial".[14]

A resposta juvenil de Engels ao reverendo Malthus — "Eis, finalmente, a imoralidade do economista levada ao seu mais alto grau" — corresponde, de certo modo, à reação inicial de Marx aos *Princípios* de Ricardo. Escrevendo no mesmo ano em que o ensaio de Engels foi publicado pela primeira vez, e no qual ele conheceu em Paris aquele que seria seu parceiro por toda a vida, Marx observou: "Ricardo, em seu livro, [...] as nações são meras oficinas de produção, e o homem é uma máquina de consumir e produzir. A vida humana é uma parcela de capital. As leis econômicas governam o mundo cegamente. Para Ricardo, os homens são nada, o produto é tudo".[15] Mas, enquanto Marx, no devido tempo, mudou sua postura com respeito a Ricardo e passou a considerar a contribuição teórica daquele economista o ponto alto da economia clássica, sua posição com respeito a Malthus permaneceu essencialmente inalterada por toda a vida.

Marx, na verdade, ao contrário dos românticos, tentou elaborar sua própria teoria da população, alternativa à de Malthus. Como de costume, sua argumentação gira em torno de uma separação radical entre os mecanismos em ação nos processos humanos ou sociais ("história") e os que se aplicam aos processos naturais ou não humanos ("natureza"): "Uma lei abstrata da população existe apenas para plantas e animais, e mesmo nesse caso somente na ausência de uma intervenção histórica do homem".[16] Portanto, afirmou, diferentes modos de produção terão necessidades e leis populacionais distintas, e não haverá algo como uma lei dos retornos decrescentes da terra verdadeiramente operante se for suposto, primeiro, que mais ciência e mudança tecnológica sempre irão superar os seus efeitos.

No entanto, os comentários diretos de Marx sobre o *Ensaio* de Malthus são notáveis pela sua fragilidade e pelo tom patentemente exaltado. A tendência geral de sua reação evidencia-se bem nas observações encontradas em nota de rodapé de *O capital*:

> A grande sensação causada por esse panfleto deveu-se unicamente ao fato de ele corresponder aos interesses de um grupo específico [...] [Ele foi] pregado nos moldes de um sermão, porém sem conter uma única proposição original do próprio Malthus.[17]

O reverendo Malthus, insistiu Marx, não fora um "homem de ciência", como por exemplo Ricardo ou Darwin — mas sim um "advogado comprado".

É realmente sintomático que, em quase todas as suas referências a Malthus e em suas discussões muito superficiais sobre as idéias desse "mestre do plágio", Marx invariavelmente revelasse o que já fora diagnosticado como "um quê de histeria",[18] anexando alguma forma de insulto ou epíteto depreciativo ao nome desse "desavergonhado adulador das classes dominantes". E talvez não seja descabido discernir uma repercussão tardia (e custosa) da aversão de Marx a enfrentar e entrar em acordo com o Demônio revelado pelo "pastor charlatão" no mais singular capítulo da ciência soviética do pós-guerra — a agrobiologia de T. D. Lysenko e sua tentativa ardorosa de "libertar" a teoria darwiniana da evolução do "vírus ideológico" do malthusianismo, pondo um fim à idéia "burguesa" da competição intra-espécie.[19]

Assim como os românticos antes deles, Marx e Engels mostraram-se ávidos por criticar Malthus e questionar sua integridade científica. Não lhes importava que cientistas como Darwin e Ricardo — os grandes luminares da ciência no século XIX, segundo o próprio Marx — admirassem imensamente as realizações de Malthus e houvessem até mesmo incorporado algumas das contribuições deste a seu próprio trabalho científico. Aos olhos de Marx e de seus seguidores do século XX, Malthus permaneceu sempre um "adulador" servindo a "propósitos sinistros e servis".

É instrutivo contrastar o veredito marxista sobre Malthus com a avaliação apresentada por B. Russell. Marx e seus seguidores, como vimos, consideraram-no um "plagiador" e um "advogado comprado"; mas para Russell, Keynes e outros, foi precisamente sua integridade e determinação férrea (porém calma) que se destacaram. Segundo Russell,

> Não são suas conclusões que têm valor, e sim a disposição e o método de seu estudo. Como todos sabem, a ele deveu-se uma parte essencial da teoria da seleção natural de Darwin, e isso só foi possível porque a perspectiva de Malthus foi verdadeiramente científica. Seu grande mérito reside em considerar o homem não um objeto de elogio ou crítica, mas parte da natureza, uma coisa com determinado comportamento característico do qual certas conseqüências devem decorrer [...] Em contraposição às objeções feitas quando sua doutrina era nova — de que era horrível e deprimente, que as pessoas não deviam agir como ele dissera que elas agiam etc. —, a calma determinação de Malthus de tratar o homem como um fenô-

meno natural assinala um avanço importante sobre os reformistas do século XVIII e a Revolução.[20]

Ao mesmo tempo, por todo o século XIX houve repetidas tentativas de livrar a teoria de Malthus dos mal-entendidos e das críticas mal orientadas. Em carta de 1835 a Nassau Senior (que dez anos antes fora nomeado para a primeira cátedra de economia política em Oxford), o arcebispo Whately, teólogo e economista, pediu:

> Gostaria que você escrevesse um breve relato sobre as idéias de Malthus, talvez acrescentando algumas linhas em memória de sua vida (que acredito não ter sido muito movimentada). Quero que lhe seja feita justiça — primeiro, contra seus inimigos; segundo, muito mais ainda, contra os que alegavam ser seus amigos e fizeram dele um instrumento para fins nocivos.[21]

É interessante observar que, seis anos antes, o próprio Senior havia se correspondido com Malthus, depois de enviar-lhe para comentários o texto das conferências sobre teoria da população que ele fizera em Oxford no início de 1828. À medida que a correspondência com Malthus desdobrou-se, foi ficando cada vez mais evidente para Senior que o tema de suas conferências fora, na verdade, não a teoria de Malthus como ele originalmente a concebera, mas sua interpretação errônea e o abuso dela por parte de seus seguidores. "Sem dúvida", respondeu ele a Malthus em carta de 1829,

> essas opiniões não constituem inferências justas de sua obra; na realidade, são diretamente opostas ao espírito da maior parte dela; mas a meu ver devem ser consideradas originárias de um entendimento errôneo das argumentações por você apresentadas. Elas hoje são prevalecentes: antes do surgimento de seus trabalhos, nunca se falara delas.

E, como àquela altura ele era capaz de discernir as diferenças entre as idéias de Malthus e o que seus alegados "defensores" diziam delas, Senior também podia perceber como trabalhara com base em um mal-entendido nas suas conferências. "[Suas] idéias", escreveu a Malthus na carta que conclui a correspondência de ambos, "são tão justas quanto importantes. Mas têm sido caricaturadas pela maioria de seus seguidores [...] Essas eram as doutrinas que constatei serem predominantes quando iniciei minhas conferências".[22]

De modo semelhante, podemos observar, Marshall, em conferência pública proferida em Londres em 1885 com o título "A pressão da população sobre os meios de subsistência", introduziu seu tema afirmando:

> Notei que existem muitos equívocos quanto ao modo como o crescimento da população atua sobre os meios de subsistência. Há, de fato, quem pense que a doutrina econômica acerca desse tema tenha sido recentemente derrubada. Mas, a meu ver, seus críticos não lograram seu intento: realizaram a tarefa muito diferente e muito mais fácil de compreendê-la erradamente.[23]

Portanto, entender Malthus erroneamente não foi privilégio exclusivo dos românticos e dos críticos marxistas da economia política. Pois, como veremos em seguida, também os defensores das idéias e posições de Malthus, como haviam observado Whately e Senior, estavam sendo vítimas de mal-entendidos, ou seja, sendo levados a conclusões totalmente alheias às intenções do autor. Em carta não publicada de 23 de fevereiro de 1831, endereçada ao filósofo da ciência e professor de economia política em Cambridge W. Whewell, o próprio Malthus expressou grande contrariedade em razão dos modos como suas idéias estavam sendo postas em uso por defensores públicos do movimento malthusiano. Em suas palavras:

> É verdade, como observa o sr. [Richard] Jones, que não tenho tido sorte com meus seguidores. Creio que ele sabe que as conclusões gerais e práticas que eu próprio extraí de meus princípios sobre a população e a renda de modo algum têm o aspecto desalentador que lhes foi dado por muitos de meus leitores.[24]

O remetente dessa carta, podemos afirmar com certeza, teria ficado muito mais satisfeito se houvesse podido ler, na *Autobiografia* de Mill, que ao menos alguns de seus seguidores utilitaristas da geração seguinte estavam bem sintonizados com as conclusões práticas que ele derivara de sua teoria. "O princípio da população de Malthus", escreveu Mill recordando sua agitação política na juventude,

> era uma bandeira e um ponto de união entre nós tanto quanto qualquer opinião especialmente ligada a Bentham. Essa grande doutrina, originalmente criada

como argumento contra a indefinida capacidade de melhora das atividades humanas, nós interpretamos com zelo ardoroso no sentido contrário, como indicadora do único meio de concretizar essa capacidade de melhora (CW1,107).

Mill, como já vimos, acreditava firmemente no poder das idéias para realizar a mudança social. A persuasão — argumentação racional e moral — era o caminho para a reforma e o progresso nos assuntos humanos. Mas como ele poderia assegurar que as idéias certas (ou seja, as de Bentham e Malthus, em sua opinião juvenil) seriam corretamente compreendidas e postas em prática?

Nos capítulos 14 e 15 concluirei esta taxonomia exemplificada das armadilhas e resultados impremeditados das trocas intelectuais, examinando algumas relações entre, de um lado, essa afirmação quanto ao poder das idéias e, de outro, o problema do mal-entendido puro. Porém, antes disso, talvez seja aconselhável deixar claro (para evitar mal-entendidos!) que o que aconteceu a Malthus nas mãos de um número significativo de seus defensores, sem falar de seus críticos românticos ou marxistas, não é de modo algum caso único. É verdade que ele pode ter sido, como Bonar sugeriu e Darwin parece ter pensado também, "o homem de quem mais se abusou em sua época". Seu *Ensaio* atraiu mais insultos e elogios do que análise e argumentação; não é difícil perceber, como salientou Thomas de Quincey, que uma parte relativamente reduzida da massa de críticas despejada sobre sua obra realmente se aplicou com seriedade a seu conteúdo e significado. E isto, é claro, é precisamente o que torna a acolhida dada ao *Ensaio* um estudo de caso potencialmente interessante da perspectiva da lógica dos mal-entendidos e do problema da acrasia teórica na história das idéias.

Mas o argumento geral defendido aqui, cabe deixar claro, é que o que aconteceu a Malthus tende, de fato, a ocorrer sempre que as idéias de um autor conseguem penetrar no domínio sensível de crenças das quais, por quaisquer razões, é difícil e mesmo penoso abrir mão. Poderiam ser coligidas abundantes evidências textuais, por exemplo, e um argumento análogo poderia ser apresentado, para corroborar a idéia de que muitos dos críticos e seguidores de Marx foram, eles próprios, vítimas, em graus variados, dos efeitos dos Ídolos da Tribo baconianos no ato da leitura. Um início adequado para esse exercício (e, de fato, para as discussões apresentadas nos capítulos 14 e 15 deste livro) sem dúvida seria a notável conclusão a que chegou Lenin em 1914, durante seu exílio na

Suíça: "É impossível compreender completamente *O capital* de Marx, e em especial seu primeiro capítulo, sem ter estudado e entendido inteiramente toda a *Lógica* de Hegel". Portanto, concluiu, "meio século depois nenhum dos marxistas entendeu Marx".[25]

Não se pode evitar imaginar como Marx teria reagido à extraordinária afirmação de Lenin segundo a qual, excetuando-se, é claro, ele próprio depois de sua estada forçada na Suíça, "meio século depois nenhum dos marxistas entendeu Marx". Ou como ele reagiria à ainda mais surpreendente proposta de Lenin de explicar *obscurum per obscurius*, ou seja, o primeiro capítulo de *O capital* por meio de "toda a *Lógica* de Hegel". Talvez, ficamos tentados a acrescentar, o intrigante comentário de Adam Smith sobre o apoio entusiasmado do jovem primeiro-ministro a sua obra não fosse, *mutatis mutandis*, inteiramente descabido também nesse contexto. Nos capítulos que concluem a segunda parte, examinarei como a investigação precedente do problema do mal-entendido na história das idéias (capítulos 8 a 12) liga-se a algumas teses acerca do papel da filosofia política e econômica nos processos de formação das crenças e mudança social.

14. As idéias na política, I

A transmissão do pensamento abstrato: três níveis de comunicação

A troca de idéias com freqüência é uma atividade delicada. É verdade que os leitores às vezes são capazes de melhorar a compreensão de determinado texto. Lovejoy, para citar um exemplo extremo, chegou a ponto de afirmar que "na maioria dos casos, não compreendemos adequadamente um autor, não percebemos o que estava acontecendo em sua mente enquanto ele escrevia a menos que o compreendamos melhor do que ele compreendia a si mesmo".[1] Os autores, é claro, diante de asserções desse tipo com respeito às suas obras, podem ainda pensar de outro modo, embora vez por outra concordando em que um receptor o entendeu (ou seja, à sua obra) melhor que ele próprio.

A tendência predominante, porém, parece apontar na direção oposta. A transmissão das idéias, como já indicamos (capítulo 9), normalmente implica certa perda do conteúdo e significado das informações, e essa "perda ou atrito" no processo de comunicação raramente é sobrepujada pela contribuição positiva do leitor para melhor compreensão da mensagem em questão. Por outro lado, há o risco de interpretar em excesso: "Quem explica uma passagem de um autor 'mais profundamente' do que a passagem intencionava ser não explicou o autor, mas obscureceu-o".[2] A própria história das idéias, como sugeri, pode ser considerada uma imensa fonte de evidências sobre o alcance dos resultados impremeditados e indesejáveis na transmissão do pensamento; pois mesmo se, como é possivelmente o caso, nem todas as afirmações feitas por historiadores intelectuais resistirem a um exame minucioso e a investigações adicionais, o próprio fato de terem sido feitas indica possíveis focos de dificuldades. O que desencaminhou o historiador pode desencaminhar outros. E como salientou Swift muito tempo atrás, lembrando alertas semelhantes de Locke: "Nada é mais freqüente do que os comentadores forçarem interpretações que nunca foram intenção do autor".[3]

Há duas categorias básicas de fatores responsáveis por perda e erro na transmissão do pensamento. Primeiro, os relacionados à *emissão* das mensagens (capítulo 10). Embora eu tenha em mente o que digo, ainda assim talvez não consiga *dizer* o que tenho em mente. E se a sinceridade e as boas intenções não eliminam a possibilidade de mal-entendido, tampouco se pode esperar isso da clareza e da precisão: minha tentativa de afastar as limitações e ambigüidades da linguagem comum empregando modos de expressão altamente formalizados corre o risco de produzir o efeito oposto e acarretar alguma forma de mal-entendido caso transmita simultaneamente aos receptores uma falsa sensação de segurança.

Segundo, e provavelmente mais relevante da perspectiva dos mal-entendidos puros, há o problema da *recepção* (capítulos 11 e 12). O X da questão, neste caso, é o simples fato de que decodificar, por exemplo, ouvindo ou lendo não é uma absorção neutra do pensamento, mas uma atividade acentuadamente seletiva e, em geral, positivamente interferente. O receptor põe suas habilidades e interesses a serviço de textos previamente escolhidos. Filtra tudo que lhe está sendo apresentado (ou apenas uma parte) e, no processo, seleciona o que parece "adequar-se" aos seus interesses e pensamento correntes. Tipicamente, a leitura é feita com atenção para as coisas que podem merecer um estudo adicional e, talvez, um esforço de memorização. Como salientou Kuhn a respeito dos diferentes modos de ler e relatar de seus alunos de pós-graduação com formações diferentes, "o Galileu ou o Descartes retratado nos trabalhos dos filósofos era um cientista ou filósofo melhor, mas uma figura seiscentista menos plausível do que a relatada pelos historiadores".[4]

Assim, por exemplo, um gramático e um filólogo normalmente procurarão e indicarão problemas e qualidades diferentes quando se referirem ao mesmo texto, assim como filósofos e poetas dão interpretações surpreendentes às palavras e obras uns dos outros; como já se afirmou, "no mesmo material cada um encontra o que é apropriado à sua ocupação; em um mesmo campo a vaca procura capim, o cachorro procura lebres e a cegonha, lagartos". Ao começar a estudar as escrituras cristãs, o jovem Agostinho julgou-as um trabalho grosseiro e inferior, apenas "adequado para os simplórios". "Para mim", recordou nas *Confissões* sobre seus tempos de aprendiz de retórica, elas

> pareciam sem valor em comparação com a prosa majestosa de Cícero, porque eu era presunçoso demais para aceitar sua simplicidade e não tinha discernimento suficiente para penetrar suas profundidades. Decerto é verdade que à medida que a criança cresce, esses livros crescem com ela. Mas eu era orgulhoso demais para considerar-me uma criança. Estava inchado de amor-próprio, o que fazia julgar-me um grande homem.[5]

De modo semelhante, Keynes, lembrando a grande comoção que ele e alguns de seus amigos de Bloomsbury sentiram na juventude ao estudar *Principia Ethica* de G. E. Moore, reconheceu que "o que obtivemos de Moore não foi, de modo algum, inteiramente o que ele nos oferecia": "Havia um capítulo nos *Principia* ao qual não demos a mínima atenção. Aceitamos a religião de Moore, por assim dizer, e descartamos sua moral".[6]

A acolhida aos *Princípios* de Mill é outro exemplo interessante do processo de filtragem na transmissão das idéias. A obra continha uma proposição radical (Livro II, capítulos 1 e 2) de alterar a distribuição das dotações iniciais na Inglaterra por meio do cerceamento da instituição da herança e de mudanças nas leis de propriedade. Mas, como depois recordou A. Bain (amigo de Mill), as expectativas de Mill quanto ao impacto de sua obra no debate público foram grandemente frustradas:

> O que lembro mais vividamente de suas conversas às vésperas da publicação da obra era sua previsão de um enorme clamor em razão de suas doutrinas sobre a propriedade. Ele com freqüência falava de suas propostas sobre herança e legado, as quais, se postas em vigor, derrubariam todas as grandes fortunas em duas gerações. Mas para sua surpresa essa parte do livro não causou nenhuma sensação.[7]

Como esses exemplos evidenciam, e eles poderiam ser multiplicados *ad nauseam*, a própria leitura não é uma atividade passiva ou neutra. Ela decide o caráter da transação.

Claramente, as comunidades científicas possuem meios especiais de assegurar que as perdas na transmissão das idéias sejam mantidas em níveis mínimos e sob controle. O caráter progressivo da ciência como atividade intelectual depende em parte do fato de que os cientistas empenhados em determinado programa de pesquisas conseguem comunicar-se entre si extremamente bem e com grande rapidez. Têm maneiras de impedir e monitorar a ocorrência de mal-entendidos no processo da comunicação e, portanto, normalmente não sentem a necessidade de gastar ou desperdiçar boa parte de seu tempo interpretando os pensamentos e intenções uns dos outros. Uma comunidade científica pode ser vista, entre outras coisas, como uma comunidade onde há acordo fácil e rápido sobre como decodificar e pôr em prática os resultados das pesquisas.

Também pode ser interessante observar que o termo "paradigma", como é usado hoje para representar os mecanismos da "ciência normal", foi originalmente extraído, como indicado por Kuhn, do campo da lingüística, onde denota os exemplos típicos de uso das palavras, conjugação dos verbos e construção das sentenças que são usados para facilitar o ensino da linguagem.[8] Uma das funções vitais de um "paradigma científico", pode-se afirmar, é precisamente regular e facilitar a *transmissão* das idéias, estabelecendo normas que assegurem a boa fluência das informações entre os praticantes de uma disciplina. Já que a comunicação não é mais, ou simplesmente não se julga mais que seja, uma tarefa problemática e arriscada, os membros de uma comunidade regulada por paradigmas estão em condições de se concentrar, e também de cooperar mais eficazmente, em determinado programa de estudo.

No entanto, como indicam alguns exemplos acima expostos, nem mesmo as comunidades científicas estão completamente isentas da ocorrência de graves equívocos. As ciências sociais, como a economia e as ciências políticas, não contam com um paradigma comum (ou conjunto de normas disciplinares estabelecidas) capaz de impedir e controlar a multiplicação de mal-entendidos e disputas equivocadas entre os membros de suas comunidades, e há ocasiões em que até mesmo as disciplinas científicas mais maduras, como a biologia e a ciência médica, enfrentam sérios problemas de falha nas comunicações que conduzem a uma proliferação anormal de alegações de mal-entendidos em suas fileiras. Como os exemplos de Darwin e outros revelam, existem "idéias estranhas" na história da ciência que se mostram não tão difíceis de ser aceitas quanto de ser compreendidas. Como ressaltou adequadamente Schumpeter, a economia não tem o monopólio desse tipo de ocorrência, mesmo que no caso dessa ciência, como ele reconheceu, o problema certamente adquira especial virulência:

> A primeira coisa a ser observada com respeito a todas as controvérsias entre grupos científicos é o grande número de mal-entendidos mútuos que ocorrem. Esse elemento não se faz ausente nem mesmo nas ciências mais avançadas, nas quais se poderia esperar que o aprendizado homogêneo, hábitos de expressar-se com exatidão e um alto nível de competência geral o excluíssem. Mas nos casos como o da economia, em que as condições em todos esses aspectos são imensamente menos favoráveis do que na matemática e na física, com freqüência se possui apenas uma noção inadequada do que realmente preocupa a outra pessoa. Assim, grande parte da luta é direcionada contra posições que são verdadeiramente fortalezas hostis na imaginação do guerreiro mas que, bem examinadas, revelam ser apenas moinhos de vento.[9]

A verdade é que, à medida que nos afastamos do mundo relativamente isolado e regido por paradigmas da "ciência normal", a situação tende claramente a se agravar. As ciências naturais parecem de fato possuir, nesse aspecto, uma grande vantagem: as "revoluções científicas", mesmo supondo que sejam reais,[10] são na melhor das hipóteses episódios raros, preparando o cenário para o próximo período de "normalidade". Mas já é duvidoso se disciplinas que tratam da organização social e do comportamento humano poderiam ser rigorosamente qualificadas como ciências segundo o critério delimitativo kuhniano ou algum outro atualmente aceito. A maioria dos filósofos da ciência, ao que aprece, resistiria a essa iniciativa. Mas, seja como for, parece acertado afirmar que *a*) as ciências sociais se caracterizam por acentuado declínio na capacidade de seus profissionais para comunicar-se e, portanto, cooperar satisfatoriamente e *b*) que a transmissão de mensagens *entre* grupos científicos distintos (em contraste com as suas trocas internas) e *c*) *entre* intelectuais e o público em geral é, sob qualquer aspecto, uma atividade muito mais espinhosa, incerta e arriscada.

Os historiadores da ciência, por exemplo, dirigindo-se a um público acadêmico muito menos restrito e definido, já estão mais familiarizados com o problema de serem repetidamente mal interpretados. A avaliação de Kuhn sobre a acolhida a seu livro de enorme sucesso, *A estrutura das revoluções científicas*, é, em certo sentido, típica da maioria dos outros "grandes títulos" da área:

> Acompanhando conversas, particularmente entre os entusiastas do livro, por vezes me foi difícil crer que todos os grupos participantes da discussão haviam tratado do mesmo volume. Parte do motivo do sucesso da obra, tenho lamentavelmente de concluir, é o fato de ela poder ser quase todas as coisas para todas as pessoas.[11]

Dessa forma, como vários outros exercícios desse tipo, essa obra acabou pagando altíssimo preço por seu êxito notável não ter significado definido e, não obstante, ser "quase todas as coisas para todas as pessoas". Como observou certa feita Hume a Adam Smith, comentando o grande e inesperado sucesso da publicação de *Teoria dos sentimentos morais*:

> Nada de fato pode ser mais indicativo de falsidade do que a aprovação da multidão; e Fócio, como você sabe, sempre desconfiava ter cometido algum equívoco quando era acolhido com aplausos pelo povo.[12]

Na história da economia, bem como nas ciências sociais em geral, um *clássico* é, quase por definição, uma obra que se mostrou capaz de prestar-se a grande variedade de leituras diferentes e, portanto, de ser reinterpretada pelos leitores e comentaristas em contextos que lhe conferem novo significado e urgência. Um ingrediente essencial da receita para a produção de um clássico, nesse sentido, foi brilhantemente indicado por santo Agostinho:

> De minha parte, declaro resolutamente e de todo coração que se me fosse pedido que escrevesse um livro para ser investido da mais alta autoridade, eu preferiria escrevê-lo de modo a que um leitor pudesse encontrar, ressoando em minhas palavras, quaisquer verdades que ele fosse capaz de apreender. Preferiria escrever desse modo a impor um único significado verdadeiro tão explicitamente que excluísse todos os demais, ainda que eles não contivessem falsidade alguma que me pudesse desagradar.[13]

Considerando a desnorteadora multiplicidade de interpretações enxertadas em todos os grandes clássicos na história da economia, podemos concluir que o que faz de uma obra econômica um *clássico* é precisamente o fato de ela, de algum modo, atrair e dar margem a essa espantosa proliferação de interpretações. Se isto for verdade, pode-se então afirmar que uma característica essencial das obras de êxito extraordinário na história do pensamento econômico, ou seja, uma condição necessária, embora, é claro, não suficiente para tornar-se um clássico da área, tem sido o que podemos denominar sua "plasticidade agostiniana".

O objetivo das análises precedentes sobre os diferentes tipos e padrões de mal-entendidos presentes na história das idéias não é, como deve estar claro, procurar encontrar falhas nesta ou naquela interpretação de determinado texto, ou fazer justiça (finalmente) a este ou àquele autor muito subestimado, mal interpretado ou injustamente criticado. A finalidade da discussão é, antes, chamar a atenção para um fator que pode contribuir para a tentativa de dar continuidade à argumentação da primeira parte e examinar os alicerces de uma afirmação bastante difundida na filosofia política e econômica moderna. Em especial, a análise empreendida pode nos ajudar a trazer à luz e expressar com mais clareza uma das razoes básicas por que as idéias dos economistas e filósofos políticos podem, afinal de contas, não ser tão poderosas quanto repetidamente o têm afirmado tradições concorrentes do pensamento moderno.

Pode ser útil distinguir aqui três níveis básicos em que ocorrem as comunicações intelectuais. O problema em questão, cabe observar, não tem tanta ligação com *1*) a transmissão de idéias *no interior* de uma comunidade definida pelo acesso a uma linguagem técnica especializada ou regulada por paradigmas, nem *2*) tentativas de transpor e cruzar as fronteiras acadêmicas existentes ou abrir túneis de comunicação entre elas. Em vez disso, ele diz respeito *3*) às tentativas ainda mais audaciosas de moldar o comportamento socioeconômico e as instituições da vida prática conforme os resultados do pensamento abstrato e da especulação filosófica. A argumentação a seguir irá concentrar-se na transmissão de idéias que ocorrem em *3*.

Esse tipo de pretensão ao poder, como sugerirei, em geral pressupõe que os costumes, políticas públicas e padrões de ação social existentes são na realidade efeitos produzidos pelo pensamento filosófico sistemático preexistente. Porém, mesmo não sendo feita essa suposição e nenhuma filosofia rival sendo considerada culpada pelos males e desastres que acometem os assuntos humanos, ainda assim a tentativa de "fazer a filosofia descer dos céus" e mudar a sociedade por meio de alguma forma de persuasão e *coup* polêmico pressupõe a existência de um fluxo de idéias mais ou menos direto e razoavelmente não problemático entre transmissores e receptores.

Desse modo, está-se fazendo uma proposição de amplo alcance e raramente explicitada, indicando que existe um intercâmbio fluente e transparente entre as mentes pensantes e as mentes práticas, ou seja, entre, de um lado, "os poucos que se dão o trabalho de pensar por si mesmos" e, de outro, os poucos que exercem a liderança e detêm as rédeas da tomada de decisão em nossos negócios públicos e econômicos (os "homens de ação"). O último capítulo da segunda parte consiste em uma discussão sobre a afirmação de que "as idéias governam o mundo dos assuntos humanos e seus eventos" e sobre o campo para mal-entendidos espontâneos neste terceiro e mais problemático nível das comunicações intelectuais.

15. As idéias na política, II

Asserções abrangentes, o rei-filósofo e mal-entendidos puros

Keynes, no muito citado parágrafo que conclui sua *Teoria geral*, apresentou sua incisiva formulação da concepção de que "as idéias dos economistas e filósofos políticos, quando certas assim como quando erradas, são mais poderosas do que em geral se percebe". "De fato", salientou, "o mundo é governado por pouco mais do que isso":

> Homens práticos, que se julgam absolutamente isentos de influências intelectuais, em geral são escravos de algum economista defunto. Os malucos no poder, que ouvem vozes no ar, destilam seus desvarios de algum escriba acadêmico de alguns anos atrás. Tenho certeza de que se tem atribuído um valor exagerado ao poder dos grupos de interesse em comparação com o da gradual ingerência das idéias.

Esse processo, concluiu Keynes, encerra uma defasagem no tempo,

> pois no campo da filosofia econômica e política poucos se deixam influenciar por novas teorias após a idade de 25 ou trinta anos, de modo que as idéias que administradores públicos, políticos e mesmo agitadores aplicam aos acontecimentos atuais dificilmente serão as mais recentes. Porém, cedo ou tarde, são as idéias e não os grupos de interesse que representam perigo, para o bem ou para o mal.[1]

Como vimos na primeira parte (capítulo 1), esse quadro eloqüente e cuidadosamente elaborado no qual "idéias formuladas conscientemente agem como uma força propulsora que provoca transições de uma ordem social para a outra" pertence a uma ilustre e numerosa família na história das idéias. Ele acompanha uma longa linhagem de afirmações aproximadamente semelhantes (e às vezes muito parecidas) feitas por utilitaristas, filósofos marxistas e neoliberais, todos contribuindo para enfatizar o avassalador e incontestável poder das idéias na vida prática.

Na história da economia, afirmações dessa natureza remontam menos aos *Princípios* de Malthus (1820). "A ciência da economia política", salientou ele na introdução de seu livro e justificando seu modo de tratar o assunto, "é essencialmente prática e aplicável à atividade comum da vida humana [...] existem poucos ramos do conhecimento humano em que idéias falsas provocam mais danos ou idéias justas trazem mais benefícios".[2] Quase meio século mais tarde, cabe observar, Marshall empregaria esse argumento em seu esforço para obter maior apoio à campanha para separar a economia das chamadas ciências morais no currículo de graduação da Universidade de Cambridge. A importância prática da ciência econômica era para Marshall — assim como para Malthus e Mill antes dele — a *raison d'être* dessa disciplina, e ele acreditava também que isso deveria ser o passaporte da economia para a autonomia e o prestígio acadêmico. Pois os economistas, escreveu Marshall comparando a geração anterior com a sua, passaram a "exercer influência mais abrangente e poderosa sobre as idéias: e as idéias cada vez mais moldam os rumos do mundo".[3]

Mas a afirmação de Keynes na conclusão de sua *Teoria geral*, apesar de seu caráter veemente e arrebatado, não foi tão radical quanto poderia ter sido. Três aspectos merecem ser ressaltados aqui:

1) Ao contrário de Marshall, Keynes nunca defendeu intensamente a opinião de que a economia era uma "ciência moral" no sentido forte, ou seja, que ela podia ou devia assumir influência nas empresas e sindicatos de modo a ensinar-lhes ética e padrões profissionais; ele zombava das "digressões com sermão" de Marshall e não compartilhava da confiança iluminista no poder das "ciências morais" para "civilizar os negócios" e transformar o comportamento individual na vida comum.

Por outro lado, seria obviamente errado concluir disso que a visão de Keynes era a oposta, ou seja, que para ele a economia e o pensamento moral não têm um verdadeiro impacto sobre o rumo dos acontecimentos e que a relação do economista com seu objeto de estudo é muito parecida com a dos astrônomos e gramáticos com os deles, isto é, capazes de explicar (parcialmente) mas essencialmente incapazes de fazer acontecer a mudança desejada. Como Keynes deixou claro, ele acreditava que a economia é uma "ciência moral". Pois mesmo se ela não transmite ou não consegue transmitir virtude aos agentes, como sustentava a escola milliana-marshalliana, ainda assim lida com agentes que de fato fazem julgamentos de valor e agem com base neles, e com freqüência não os observam na prática, impelidos por hábitos e outros fatores psicológicos. Ademais, ela trata de um conjunto de problemas como pobreza, desemprego e inflação, cuja solução depende da solução dos problemas intelectuais que eles apresentam aos teóricos da economia.[4]

2) Ao mesmo tempo, Keynes não se aventurou a ponto de declarar, como já se afirmou, que mesmo "o bom senso e a linguagem comum na qual ele se expressa são um repositório de filosofias passadas". Embora ressaltando o impacto do pensamento abstrato sobre os assuntos humanos, Keynes não parece ter sido de opinião de que isso poderia realizar-se por meio da conversão de um grande número de agentes.

Seu elenco de atores escolhidos a dedo — administradores públicos, políticos, jornalistas, dirigentes empresariais e sindicais, agitadores e excêntricos (os dois últimos substituindo os "ministros da religião" e "líderes da caridade pública e privada" no elenco marshalliano de potenciais usuários da "nova ciência da economia") — não incluiu o cidadão indiferenciado, ou seja, o anônimo e (presumivelmente) dotado de bom senso "homem comum". Em vez disso, ele se refere aos pretensos líderes de opinião, aqueles ocupados em conseguir autoridade sobre as crenças e opiniões de seus concidadãos e competir pelo poder sobre a "maioria não pensante". O contraste relevante aqui, cabe observar, é com a concepção apregoada por socialistas de várias denominações antes e depois de Marx (*pace* Lenin), segundo a qual as teorias sociais podem e de fato devem tornar-se "forças materiais" por meio da práxis das *massas*.

Exposição clara e franca dessa última concepção pode ser encontrada no prefácio de Engels, escrito em 1886, à primeira tradução inglesa de *O capital* de Marx. Como já mencionamos (capítulo 1), em moção aprovada pela Primeira Internacional, a recém-publicada obra de Marx fora designada como "a bíblia da classe operária". Engels, estendendo a analogia, escreveu:

> O capital é com freqüência denominado, no continente, "a bíblia da classe operária". Que as conclusões extraídas dessa obra tornam-se cada vez mais os princípios fundamentais do grande movimento da classe trabalhadora, não só na Alemanha e na Suíça mas também na França, na Holanda e na Bélgica, na América e até mesmo na Itália e na Espanha, que por toda parte a classe trabalhadora reconhece cada vez mais, nessas conclusões, a mais adequada expressão de sua condição e de suas aspirações, ninguém que conheça o movimento há de negar. E na Inglaterra também, as teorias de Marx, mesmo neste momento, exercem poderosa influência sobre o movimento social que se difunde nas fileiras das pessoas "cultas" tanto quanto nas da classe trabalhadora.

E, mais adiante, chamando a atenção, no mesmo prefácio, para os (sempre) iminentes crise e declínio relativo da indústria britânica, Engels afirmou:

> Enquanto isso, cada novo inverno volta a suscitar a grande questão: "que fazer com os desempregados"; mas enquanto o número de desempregados continua a aumentar de ano para ano, não existe ninguém para responder a essa pergunta; e quase podemos calcular o momento em que os desempregados, perdendo a paciência, tomarão seu destino nas próprias mãos. Decerto nesse momento se fará ouvir a voz de um homem cuja teoria é toda ela o resultado de uma vida inteira de estudo da história e das condições econômicas da Inglaterra.[5]

Como evidenciam essas passagens, Marx e os que combatiam sob sua bandeira estavam tentando articular e dar expressão ao que acreditavam ser "as mudas e imensas necessidades da classe laboriosa que não sabe se expressar" (Carlyle). E embora haja alguns indícios de que, como se afirmou, "em seus últimos anos, Marx enfureceu-se com supostos seguidores que compreendiam mal suas intenções ou que misturavam suas idéias marxistas com as extraídas de Lassale, Duhring e outros",[6] não há evidências de que ele ou Engels chegaram a duvidar seriamente de que "os desempregados" haveriam um dia de perder a paciência e não só ouvir a voz, mas também compreender as idéias do filósofo prussiano exilado que estava seguro de saber perfeitamente onde residiam os verdadeiros interesses dos trabalhadores sem emprego.

Keynes, porém, não depositava suas esperanças na "classe laboriosa que não sabe se expressar". Sua obra dirigiu-se principalmente a seus "colegas economistas", embora ele também expressasse a esperança de que "ela venha a ser inteligível para outros". Mas o verdadeiro alvo de sua mensagem, como já vimos, eram os líderes da opinião pública nas várias instituições da vida prática. É por intermédio desse "baixo clero" dos formadores de opinião pública, segundo seu argumento, que a sabedoria dos poucos, ou seja, que as idéias dos filósofos políticos e econômicos têm sido (e se tornariam) eficazes como catalisadores e dínamos nos assuntos humanos. Assim, no quadro idealizado por Keynes, os "senhores do rebanho", em vez de "ovelhas não pensantes", são os que foram (e os que são) convocados para concretizar o antigo desejo de "trazer a filosofia dos céus e colocá-la nas cidades dos homens".[7]

3) Também devemos mencionar que a ênfase de Keynes, na *Teoria geral*, está longe de ser inteiramente negativa. É verdade que não se encontra mais a crença arraigada de Marshall na perfectibilidade humana vista como evolução lenta, mas constante e cumulativa, do próprio homem como ser moral. Se Marshall ainda pudera considerar a Alemanha "um império no ar, ou seja, um império na filosofia, na literatura e na música", o quadro retratado por Keynes alude já a uma ameaça verdadeira, representada por "malucos no poder" e por um império em formação que de "aéreo" nada tinha.

Esse contexto muito mais sombrio é bem captado pelos comentários feitos por um estudioso de grego clássico em Oxford, R. W. Livingstone, em livro que compara os sistemas de ensino secundário na Grã-Bretanha e na Alemanha e que fora publicado quando a Primeira Guerra Mundial já estava bem avançada. Escrevendo sobre o tema de "uma grande nação no continente, embriagada e ensandecida por falsas idéias", Livingstone assim descreveu as dificuldades de nossa época:

> Um grande perigo do mundo moderno é nossa suscetibilidade às idéias gerais que pairam à nossa volta, densas como bacilos no ar, que passam tantas vezes por nossos lábios e são tão influentes em nossa vida que as usamos com tanta presteza sem ter analisado o que realmente queremos dizer com elas.[8]

(Como expressaria G. Ryle quase três décadas depois, no decorrer de uma resenha extremamente favorável e aprovadora da "vigorosa e importante" obra de Popper, *Open society and its enemies*:

As doutrinas nazista, fascista e comunista são descendentes do evangelho de Hegel [...] [mas] se os filósofos estão finalmente imunizados, os historiadores, sociólogos, propagandistas políticos e eleitores ainda são vítimas inconscientes do vírus.)

Contudo, no quadro apresentado por Keynes na *Teoria geral*, a ênfase incide claramente sobre o potencial de *benefício* prático contido nas aparentemente abstratas e distantes idéias dos economistas e filósofos políticos. Assim como Malthus, Mill e Marshall antes dele, Keynes empenhou-se em observar, como economista, o princípio baconiano de que o aprendizado deve estar ligado à utilidade e à ação, percebendo que "os bons pensamentos, embora Deus os aceite, são para os homens pouco melhores que bons sonhos se não forem postos em prática". Falsas ou verdadeiras, são as idéias que "representam um perigo, para o bem ou para o mal". E, como afirmou Whitehead em *Adventures of ideas* (publicado apenas três anos antes da obra de Keynes), "uma idéia geral é sempre um perigo para a ordem existente", pois ela apresenta e incorpora um programa de reformas, e dali por diante, segundo esse autor, "a qualquer momento o latente descontentamento da humanidade pode apoderar-se de algum desses programas e iniciar um período de rápidas mudanças guiadas pela luz de suas doutrinas".[9]

Essa tese, podemos mencionar, teve papel essencial na filosofia de Whitehead. Em *Science and modern world* ele afirmou que, na tarefa de rever criticamente os "modos de abstração" que regulam nosso pensamento, "a filosofia vê seu nicho como essencial para o progresso saudável da sociedade". A filosofia, declarou, "é a crítica das abstrações [...] uma civilização que não consegue se desvencilhar de suas abstrações dominantes está fadada à esterilidade depois de um período de progresso muito limitado". Além disso — e como tantos outros críticos da sociedade moderna antes e depois dele — Whitehead apontou "as abstrações da economia política" como uma causa fundamental dos males e da insatisfação modernos:

É bem possível que a ciência da economia política, como estudada em seu primeiro período após a morte de Adam Smith, tenha causado mais mal do que bem [...] ela cravou nos homens certo conjunto de abstrações que foram desastrosas em sua influência sobre a mentalidade moderna. Ela desumanizou a indústria. Este é apenas um exemplo de um perigo geral inerente à ciência moderna.[10]

Assim, a economia smithiana (por meio de sua suposta abstração do "homem econômico") teria sido um determinante fundamental do "credo da moralidade competitiva nos negócios" na sociedade moderna. Ao "cravar nos homens" a "ética prática" que fez da vitória na "imoderada luta pelo sucesso financeiro" a "medida dos cérebros" vigente, ela teria "envenenado" não só o trabalho mas também o lazer.

Keynes, obviamente, não concordava com esse diagnóstico específico. Pois seguramente não culparia a economia moderna — como já haviam feito os românticos antes de Whitehead — por causar o que se propusera explicar. Ademais, Keynes achava que a vida voltada ao objetivo de ganhar dinheiro, embora moralmente apenas tolerável, ainda era uma válvula de escape relativamente inofensiva para as tendências agressivas do homem.[11] Na verdade, a importante concordância básica entre Keynes e Whitehead é a firme convicção de ambos de que, nas palavras deste último, "alguma idéia geral [...], inconcebível às pessoas de hoje, pode mudar nosso modo de vida neste planeta ainda mais do que a influência do rádio sobre a intercomunicação". Como Keynes já afirmara claramente em artigo escrito em 1934 ("Poverty in plenty"), essa era sua "crença muito confiante". Em suas palavras: "Encontramo-nos em uma dessas conjunturas incomuns da vida humana em que podemos ser salvos pela solução de um problema intelectual, e de nenhum outro modo". Em carta escrita no ano seguinte a Bernard Shaw, Keynes foi franco e expressou seu maior desejo:

> Para compreender meu estado de espírito, porém, você precisa saber que julgo estar escrevendo um livro sobre teoria econômica que em grande medida irá revolucionar — não de imediato, suponho, mas no decorrer dos próximos dez anos — a maneira como o mundo pensa sobre os problemas econômicos. Quando minha nova teoria houver sido devidamente assimilada e combinada com política, sentimentos e paixões, não sei predizer qual será o resultado final de seus efeitos sobre a ação e os negócios.[12]

Portanto, a fórmula é clara. A filosofia política e econômica afeta o modo como os tomadores de decisão pensam sobre os problemas da época e, por esse canal, influencia poderosamente a verdadeira condução dos assuntos humanos. Existe uma doutrina que pode mudar o mundo. Mas para conseguir isso ela precisa, primeiro, persuadir os que detêm e os que pretendem ter o poder na vida pública, e ser por eles "devidamente assimilada".

Mas, podemos perguntar, será essa uma descrição convincente do que acontece? Será racional ou realista esperar, à luz das evidências fornecidas pela história das idéias, que tais teorias e doutrinas efetivamente venham a ser "devidamente assimiladas" quando se misturarem a "política, sentimentos e paixões"? Meu argumento aqui é que a concepção de que "as idéias cada vez mais moldam os rumos do mundo" não atribui o devido peso ao problema do mal-entendido na comunicação humana e portanto precisa ser vista com muitas ressalvas. Essa afirmação familiar, como veremos, impõe demandas exageradas e indefensáveis no que respeita à transparência e transmissibilidade de sistemas de pensamento político e econômico complexos e altamente abstratos.

Essa tese moderna de que as idéias de economistas e filósofos políticos são mais poderosas do que poderíamos imaginar e de que "o mundo é regido por pouco mais do que isso" tem grande afinidade com um princípio central da filosofia política de Platão. De fato, ela vai ainda mais longe que a doutrina da Academia.

Platão, falando por Sócrates nos Livros V e VI da *República* e por si mesmo na ainda não conclusivamente legitimada "Sétima carta", propôs a famosa doutrina de que os filósofos poderiam e deveriam ser responsáveis pelo governo da cidade-estado. Usando o ex-mestre como seu porta-voz vivo, argumentou:

> A menos que os filósofos exerçam o controle régio nas cidades, ou que os que ora se denominam reis e príncipes se tornem verdadeiros e competentes filósofos, e o poder político e a filosofia se reúnam, e a menos que as numerosas naturezas que presentemente se dedicam ou à política ou à filosofia, uma excluindo a outra, sejam por força impedidas de assim se comportar, não haverá trégua no infortúnio das cidades, nem, a meu ver, da humanidade (*República*,473).

A missão do rei-filósofo, segundo essa concepção, seria reunir e harmonizar o poder político e um sólido conhecimento sobre a "melhor vida", ou seja, sobre os valores que deveriam governar os objetivos humanos concorrentes nos assuntos públicos e privados.

Para obter tal conhecimento — e antes de tomar assento no trono do poder — os futuros governantes teriam de receber uma educação elementar rigorosíssima, seguida por dois ou três anos de preparo físico; finalmente, dos vinte aos 35 anos, seriam submetidos a um processo intensivo de educação superior concentrado no estudo de matemática pura e filosofia moral. Além disso, a proposta não estava totalmente isenta de implicações imediatas. A própria Academia de Platão, como foi ressaltado, pode ser vista como uma tentativa adicional do filósofo (depois de sua fracassada iniciativa siciliana) de exercer alguma influência sobre a vida política grega, atraindo "jovens cuja posição e perspectivas eram mais afortundadas que as da juventude do próprio Platão", de modo a dar-lhes "uma instrução que os prepararia para a arte de governar como Platão a concebia". Ao olhar de Platão, "esse afastamento entre os homens de pensamento e os homens de ação era uma calamidade desastrosa [...] a origem dos males sociais de seu tempo".[13]

Portanto, assim como muitos de seus equivalentes modernos, Platão alegava possuir conhecimentos que salvariam a humanidade, mesmo que apenas pondo fim aos grandes desastres e conflagrações catastróficas provocados pelo homem. Sua argumentação sustenta a junção de poder e sabedoria; a união dos dois toma corpo na figura de um rei-filósofo, capaz de e disposto a "moldar o caráter da vida pública e privada segundo sua visão do ideal" (*República*,500). Mas existe uma distinção importante a ser feita. Pois, embora seja verdade que o argumento platônico em grande medida segue as linhas gerais de seus equivalentes modernos, ele também difere destes em um aspecto crucial.

A filosofia política de Platão, como indica a passagem citada, tem essencialmente a forma de uma prescrição médica, um sermão ou um pedido de casamento. É uma opinião sobre o mundo como ele *deveria* ser se quisermos fazer dele um lugar bom, melhor ou menos perigoso. Há muito pouco aqui de análise positiva e afirmações empíricas sobre o que é dado, ou seja, o mundo como ele é.

No quadro moderno, em contraste, o casamento entre filosofia e poder tem sido encarado persistentemente não tanto como um ideal ou uma receita para a salvação. Ele tem sido visto como um *fait accompli*. O remédio foi devidamente engolido, e o sermão não apenas foi ouvido e assimilado, mas até mesmo posto em prática. Embora os filósofos não tenham se tornado reis, suas idéias contaminaram (ou inocularam) o "espírito da época", apoderaram-se da mente dos governantes, ministros e eleitores, e produziram resultados significativos.

Enquanto Platão afirmara que os filósofos deveriam tornar-se governantes, outros passaram a afirmar que eles (inclusive o próprio Platão) já estão no governo. Foi essa convicção que levou Gilbert Ryle, um filósofo em outros aspectos mais cauteloso, a asseverar (acompanhando Popper e a escola neoliberal austríaca) que "o sonho apriorista de um método que seja à prova de erros é uma ilusão desde o princípio. Mas também é um pesadelo no resultado. Berchtesgaden e o Kremlin concretizam a promessa da *República* e das *Leis*".[14]

Assim, essa nova visão moderna revela-se ainda mais audaciosa que a platônica. Platão ofereceu o rei-filósofo como remédio contra os males causados pelo homem neste mundo. Não apontou a filosofia como a causa de nossos problemas, nem culpou seus rivais (ou seja, Isócrates ou os sofistas) pelo que estava errado. Como observou W. Guthrie:

> Na opinião de Platão, não eram eles [os sofistas] que deveriam levar a culpa por contaminar a juventude com idéias perniciosas, pois eles nada estavam fazendo além de refletir as ânsias e paixões da democracia existente.[15]

Em *Fedro*, é verdade, ele fala da dívida de Péricles para com Anaxágoras por sua excelência na oratória (270a), e pode até mesmo ser verdade, embora as evidências neste caso sejam tão frágeis, que Platão, por inveja, "teria desejado queimar todos os textos de Demócrito em que pudesse pôr as mãos". Mas o que ele nunca fez foi explicar os males existentes como um resultado de "erros filosóficos" ou doutrinação.

Na "Sétima carta", por exemplo, ele conta que, quando jovem, fora-lhe difícil participar ativamente da vida pública e ainda assim conservar seu senso de integridade: "A corrupção da lei escrita e dos costumes estabelecidos progredia em ritmo espantoso, de modo que eu, que comecei cheio de entusiasmo pela carreira política, terminei estupefato ante o espetáculo da confusão universal".[16] O diagnóstico, aqui, é claramente o de anomia e apostasia. Ele fala em confusão e em grave ausência de preocupação com os princípios, mas não de um regime filosófico ruim ou da adoção de dogmas e princípios errôneos. Essa perspectiva parece coerente com a expressada na *República*. A vida no mundo da caverna, segundo Platão, não era um embate monumental de teorias filosóficas. O filósofo que retorna vê a vida na caverna "como ela é na maioria dos estados existentes", isto é, uma bizarra perseguição de sombras que caçam sombras — um sonho, como expressa primorosamente, "no qual os homens vivem lutando uns com os outros por causa de sombras e brigando pelo poder como se este fosse um grande prêmio" (*República*,520).

Mas no quadro moderno, ao contrário, a filosofia tem sido persistentemente representada, antes de mais nada, como a causa de nossos problemas. E obviamente cada um desses diagnósticos é acompanhado de sua própria — e igualmente filosófica — terapia corretiva. Assim, os filósofos historicistas de Popper divulgaram uma série de crenças nas "leis inexoráveis do destino histórico" que fizeram "inúmeras vítimas" no passado recente, enquanto Lukács, por sua vez, acusa os "destruidores da razão" e os considera em grande medida responsáveis e culpados pelo trágico mergulho da Alemanha no "irracionalismo" no período entreguerras — "uma postura filofósica não pode ser inocente", afirma ele.[17]

De modo semelhante, os construtivistas cartesianos de Hayek são vistos como minando insidiosamente os próprios alicerces de uma "sociedade livre e aberta", enquanto Whitehead e muitos outros não hesitaram em fazer de "nosso velho amigo Adam Smith" e seus seguidores os responsáveis, em última análise, pela *rat race* que domina a sociedade comercial moderna e até pela decadência ambiental que ela acarretou. O denominador comum em todos esses quadros (e muitos outros foram citados) é a pressuposição de que a filosofia casou-se com o poder, mesmo quando a união se revelou, em grande medida, desastrosa. As idéias dos filósofos políticos e econômicos, alega-se, "dominaram o mundo", ou seja, "o mundo lá fora, talvez não o das ruas, mas o da história — um mundo no qual simples idéias unificadoras e ideais religiosos, políticos e científicos provocaram tremendas, profundas transformações sociais".[18]

No restante deste capítulo e na conclusão da segunda parte o objetivo principal será procurar esclarecer e sugerir drásticas restrições a afirmações dessa natureza, salientando os pressupostos de comunicação que as fundamentam — o problema do mal-entendido puro.

Pode ser aconselhável começar lembrando o princípio lockiano citado na introdução da segunda parte: "Embora tudo que está dito no texto seja infalivelmente verdade, o leitor ainda assim pode ser, ou melhor, não tem outra escolha além de ser falível na compreensão dele".[19] A referência de Locke ao problema da falibilidade humana no ato de decodificar e entender idéias e conclusões obtidas por outras mentes nos conduz a um antigo problema da história da filosofia.

Sócrates (ver epígrafe da segunda parte) nunca registrou por escrito o vívido processo de busca de um diálogo. Fazê-lo, ele aparentemente pensava, implicaria (na melhor das hipóteses) correr riscos no futuro, e (na pior) dar oportunidade a mal-entendidos. Platão, seu mais ilustre discípulo, abandonou essa abordagem "não intervencionista" da comunicação e fez pleno uso de seus dons e habilidades literárias para transmitir suas doutrinas. Porém, ainda assim ele evitaria introduzir abertamente a si mesmo ou suas opiniões em seus diálogos, muitos dos quais, de qualquer modo, encontram-se na forma de conversas relatadas (X contando a Y o que disseram W e Z).

Contudo, como Popper, Ryle e outros oponentes filosóficos de Platão e do platonismo não hesitaram em afirmar, em suas tentativas de explicar a ascensão do totalitarismo, que: "as próprias coisas pelas quais Sócrates viveu e morreu são aquelas que Platão procura demolir com palavras postas na boca de Sócrates".

> Embora argumentando contra a justiça, ele [Platão] convenceu todos os homens justos de que a advogava. Nem a si mesmo admitiu plenamente que estava combatendo a liberdade de pensamento pela qual morrera Sócrates; e ao fazer de Sócrates seu paladino, persuadiu todos os demais de que estava lutando por ela [...] E conseguiu o efeito um tanto surpreendente de convencer até mesmo grandes humanitaristas da imoralidade e egoísmo daquilo em que acreditavam.[20]

Essas, parece claro, são suposições duvidosas. É difícil conceber em que elas puderam ter sido baseadas. Pois, para começar, quase tudo que podemos saber com respeito à filosofia política de Sócrates provém do que o próprio Platão decidiu registrar por escrito em seus diálogos. Ademais, como alguém poderia saber que "nem a si mesmo" Platão "admitiu plenamente" o que estava fazendo? Não existem absolutamente evidências — ou uma "linha direta" para as mentes de Platão e Sócrates — para corroborar essas afirmações; de fato, a própria certeza presunçosa com que são feitas trai sua precariedade fundamental.

Porém, mesmo se as asserções de Popper e Ryle fossem verdadeiras e Platão de fato entendesse de forma equivocada, ou por cinismo deturpasse, em suas últimas obras, os ensinamentos de seu mestre, como alguém pode ter certeza a ponto de acusar as doutrinas de Platão de remotos danos políticos sem nem mesmo considerar a possibilidade de que o que Platão fez a Sócrates não foi também feito a Platão, por sua vez, pelos leitores? Neste caso, não deveria o próprio Sócrates ser chamado de volta ao banco dos réus e acusado das conseqüências do mau uso de seus ensinamentos, desta vez por Platão e pela Academia? A lógica do argumento que transforma "o feitiço de Platão" (via Hegel!) na "origem do mais moderno irracionalismo e totalitarismo" é essencialmente a mesma que nos levaria à conclusão de que, em exemplos ainda mais extremos, a Inquisição Espanhola "concretiza a promessa" (expressão de Ryle) de Jesus Cristo e que a crueldade com os animais é a "coroação" (Lukács) da doutrina agostiniana segundo a qual "o próprio Cristo mostra que abster-se de matar animais é o cúmulo da superstição".

É interessante notar que, em seu último encontro, em 1946, Hayek e Keynes conversaram sobre a questão do possível mau uso das idéias até mesmo por seus pretensos seguidores. Hayek relatou, com respeito a esse diálogo:

> Perguntei-lhe se não estava alarmado com o uso que alguns de seus discípulos estavam dando às suas teorias. A resposta foi que suas teorias haviam sido muito necessárias na década de 30, mas se elas viessem algum dia a tornar-se danosas, eu poderia ter certeza de que ele rapidamente provocaria uma mudança na opinião pública.[21]

Obviamente, o problema da resposta jocosa e despreocupada de Keynes é que pouco tempo depois ele estava morto e, portanto, absolutamente incapaz de exercer controle sobre os usos, abusos e interpretações de seu legado. O que falta no relato de Hayek, porém, é como *ele* responderia se uma pergunta semelhante lhe fosse feita. Considerando que é o destino — ou a maldição — de todos os grandes filósofos da economia serem perpetuamente reinterpretados, não importa o quanto pareçam simples suas doutrinas, seria racional fazê-los responsáveis, em qualquer sentido significativo, pelos usos a que seus seguidores pudessem vir a submeter suas teorias?

A história das idéias, como procurei mostrar na segunda parte, ensina uma lição indiscutível e importante: não existe uma única e exclusiva interpretação verdadeira para uma obra filosófica ou econômica. As razões disso são basicamente três:

1) O fator tempo que afeta a transmissão do pensamento abstrato entre as gerações. Como indicamos no capítulo 8, as leituras e interpretações de obras filosóficas e econômicas fatalmente variam ao longo do tempo, pois os contextos lingüísticos, intelectuais e práticos mudam, induzindo assim os leitores a atribuir significados novos — e com freqüência inesperados — a uma determinada mensagem. Platão, novamente, é um exemplo:

> Arme-se com um robusto par de viseiras e uma quantidade suficiente mas não excessiva de erudição e, fazendo a seleção conveniente de textos, você poderá provar que Platão foi quase tudo o que se quiser que ele tenha sido. Com o uso hábil desse método, revelou-se em períodos diversos que Platão foi um perfeito cético e um perfeito místico, discípulo de Hegel e discípulo de Aquino, um platônico de Cambridge e um estudioso da natureza de Balliol, um cristão precoce e um nazista muito precoce. Cada um desses Platões partidários possui seus títulos de propriedade, pode apresentar a você uma adequada antologia de textos para provar sua interpretação: pois todos esses *homunculi artificiais* foram construídos com fragmentos do próprio Platão.[22]

Evidentemente, a mesma história poderia ter sido contada com um elenco diferente de personagens e com os valores nominais da fórmula preenchidos com um lote distinto de protagonistas e escolas. O aspecto relevante a destacar aqui é que não há falta de nomes e rótulos qualificados na história das idéias para construir enredos essencialmente análogos. Essa é a razão por que a arte de preservar algum conhecimento sobre o que os textos e mestres do passado podem ter querido dizer, não para nós, naturalmente, mas para sua época, tornou-se um trabalho de especialista.

2) O fato de que os autores podem estar apenas parcialmente conscientes do que estão fazendo. Como foi discutido no capítulo 10, é impossível dizer apenas uma coisa. Em alguns casos, autores vieram a concordar que disseram coisas que não tencionavam ou nas quais eles nem sequer pensavam. Por outro lado, as tentativas de esquivar-se desse problema estabelecendo técnicas de comunicação altamente formalizadas e precisas com freqüência depararam com problemas novos e imprevistos, como por exemplo a irrelevância e a modalidade de mal-entendido da falsa segurança.

As ciências exatas, é bem verdade, conseguem contornar a maioria dos focos de dificuldade na transmissão das idéias estabelecendo um conjunto de regras para impedir mal-entendidos e para limitar a multiplicação de disputas de interpretação nas comunicações que ocorrem no interior da comunidade específica. Porém, como foi indicado no capítulo 14, não existem paradigmas que facilitem a transmissão de idéias entre comunidades acadêmicas; adicionalmente, o problema da comunicação só pode aumentar ao ocorrer o *salto mortale* e ser feita a tentativa de transformar o comportamento social ou persuadir os tomadores de decisão a reformar as instituições da vida prática.

3) Como foi visto nos capítulos 11 e 12 e ilustrado no capítulo 13, a fixação da crença na vida comum é fortemente afetada por disposições e motivações sub-racionais. Como observou Bacon, a compreensão humana não é uma "luz pura": nossos sentimentos, anseios e desejos "impregnam e corrompem nosso entendimento de maneiras inumeráveis e por vezes imperceptíveis". Esta é a razão por que, como salientaram Hume e Adam Smith, nossas crenças e opiniões "tendem a ser mais parciais quando é da maior importância que elas não o sejam" (TMS,157), e particularmente na presença de alguma forma de auto-avaliação.

Portanto, ambiciosos "jovens apressados", empenhando-se avidamente em empreender suas carreiras como políticos, administradores públicos, jornalistas, agitadores, dirigentes empresariais e sindicais, não irão, muito provavelmente, tratar (ou nem mesmo esforçar-se por tratar) as obras de filósofos políticos e econômicos como leitores platônicos, ou seja, capazes de se despojar de todos os outros desejos e emoções e ser impelidos tão-somente pela busca da verdade. A própria capacidade de auto-afirmação necessária para ascender na competitiva arena da política e do mercado fatalmente interferirá no processo da formação de crenças, restringindo a capacidade de transcender a si mesmo a fim de aprender algo com mentes diferentes. O processo político atua como poderoso filtro de idéias econômicas. Como ressaltou Marshall com perspicácia a respeito do modo como os governos tradicionalmente tendiam a usar e empregar mal as teorias econômicas:

> A tendência política na época, como sempre, tinha o grande poder de permitir que as pessoas enxergassem apenas as partes da verdade econômica que condiziam com a política por elas adotada e de permanecer honestamente cegas para as que não eram condizentes.[23]

Os Ídolos da Tribo de Bacon afetam a faculdade de entendimento humano em todas as épocas e não apenas, como ele ressaltou, "o intercâmbio da mente com as coisas", mas também (como procurei mostrar) o intercâmbio entre as mentes.

O escopo para mal-entendidos e interpretações errôneas, também foi sugerido, tende a aumentar quando o que está sendo transmitido não é uma informação factual nem uma contribuição técnica dentro de um programa de estudo comum e especializado, mas uma linha de pensamento ou conjetura capaz de abalar a nossa "fortaleza de certezas" ou ilusões, isto é, aquelas crenças que têm algum domínio sobre nossas emoções e se sobrepõem ao nosso senso de identidade. "É agradável manter nossos pensamentos fora do alcance do que faz mal", já se disse. O mal-entendido puro, como procurei mostrar, é um dos mecanismos pelos quais conseguimos proteger nossos pensamentos relevantes.

Obviamente, a discussão da segunda parte de modo algum destina-se a negar o fato de que a qualidade da transmissão e recepção pode melhorar ou de que algumas leituras são mais cuidadosas, mais próximas da mensagem original e mais fiéis a esta do que outras. De fato, a própria idéia de mal-entendido ficaria privada de seu significado não fosse pela pressuposição de uma base comum de entendimento com a qual ela se confronta.

Afirma-se aqui, antes, que o viés intelectualista do argumento que representa a filosofia como "a mais poderosa força material, ainda que atue com grande lentidão" evidencia-se perfeitamente quando salientamos os imensos problemas ligados à transmissão do pensamento abstrato e seu uso e compreensão adequados pelos que o empregam. Pois a interpretação específica dada a determinado texto dependerá, em geral, não só das intenções e da clareza do autor, mas também, e em grande medida, *1*) das exigências da vida prática ("problemas da época") e *2*) dos interesses, objetivos e preocupações específicos de seus usuários individuais. Os receptores, e não os autores, estabelecem e variam o significado do que está sendo dito.

Conclusão da segunda parte

Instado por Bernard Shaw, em 1934, a reler *O capital* de Marx e desenterrar para si os tesouros científicos ali contidos, Keynes assim respondeu:

> O que sinto com respeito a *Das Kapital* é o mesmo que sinto com respeito ao Alcorão. Sei que é historicamente importante e sei que muitas pessoas, nem todas elas idiotas, julgam-no uma espécie de oráculo e fonte de inspiração. Mas, quando examino a obra, é inexplicável para mim que ela possa produzir tal efeito. Seu polemismo enfadonho, ultrapassado e acadêmico, parece extraordinariamente inadequado como material para esses fins. Por outro lado, como já disse, sinto exatamente o mesmo com relação ao Alcorão. Como é que qualquer um desses livros pôde levar o fogo e a espada a metade do planeta? Não consigo entender. Está claro que existe algum defeito em minha compreensão.[1]

De fato, conforme a observação do próprio Keynes, nas áreas da filosofia política e econômica não há muitos que ainda sejam acessíveis ao verdadeiro diálogo e à persuasão "após a idade de 25 ou trinta anos". Essa, cabe notar, é precisamente a idade em que os reis-filósofos de Platão passariam por sua última etapa no árduo aprendizado do poder. Mas a comparação entre textos religiosos e econômicos que "levam o fogo e a espada a metade do planeta" merece um exame adicional.

Hegel, em suas conferências sobre a filosofia da história, fornece uma parte da resposta à pergunta de Keynes. Referindo-se ao uso de princípios abstratos como "razão", "justiça" e "liberdade" no debate político e público do início do século XIX, afirmou:

> Em época alguma esses princípios e concepções gerais foram apregoados tanto quanto na nossa, ou com maior certeza. Se no passado a história parece apresentar-se como uma luta de paixões, em nossos dias — embora não faltem demonstrações de paixão — ela mostra em parte a predominância da luta de idéias que assumem a autoridade de princípios, e em parte a predominância de paixões e interesses essencialmente subjetivos, mas sob a máscara dessas sanções superiores.[2]

De modo semelhante, Pareto, escrevendo quase um século depois, procuraria chamar a atenção para o papel da racionalização na formação das crenças e na ação social. Sua posição mostra-se ainda mais radical que a adotada por Hegel na passagem citada:

> Os homens guiam-se por seus sentimentos e interesses próprios, mas apraz-lhes pensar que se guiam pela razão. Assim sendo, procuram, e sempre encontram, alguma teoria que, *a posteriori*, faz suas ações parecerem lógicas. Se essa teoria pudesse ser demolida cientificamente, o único resultado seria que outra teoria substituiria a primeira, e com o mesmo objetivo; uma nova forma seria usada, mas as ações permaneceriam as mesmas [...] As teorias têm apenas um efeito limitado na determinação das ações do homem; o interesse pessoal e as paixões têm papel muito maior, e alguma teoria prestativa sempre é encontrada no momento oportuno para justificá-los.[3]

Mas racionalizar — ou seja, usar doutrinas filosóficas e econômicas para fundamentar e justificar crenças e opiniões que são emocionalmente benvindas para o indivíduo — não é tudo. O mal-entendido puro, como procurei mostrar, também deve ser levado em consideração: *a*) a pessoa consegue de algum modo "desarmar" todos os fatos e idéias de aparência adversa, em especial os que, por alguma razão, parecem passíveis de abalar os alicerces de sua convicção e *b*) a pessoa consegue "alistar" para sua causa, como "sanções superiores", autoridades e idéias que só podem adequar-se se forem seriamente mal interpretadas.

A crença de que a verdade foi encontrada é uma fonte inigualável de autoconfiança e motivação. Assim, de maneira muito semelhante à dos antigos "livros sagrados", os textos econômicos e filosóficos acabam sendo manuseados como "pedaços de cera" nas mãos dos homens. Economistas defuntos são ressuscitados, e as visões de acadêmicos idiossincráticos encontram lugar nas mais improváveis bandeiras, manifestos e plataformas. É preciso várias fases de filtragem, reinterpretação e equívocos para que suas idéias abstratas acumulem força prática.

Mais do que qualquer outra classe de autores, os poetas conhecem bem o fenômeno do mal-entendido. Pois, se é verdade, como afirmou o jovem Hume, que os poetas "são mentirosos por profissão" que "sempre se esforçam para dar um ar de verdade às suas ficções" (THN, 121), e que "toda poesia é uma desvirtuação" (Bentham), ainda assim pode ser verdade que os leitores — e não só os de poesia — não ficam nada atrás. Como Baudelaire observou em seu diário íntimo: "O mundo só funciona graças ao mal-entendido. É mediante o mal-entendido universal que todos concordam. Pois se, por falta de sorte, as pessoas se compreendessem, jamais concordariam entre si".[4]

Assim como o argumento de Pareto sobre o papel da racionalização no processo da formação das crenças, essa é uma visão extrema e, sem dúvida, seria um erro tomá-la como a última palavra sobre a questão. Mas, a meu ver, ela fornece importante antídoto contra a tendência (compreensível) dos filósofos da economia de esquerda e de direita a superestimar o papel das idéias políticas e econômicas na mudança social. Nesta discussão sobre o escopo do mal-entendido na transmissão do pensamento abstrato, procurei indicar que a observação do poeta pode conter uma lição importante para os que sinceramente acreditam no poder da filosofia econômica para mudar o rumo dos assuntos humanos. Muito já se disse com respeito à investida dos pensamentos sobre os que não pensam. Mas isso requer uma importante ressalva à luz do problema do mal-entendido: a não menos importante, embora bastante negligenciada, investida sobre os pensamentos por parte dos que sentem que precisam agir.

Notas

PRIMEIRA PARTE
A GUERRA DAS IDÉIAS

1. DE HUME A HAYEK [PP. 21-37]

1. Ver THN,487 e 2ºE,300. Sobre a família e a idéia do interesse próprio, ver também a discussão de Marshall em PEC,5: "Em uma sociedade moderna as obrigações de favorecer a família tornam-se mais intensas, embora sejam concentradas em uma área mais estreita"; A. K. Sen, "Economics and the family"; B. Williams, *Ethics and the limits of philosophy*: "*nós* pode representar um interesse próprio tanto quanto *eu*; e quem somos *nós* depende do grau de identificação em um caso específico e dos limites do contraste" (p. 15).

2. Ver *The letters of David Hume*, v. 1, p. 32; J. H. Burton, *Life and correspondence of David Hume*, v. 1, pp. 112-5. Sobre a crítica cristã ortodoxa (especialmente de Wishart) à filosofia de Hume, ver P. Russell, "Scepticism and natural religion in Hume's *Treatise*". Sobre as relações entre Hutcheson, Hume e Adam Smith, ver a detalhada e meticulosa discussão de R. F. Teichgraeber III em *"Free trade" and moral philosophy*. Ver também J. Bonar, *Philosophy and political economy*, Livro II, cap. 6 e 8; W. L. Taylor, *Francis Hutcheson and David Hume as predecessors of Adam Smith*; A. S. Skinner, *A system of social science*, esp. pp. 14-5 e 46-8; D. Forbes, "Hume and the Scottish Enlightenment"; a introdução de E. Rotwein a *Hume's writings on economics*, pp. xcix-ciii.

3. Keynes, "Malthus", em *Collected writings*, v. 10, p. 79n: "Se alguém reler os *Principles* de Paley, descobrirá, talvez ao contrário do que esperava, um livro imortal". Há indícios de que os *Principles* de Paley e *A riqueza das nações* foram as duas principais obras discutidas por G. Pryme

em seu curso de 1828 em Cambridge (ver J. P. Henderson, "George Pryme, the first professor of political economics at Cambridge", esp. p. 13). Sobre a influência de Paley nos Estados Unidos até meados do século XIX, ver J. Viner, *The role of Providence in the social order*, p. 74.

4. Paley, *Principles* (20ª ed., 1814), v. 1, pp. 1 e 66. No apêndice mencionado por Paley, Hume expressou suas dúvidas quanto a "se a virtude pode ou não ser ensinada". Sobre a abordagem sofista e socrática desse tema, ver W. K. Guthrie, *Sophists*, cap. 10. O livro *The mind of William Paley*, de D. LeMahieu, apresenta um comentário sobre seu pensamento como um todo; para uma exposição breve acerca da ética de Paley e seu lugar no utilitarismo inglês, ver H. Sidgwick, *History of ethics*, pp. 236 ss. Sobre as relações entre Paley, Malthus, Darwin e Marshall, ver B. Thomas, "A plea for an ecological approach to economic growth", pp. 293-4. Sobre Paley-Malthus-Darwin, ver R. Young, "Malthus and the evolutionists", esp. pp. 114-8.

5. Paley, *Principles*, pp. xxiii-xxiv e xxiii.

6. L. Stephen, *English Utilitarians*, v. 3, p. 31.

7. Bentham, *Chrestomathia* (1817), p. 230; "Anarchical fallacies; being an examination of the declarations of rights issued during the French Revolution", em *Works*, v. 2, p. 497. Ver também seu livro *The book of fallacies* (editado por J. S. Mill e F. Place e publicado pela primeira vez em inglês em 1824): "Com apenas uma ou duas palavras [...] que hostilidade se criou! Que intenso o sentimento delas! Que perversos, em todas as formas imagináveis, os efeitos!" (em *Works*, v. 2, p. 438). Para uma interpretação perceptiva do projeto de reforma lingüística de Bentham, ver J. Rée, *Philosophical tales*, pp. 97-106.

8. Mill, "Essay on liberty" (1859), em *Three essays*, p. 86. Uma discussão simpática a esse ensaio é o cativante trabalho de I. Berlin, "Mill and the ends of life", em *Four essays*. Para um comentário sistemático sobre as contribuições de Mill como um todo, ver A. Ryan, *John Stuart Mill*.

9. Mill, *Considerations on representative government*, citado por S. Collini em "The tendency of things: Mill and the philosophic method", p. 150; o artigo de Collini apresenta uma análise meticulosa das visões de Mill sobre a mudança social e as relações entre suas teorias na lógica e na economia. Ver também o ensaio anterior de Mill (não incluído na edição de Toronto), *The spirit of age* (1831): "Todas as pessoas, das mais ignorantes às mais instruídas [...] têm suas mentes mais ou menos sob o domínio de uma ou outra, ou de todas as influências que acabamos de mencionar. Todas se curvam [...] à autoridade de mentes superiores, ou dos intérpretes da vontade divina, ou de seus superiores de classe e posição". (pp. 61-2) Sobre a dívida de Mill para com Bentham e a crítica a este, ver também, além de seus dois ensaios sobre Bentham e da *Autobiography*: E. Neff, *Carlyle and Mill*, cap. 9; Viner, "Bentham and Mill: the utilitarian background"; J. Riley, *Liberal utilitarianism*, parte II.

10. Marx, "Theses on Feuerbach" (1845) em *Early writings*, p. 423 e *Writings of the young Marx*, p. 257. Sobre as relações entre Marx e os "hegelianos de esquerda", ver D. McLellan, *The young Hegelians and Marx*. Sobre o caminho de Marx para a "crítica da terra" por meio da "crítica do céu", ver A. Th. Van Leeuwen, *Critique of heaven*.

11. Ver *Karl Marx: Interviews and recollections*, ed. McLellan, p. 13. A discussão deu-se em uma assembléia da Liga Comunista realizada em Bruxelas na noite de 30 de março de 1846; o informe é dado por P. Annenkov, militante russo que compareceu à assembléia. Para o contexto desse evento, ver R. Payne, *Marx*, esp. pp. 133 ss. Ver também o relato de M. Bakunin sobre as atividades políticas de Marx e de sua competição pela liderança nas assembléias da Primeira Inter-

nacional: "[Marx] tem o defeito de todo acadêmico: é *dogmático*. Tem uma fé absoluta em suas teorias [...] Essa auto-adoração às suas teorias absolutas e absolutistas tem um corolário natural no ódio que Marx nutre não só pela burguesia mas por todos — até mesmo os socialistas revolucionários — que o contradizem e ousam seguir uma linha de idéias diferente de suas teorias" (*Interviews and recollections*, pp. 116-7).

12. Marx, *Grundrisse*, p. 463. Cf. o comentário de J. Elster sobre essa passagem em *Making sense of Marx*, p. 106. O teor hegeliano dessa obra é discutido por McLellan na introdução à sua edição resumida dos cadernos (pp. 2-15). Sobre a interpretação e conhecimento de Hegel acerca da economia política britânica e seu conceito de trabalho e liberdade em geral, ver G. Lukács, *The young Hegel*, esp. Parte II, cap. 5 e parte III, cap. 5 a 7, além de J. Hyppolite, "Alienation and objectification: commentary on Lukács's *The young Hegel*" em *Studies on Marx and Hegel*, pp. 70-90.

13. Marx, *O capital*, v. 1, pp. 167-8, 280. Sobre a composição dos *Grundrisse* (os cadernos de oitocentas páginas que contêm a entrada de Marx no estudo das economias capitalistas), ver sua carta de 8 de dezembro de 1857 a Engels (*Collected works*, v. 40, p. 217). Houve uma "crise comercial" na Inglaterra, e Marx decidiu acreditar que ela poderia ocasionar uma insurreição da classe trabalhadora e uma situação revolucionária. Em carta posterior a Lassale (na época ainda seu amigo), ele escreveu: "A presente crise comercial impeliu-me a começar a trabalhar a sério em meu esquema da economia política e também a preparar alguma coisa a respeito da crise atual" (*Works*, v. 40, p. 226).

14. A moção foi apresentada por J. P. Becker, delegado suíço ao Congresso de Bruxelas da Primeira Internacional. Ver P. Lafargue, "Reminiscences of Marx" (1890), p. 85. Ver também G. M. Stekloff, *History of the First International*, cap. 9: "No Congresso de Bruxelas, os comunistas garantiram uma vitória notável [sobre os seguidores de Proudhon] [...] o Congresso de Bruxelas aprovou um voto de agradecimento a Marx por seu *O capital* e recomendou aos trabalhadores que aprendessem os ensinamentos da obra" (pp. 130, 400n).

15. A entrevista é reproduzida na íntegra em McLellan, *Karl Marx: interviews and recollections*; a citação encontra-se na p. 112.

16. É interessante comparar a reação de Marx com D. Ricardo e J. S. Mill. Em *Principles* (1817), Ricardo deixou um conjunto conciso e anatômico de teoria econômica notavelmente comedido em se tratando de filosofia social e econômica: o esqueleto ideal, por assim dizer, a ser recheado e posto em funcionamento por um filósofo radical disposto a derrubar o sistema. Mas os *Princípios* de Mill, ao contrário, não podiam ter sido mais intrometidos precisamente no domínio da filosofia social e econômica onde Marx desejava ter total liberdade de ação. Uma nota de rodapé de *O capital* mal consegue disfarçar a ambição de Marx e sua inveja pelo impacto da obra de Mill: "Quando comparamos o texto dos *Princípios* de Mill com o Prefácio à primeira edição, no qual ele se anuncia como o Adam Smith de sua época, ficamos sem saber o que mais nos deve espantar, a ingenuidade do homem ou a do público que o aceitou de boa-fé como o novo Adam Smith, pois ele se parece tanto com Adam Smith quanto o general Williams [comandante britânico que pouco tempo antes sofrera humilhante derrota para os russos na Turquia] com o duque de Wellington" (p. 221n). Isto posto, não parece difícil perceber quem mais, além de Mill, estava-se imaginando o "Adam Smith de sua época".

17. Marx, *Early writings*, p. 257. Comentando essa passagem em *Philosophy and myth in Karl Marx*, R. C. Tucker observa: "Para ele [Marx] o proletariado continuou a ser sempre a arma mate-

rial da filosofia, como ele certa vez o designara, ou a realidade empenhando-se em direção ao pensamento. Mas era o pensamento *de Marx*" (p. 231).

18. Ver sua carta de 28 de outubro de 1808 a F. I. Niethammer (grande amigo de Hegel desde os tempos do seminário de teologia na Universidade de Tübingen, que teve papel importante na saga da publicação da *Fenomenologia* em 1807); a carta encontra-se em W. Kaufmann, *Hegel*, p. 323. Sobre a idéia, mencionada por Marx em *O capital*, de que "a reflexão começa *post festum*" e "quando a filosofia pinta o cinza de cinza, uma forma de vida envelheceu", ver o prefácio de Hegel a *Filosofia do direito*.

19. Robinson, *Economic philosophy*, p. 10. Sobre a "ineficiência do egoísmo completo", ver R. Matthews, "Morality, competition and efficiency", pp. 292 ss. D. Braybrooke, *Ethics in the world of business*; Sen, "The profit motive"; M. Morishima, *Why has Japan "succeeded"?*

20. Robinson, *Freedom and necessity*, p. 122.

21. Robinson, *Freedom and necessity*, p. 122; *Economic philosophy*, p. 25. Sobre a distinção entre discordância genuína e estar discutindo com base em um equívoco, ver R. Bambrough, *Conflict and the scope of reason*, pp. 6; G. Ryle, *Dilemmas*, p. 11.

22. Robbins, *The Great Depression*, pp. 199-200. (Agradeço a Richard Wright por chamar-me a atenção para esta passagem.) Para uma descrição pormenorizada e discussão sobre o debate público acerca da política econômica na Inglaterra na década de 1920 e início dos anos 30 e, em especial, para as discordâncias entre Keynes e Robbins neste contexto, ver P. F. Clarke, *The Keynesian revolution in the making*. Sobre a evolução intelectual de Robbins e as relações com os economistas austríacos, ver *Lionel Robbins*, de D. P. O'Brien.

23. Mises, *Liberalism*, p. 50. Esta obra, talvez caiba observar, contém algumas afirmações perturbadoras sobre o que Mises entendia como sendo o papel do fascismo na barreira à propagação dos regimes comunistas e, portanto, no "salvamento da civilização européia": "O mérito que o fascismo conquistou dessa maneira viverá eternamente na história. Mas embora sua política tenha trazido a salvação por ora, ela não é do tipo que pode prometer o sucesso permanente. O fascismo foi um expediente de emergência. Considerá-lo algo mais seria um erro fatal" (p. 51) É ainda mais surpreendente que essa "justificativa" do papel histórico do "fascismo e movimentos semelhantes destinados ao estabelecimento de ditaduras", embora presumivelmente escrita para a edição austríaca de 1927 do livro, não fosse revista pelo autor nas várias edições e traduções subseqüentes.

24. Hayek, *Law, legislation and liberty*, v. 3, p. 173. A observação sobre Hume encontra-se em seu livro *Studies*, p. 264. Introduzindo sua *magnum opus*, os três volumes de *Law, legislation and liberty*, escreveu: "Nessas questões de que me ocuparei primordialmente, o pensamento parece ter avançado pouco desde David Hume e Immanuel Kant" (v. 1, p. 6).

25. Hayek, *Counter revolution of Science*, p. 87. Para uma exposição sucinta sobre o pensamento de Hayek como um todo, ver N. P. Barry, "Restating the liberal order: Hayek's philosophical economics". As origens de sua desilusão com a teoria econômica pura e o interesse pelas questões filosóficas são discutidas por B. J. Caldwell em "Hayek's transformation".

26. Hayek, *Law, legislation and liberty*, v. 1, pp. 69-70. Cf. suas observações em *Counter revolution of science*: "Continuamos, em grande medida sem o saber, sob a influência de idéias que quase imperceptivelmente insinuaram-se no pensamento moderno porque eram compartilhadas pelos fundadores do que parecia ser tradições radicalmente opostas [...] Mas enquanto as

idéias de Hume e Voltaire, Adam Smith e Kant produziram o liberalismo do século XIX, as de Hegel e Comte, de Feuerbach e Marx produziram o totalitarismo do século XX" (p. 206).

27. Hayek, *Counter revolution of science*, p. 206.

28. Popper, *Open society and its enemies*, v. 2, Addendum (1961), p. 383; "The history of our time: an optimist's view", em *Conjectures and refutations*, p. 373. Ver também seus comentários em uma entrevista de 1970 com B. Magee: "Magee: Então, sua tese é que somos todos filósofos praticantes, pois todos aceitamos teorias filosóficas e agimos conforme elas. Mas em geral não nos damos conta de que o que estamos fazendo é aceitar de modo não crítico a verdade de uma teoria./ Popper: Sim./ M.: E algumas dessas teorias são verdadeiras, o senhor afirma, ao passo que outras não apenas são falsas, mas danosas. E o senhor afirma que a verdadeira tarefa da filosofia é examinar criticamente nossos preconceitos filosóficos muitas vezes inconscientes e corrigi-los quando for preciso correção./ P.: Exato. Aliás, não acho que a necessidade de corrigir o que dizem filósofos profissionais seria um pretexto suficiente para a existência da filosofia" (*Modern British Philosphy*, p. 91).

2. O DESAFIO CIENTÍFICO À FILOSOFIA ECONÔMICA, I [PP. 38-49]

1. Platão, *Phaedo*, 98e. Esta observação sobre Epicuro, bem como a seguinte, foram feitas por J. Passmore em *Science and critics*, pp. 10-3. Sobre Sócrates e o nascimento da filosofia moral, ver Sidgwick, *History of ethics*, p. xviii: "Foi nos ensinamentos de Sócrates, e por meio deles, que a filosofia moral veio a ocupar no pensamento grego a posição central que nunca mais deixou de ser sua: Sócrates é o principal ponto inicial a partir do qual divergiram todas as linhas subseqüentes do pensamento ético grego"; Hegel, *History of Philosophy*, v. 1, p. 388: "A moralidade reflexiva acrescenta à moralidade natural a reflexão de que isto é o bom, e não aquilo [...] Sócrates, desse modo, deu origem à filosofia moral". Sobre o contraste entre as perspectivas socrática e científica, ver também a observação de F. Nietzsche: "Fundamentalmente, a moralidade é hostil à ciência: Sócrates já o era — e pela razão de que a ciência leva a sério coisas que não têm relação com o 'bem' e o 'mal', conseqüentemente fazendo o sentimento do 'bem' e do 'mal' parecer menos importante" (*Will to power*, § 443, p. 245).

2. *Epicurus*, ed. C. Bailey, p. 91. A passagem citada encontra-se em carta a seu discípulo Menoceu. Sobre o pensamento ético e político epicurista e sua relação com o atomismo grego antigo, ver J. Nichols Jr., *Epicurean political philosophy*; F. Lange, *History of materialism.*

3. Marx, *The difference between the Democritean and the Epicurean philosophy of nature* (1841), em *Works*, v. 1, p. 30: "A confissão de Prometeu: 'Falando com simplicidade, eu odeio a cambada de deuses', é sua [da filosofia] própria confissão, seu próprio aforismo contra todos os deuses celestes e terrenos que não reconhecem a autoconsciência humana como a suprema divindade. Ela não aceita nenhuma outra." Sobre a defesa, por Marx, do "desvio" epicurista dos átomos, ver o estudo minucioso de Leeuwen sobre a tese de doutorado de Marx e cadernos afins em *Critique of heaven*, esp. cap. 5; B. Farrington, *The faith of Epicurus*, cap. 7.

4. Descartes, *Philosophical letters*, pp. 244-5. Sobre o contexto da correspondência entre More e Descartes, ver E. Cassirer, *The Platonic Renaissance in England*, pp. 132-3, 142-8; A. Koyré, *From the closed world to the infinite universe*, pp. 110-24. Sobre as idéias de Descartes acerca do

determinismo, ver Lange, *History of materialism,*, pp. 215-49; E. A. Burrt, *Metaphysical foundations of modern science,* pp. 105 ss.

5. Descartes, *Lettres,* p. 245. Cf. neste aspecto a discussão de Paley sobre o "direito à carne dos animais" (*Principles,* pp. 96-100). Ver também a seção "Meat or mercy?" em K. Thomas, *Man and the natural world,* pp. 287-300; S. Clark, *The moral status of animals,* esp. pp. 37-51.

6. Bacon, *Advancement of learning,* pp. 55 e 114. Sobre Bacon e a concepção do progresso técnico como salvação, ver B. Farrington, *Bacon: philosopher of industrial science;* R. Attfield, *Ethics of environmental concern,* cap. 5.

7. Boyle, citado por Burtt em *Metaphysical foundations,* pp. 183 e 194. Sobre as relações entre Boyle e o movimento baconiano, ver também G. N. Clark, *Science and social welfare in the age of Newton,* esp. pp. 13 e 80-2.

8. Sobre as relações entre Hobbes e Descartes, ver Burtt, *Metaphysical foundations,* pp. 126-30; Lange, *History of materialism,* pp. 270-90.

9. La Mettrie, *L'homme machine,* pp. 162 e 197. Para uma descrição e discussão da evolução do pensamento de La Mettrie, ver o excelente ensaio introdutório de A. Vartanian à sua edição crítica dessa obra. Ver também Passmore, *Science and its critics,* esp. pp. 13-4; K. Thomas, *Man and the natural world,* pp. 123 e 33 sobre sua dívida para com Descartes.

10. D'Holbach, *The system of nature,* pp. 38 e 40. Sobre a relação entre La Mettrie e d'Holbach, o lugar destes no pensamento setecentista e algumas das reações provocadas por sua obra, ver Cassirer, *Philosphy of Enlightenment,* pp. 65-73; Lange, *History of materialism,* Livro 1, parte IV, cap. 1-4.

11. La Mettrie, "Discours sur le bonheur", citado por Cassirer em *Philosophy of the Enlightenment,* pp. 69-70n. Este ensaio, publicado pela primeira vez em 1748 como *Anti-Sénèque,* é discutido em detalhes em A. Thomson, *Materialism and society in the mid-eighteenth century,* pp. 45 ss. Sobre *L'Homme plante* e seu lugar no desenvolvimento do pensamento de La Mettrie, ver o ensaio introdutório de A. Vartanian, seção 3. Sobre o constructo da "cadeia da existência" de Platão a Leibniz e seu uso na biologia do século XVIII, ver A. O. Lovejoy, *The great chain of being,* cap. 6-8. E sobre são Francisco e a complexa questão das atitudes cristãs para com os não-humanos no mundo, ver C. Glacken, *Traces on the Rhodian shore,* esp. pp. 214-6; R. Attfield, "Christian attitudes to nature", pp. 369-86.

12. D'Holbach, *The system of nature,* pp. 40-1.

13. Goethe, *Poetry and truth,* pp. 363-4. É interessante comparar a reação do jovem Marx a La Mettrie: "Nas obras de La Mettrie, encontramos uma síntese do materialismo cartesiano e inglês. Ele usa pormenorizadamente a física de Descartes. Seu *L'homme machine* é um tratado que segue o modelo do animal-máquina de Descartes". Mas Marx prossegue não discutindo, mas simplesmente descartando de imediato a obra de La Mettrie como um mero "materialismo mecânico" e afirmando (referindo-se agora a Locke, Condillac e Helvetius) que "se o homem é moldado pelo ambiente, seu ambiente deve ser tornado humano" (ver *The Holy Family* (1845) em *Works,* v. 4, pp. 130-1).

14. Este parágrafo e o seguinte têm por base informações extraídas das seguintes fontes: Lange, *History of materialism;* a introdução de Vartanian à sua edição de *L'homme machine*; Thomson, *Materialism and society.* O relato da morte de La Mettrie no parágrafo seguinte encontra-se na introdução de Vartanian, p. 12; cf. Thomson, *Materialism and society,* p. 48.

15. Introdução de Vartanian a *L'homme machine*, p. 97.

16. La Mettrie, "Discours preliminaire" (reproduzido em francês em Thomson, *Materialim and society*), pp. 219 e 222. (Agradeço a Hugo Tucker pela ajuda na tradução dessas passagens). Cf. o comentário de Nietzsche em *Human all too human*, § 50: "O mais forte conhecimento (o da total falta de liberdade da alma humana) é não obstante o de menos êxitos: pois ele tem sempre o mais forte oponente, a vaidade humana" (p. 226).

17. Voltaire, "On Mr Locke", em *Philosophical letters*, p. 58. Sobre as relações entre La Mettrie e Voltaire (a epígrafe da primeira edição de *L'homme machine* provém de Voltaire, "Epitre a Monsieur de Genonville"), ver Thomson, *Materialism and society*, pp. 161-5.

3. O DESAFIO CIENTÍFICO À FILOSOFIA ECONÔMICA, II [PP. 50-66]

1. Embora seja muito provável (como sugerem os editores de EPS, de Smith) que nesta passagem ele esteja se referindo a La Mettrie, há outras possibilidades. Cf., por exemplo, Le Camus, *Médecine de l'esprit*, (1753), que propõe curar, por meios físicos, "les défauts des opérations de l'entendement et de la volonté qui dépendent des vices de l'organization" (ver Thomson, *Materialism and society*, p. 29). A definição de moralidade em termos médicos e da virtude como "a saúde da alma" remonta ao filósofo estóico Aríston de Quios, do século III a.C. Para ele, "é inútil transmitir preceitos morais" (ver J. Rist, *Stoic philosophy*, pp. 31-2, 74-8).

2. A intenção de Smith, em determinado estágio, de dedicar *A riqueza das nações* a Quesnay é relatada por D. Stewart em "Account of the life and writings of Adam Smith" (em EPS): "Se não houvesse sido impedido pela morte de Quesnay, o sr. Smith tinha a intenção (como contou-me ele próprio) de dedicar-lhe sua *Riqueza das nações*" (EPS,304). Hume, porém, não compartilhava dessa admiração de Smith. Em carta de 1769 ao abade Morellet, ele mencionou Quesnay e sua escola com termos severos: "São o grupo de homens mais quimérico e mais arrogante que existe agora, depois da aniquilação da Sorbonne" (*Letters*, v. 2, p. 205). Sobre Hume-Smith e os fisiocratas, ver também D. Deleule, *Hume et la naissance du liberalisme economique*, pp. 287 ss.

3. O ensaio de 1765 de Quesnay, "Direito natural", é reproduzido e traduzido para o inglês por R. L. Meek em *The economics of physiocracy*. As passagens citadas neste parágrafo e no anterior provêm das páginas 49-54.

4. Quesnay, "Natural right", p. 54. Sobre os alicerces filosóficos da fisiocracia e suas relações com a tradição seiscentista da "lei natural", ver Bonar, *Philosophy and political economy*, Livro II, cap. 7-9; M. Beer, *An inquiry into phisiocracy*; R. Kuntz, *Capitalismo e natureza*.

5. Na edição de 1790 de TMS, Smith pôs de lado as referências que fizera à filosofia moral de La Rochefoucauld como um "sistema licencioso". Sobre a postura de Smith com respeito às "idéias do libertino Mandeville", ver também sua carta ao efêmero *Edinburgh Review* (1755-6), na qual ele compara a *Fábula* com o ensaio de Rousseau sobre a desigualdade (EPS,250-1). Em sua discussão sobre os sistemas de filosofia moral que tendiam a igualar a virtude à benevolência (ou seja, ações destinadas ao bem de todos os seres inteligentes), Smith criticou Hutcheson, em linhas semelhantes, por sua idéia de que "O amor-próprio era um princípio que jamais poderia ser virtuoso em nenhum grau e em nenhuma direção": "A consideração por nossa felicidade e interesse particulares, também, parece em muitas ocasiões ser um princípio de ação deveras louvável [...]

Negligência e falta de economia são universalmente desaprovadas, porém não como decorrentes de falta de benevolência, mas de uma falta de atenção apropriada aos objetos do interesse próprio" (TMS,304). Sobre este aspecto, ver também Skinner, "Moral philosophy and civil society", pp. 42-7 e a introdução a TMS por D. D. Raphael e A. L. Macfie, esp. pp. 10-5.

6. Aristóteles, *Nicomachean ethics,* 1169a13-17 (p. 237). Meu relato sobre o pensamento ético de Aristóteles fundamenta-se em grande medida na perspicaz e útil introdução de J. L. Ackrill a *Aristotle's Ethics.* Ver nota 16 do capítulo 5 deste livro.

7. A citação de Smith, como salientam os editores de WN, provém de Cícero, *De Divinatione,* ii, 58. Mas não são raras as variações antigas e modernas sobre este tema, a começar por Aristóteles, *Metaphysics,* 1074b10: "Com toda a probabilidade, cada habilidade e cada filosofia já foi descoberta muitas e muitas vezes e novamente sucumbiu" (citado por E. R. Dodds em *The ancient concept of progress,* p. 14). Ver também Descartes, *Discourse on method* (1637): "Mas ensinaram-me, mesmo em meus tempos de faculdade, que não existe nada concebível tão estranho ou tão pouco acreditável que não tenha sido afirmado por um ou outro filósofo" (*Works,* v. 1, p. 90); B. de Fontenelle comenta em sua *Digression sur les ancients et les modernes* (1688) que "Estamos em dívida para com os antigos por haverem esgotado quase todas as teorias falsas que se poderiam elaborar" (citado por C. L. Becker, *The heavenly city,* p. 135); os versos de Goethe em *Fausto,* parte II: "Parte, entusiasta do 'original'!/ Quanto te agastaria esta percepção: pense o que pensar/ um ser humano, tolo ou sagaz,/ Já foi pensado antes dele no passado" (citado por W. Kaufmann, *Hegel,* p. 191); a afirmação de F. Schelling, "não existe absurdo que não encontre porta-vozes" (citado por Lovejoy, *The great chain of being,* p. 319); a de E. Gellner, "Não há disparate grande o bastante para não ter sido proferido por alguém" (*Legitimation of belief,* p. 15).

8. Malthus, *Principles,* p. 1. Sobre as relações entre a economia de Malthus e sua filosofia moral, ver Bonar, *Malthus and his work,* Livros II e III. As diferenças entre Malthus e Ricardo evidenciam-se melhor em sua correspondência, esp. cartas 199 e 200 de janeiro de 1817, em *Works of David Ricardo,* v. 7, pp. 119-24. Ver também D. Winch, "Higher maxims: happiness versus wealth in Malthus and Ricardo", pp. 63-89.

9. Ver Mill, "On the definiton of political economy; and on the method of investigation proper to it", em CW4,322-3. Ver também J. K. Whitaker, "J. S. Mill's methodology", esp. p. 1044.

10. Em edições posteriores dos *Princípios,* Mill abrandaria suas concepções sobre os Estados Unidos e eliminaria esta passagem sobre os "caçadores de dólares". Mas ele manteve seu argumento contra a "luta por riquezas" como um objetivo — ou o objetivo — da vida: "o melhor estado para a natureza humana é aquele em que, não havendo pobres, ninguém deseja ser mais rico nem há razão para recear ser passado para trás pelos esforços de outros para avançar". Este argumento será retomado no capítulo 4.

11. Tocqueville, *Democracy in America,* v. 2, pp. 161-2. Revendo a obra de Tocqueville em 1840, Mill descreveu-a como "o início de uma nova era no estudo científico da política" (CW18,156). Para opiniões muito semelhantes sobre a "inquietação material" e a "tenaz indolência" na América, ver F. Nietzsche, *The gay science* (1882), § 329, pp. 258-60; B. Russell, *The conquest of happiness,* esp. p. 51.

12. Schumpeter, *History of economic analysis,* p. 531. Sobre a acolhida à obra de Mill, ver N. B. de Marchi, "The success of Mill's *Principles*", pp. 119-57. Em carta de 20 de março de 1852 a K. H. Rau, Mill declarou: "Confesso que considero as especulações puramente abstratas da econo-

mia política [...] de pouquíssima importância em comparação com as grandes questões práticas que o progresso da democracia e a difusão das opiniões socialistas vêm impondo, e para as quais tanto as classes dirigentes como as subalternas estão longe de possuir um estado apropriado de preparo mental [...] Existe portanto uma abundância de ocupação para professores de moral e política como é nossa aspiração ser" (CW14,87).

13. Sobre a propensão a negociar e trocar e suas raízes na psicologia humana, ver as importantes passagens em sua obra *Lectures on jurisprudence*, p. 352 e TMS,336. A muito citada expressão "resultado da ação humana, mas não do desígnio humano" provém de Adam Ferguson, *An essay on the history of civil society*, (1767): "Cada passo e cada movimento da multidão, mesmo nas épocas chamadas esclarecidas, são executados com a mesma cegueira em relação ao futuro; e as nações tropeçam nos *establishments*, que de fato são resultado da ação humana, mas não da execução de algum desígnio humano" (p. 187). Ver, porém, em *History*, de Ferguson, a opinião desfavorável de Hume nas cartas a seu amigo Hugh Blair (*Letters*, v. 2, pp. 11-2 e 133).

14. Marshall, *Memorials*, pp. 154-5.

15. Jevons, "Brief account of a general mathematic theory of political economy", p. 282. Ver também, sobre este seu primeiro trabalho, os comentários do próprio Jevons na introdução a sua *Theory of political economy* (1871), esp. p. 2. Sobre o pensamento de Jevons, ver: E. F. Paul, "Jevons: economic revolutionary and political utilitarian"; R. Collison Black, "Jevons and the foundation of modern economics", em *The marginal revolution in economics*, pp. 98-113.

16. Este conceito de "tipo de ação econômica" tem por base a discussão de R. G. Collingwood em "Economics as a philosophical science".

17. Edgeworth, *Mathematical physics*, p. 16.

18. Ver a discussão introdutória de F. Hahn e M. Hollis em *Philosophy and economic theory*, p. 4.

19. F. Bacon, *Cogitata et visa* (c. 1607), manuscrito em latim publicado postumamente, traduzido e reproduzido *in toto* por B. Farrington em *The philosophy of Francis Bacon*; a citação encontra-se na página 93. Sobre a filosofia baconiana da ciência, ver também a esclarecedora discussão de T. S. Kuhn em "Mathematical versus experimental traditions in the development of physical science", esp. pp. 48 ss.

20. Edgeworth, *Mathematical physics*, pp. 104 e 15. Ver também seu artigo "Mathematical method in political economy": "A idéia de aplicar a matemática aos assuntos humanos pode parecer à primeira vista um absurdo digno da Laputa de Swift" (p. 711).

21. Edgeworth, *Mathematical physics*, p. 12.

22. Cf. Keynes, "Edgeworth", em *Collected writings*, v. 10, p. 256: "Edgeworth queria estabelecer teoremas de interesse intelectual e estético; Marshall, estabelecer máximas de importância prática e moral".

23. Schumpeter, "Marshall", em *Ten great economists*, p. 97. Comentando a afirmação de Schumpeter, N. Georgescu-Roegen observou: "Sem dúvida era uma estranha ambição, afinal de contas, Marshall fazer questão do respeito à relevância em vez de sucumbir à índole de sua época" (*The enthropy law*, p. 321).

24. As fontes dessas três afirmações são: R. Matthews, "Morality, competition and efficiency", p. 292; Robinson, *Economic philosophy*, p. 53; Williams, *Ethics and the limits of philosophy*,

p. 184. As três, obviamente, criticam a afirmação de que "o que deve acontecer é cada um empenhar-se em atender a seus próprios interesses".

4. HOMEM ECONÔMICO E HOMEM-MÁQUINA [PP. 67-88]

1. Sobre as origens e ascensão da economia neoclássica, ver *The marginal revolution in economics*, eds. R. C. Black, A. W. Coats e C. D. Goodwin; P. Deanne, "The scope and method of economic science"; M. Dobb, "The trend of modern economics"; S. G. Checkland, "Economic opinion in England as Jevons found it"; G. Stigler, "The development of utility theory". Ver também em (3) M. Milgate, "On the notion of intertemporal equilibrium"; Hahn, "Reflections on the invisible hand".

2. Ver também *Memorials*, pp. 154-5; *Industry and trade*, p. 658. Para uma exposição sucinta sobre a economia de Marshall, ver O'Brien, "Marshall". A mais abrangente reconstituição e comentário sobre seu pensamento econômico e social encontra-se em D. Reisman, *Economics of Alfred Marshall* e *Progress and politics*. Sobre o empreendimento intelectual de Marshall como um todo, ver também T. Parsons, "Economics and sociology: Marshall in relation to the thought of his time"; Winch, "A separate science: polity and society in Marshall's economics".

3. Sobre a ética como a "senhora" da economia, ver Marshall, "Speech at the meeting of the British Economic Association"; ver também seu texto "Distribution and exchange" (citação na página 54). Sobre a relação entre consumo e produção, ver Parsons, "Wants and activities in Marshall" e a observação semelhante de Marx: "Não é o que se faz, mas como e com que instrumentos de trabalho o que distingue diferentes épocas econômicas" (*O capital*, p. 286).

4. Marshall, *Industry and trade*, pp. 664-5; cf. p. 704. Ver também T. Parsons, "The motivation of economic activities", esp. pp. 50-68.

5. Jevons, "The future of political economy" (1876) em *Principles*, pp. 196-9; *Theory of political economy* (1879), pp. xvii e 21. Para discussões sobre a "mecânica da utilidade e do interesse próprio", de Jevons, ver também Black, "Jevons and the development of marginal utility analysis"; P. Mirowski, "Physics and the marginalist revolution".

6. Robbins, *Nature and significance of economic science*, pp. 83-6. Para uma crítica a essa posição, ver K. Boulding, "Economics as a moral science". Sobre a relação entre ética e economia neoclássica, ver também P. Wicksteed, "The scope and method of political economy".

7. Pareto, *Manual*, pp. 113 e 120.

8. Sobre o impacto de Marshall na economia britânica, ver N. Jha, *The age of Marshall*. Para estudos sobre o pensamento de Marshall, ver Keynes, "Marshall", em *Collected writings*, v. 10, pp. 161-231; J. Whitaker, "Some neglected aspects of Marshall's economic and social thought"; P. Dooley, "Marshall: fitting the theory to the facts"; G. Harcourt, "Marshall, Sraffa and Keynes: incompatible bedfellows?"; J. Hirshleifer, "Economics from a biological viewpoint".

9. Marshall, "Distribution and exchange", p. 44; PEC,622. Sobre o lugar e a importância do Livro V, ver sua carta de abril de 1891 ao economista holandês N. Pierson em *Early writings*, ed. J. Whitaker, v. 1, p. 98; "Distribution and exchange", p. 52; o prefácio à edição de 1891 de PEC, onde ele afirmou que "para mim, pessoalmente, o principal interesse do volume encontra-se no Livro V".

10. R. Sperry, *Science and moral priority*, p. 100.

11. Robbins, "Economics and political economy" (1981), reimpresso em *Nature and significance*, p. xvi.

12. Pareto, *Manual*, pp. 29-31 e 180. A discussão completa de Pareto sobre a "conduta não lógica" encontra-se em *The mind and society*, v. 1, capítulos 2-3. As ações não lógicas e a tendência a disfarçá-las com alguma forma de racionalização também são discutidas brevemente em seu *Manual*, cap. 2. Para interpretações desse pensamento, ver *The other Pareto*, ed. P. Bucolo; W. J. Samuels, *Pareto on policy*.

13. Huxley em *Method and results*, p. 244; ver também seu ensaio "On Descartes", em *ibid.*, esp. pp. 192-3. Para uma *survey* sobre a questão da mente-cérebro na ciência do século XIX, ver R. Young, *Mind, brain and adaptation*.

14. Locke, *Essay concerning human understanding*, Livro II, cap. 21, pp. 244 e 266. Cf. Hume, 1ºE,90. Para um comentário sobre o capítulo 21 de *Essay* de Locke, ver J. Colman, *Locke's moral philosophy*, cap. 8.

15. Sperry, *Science and moral priority*, pp. 30-1 e 39. Cf. nesta questão o comentário de K. Boulding: "Sobre a questão da relação entre a estrutura física e química de um organismo e sua estrutura de conhecimento, disponho-me a ser agnóstico. É evidentemente um artigo de fé entre cientistas físicos que deve haver em algum lugar uma correspondência exclusiva entre as estruturas do corpo físico e as estruturas do conhecimento. Até hoje [1956], não existe nada parecido com uma prova empírica ou mesmo evidências muito boas para essa hipótese" (*The image*, p. 17). Ver também a conclusão de P. Strawson em *Skepticism and naturalism*: "Certamente aprenderemos cada vez mais sobre a dependência causal geral da fruição consciente ou exercício de nossas várias capacidades experimentais (por exemplo, visão, memória, reconhecimento) em relação a mecanismos físicos, muito embora não seja provável que venhamos a estabelecer, e possa haver pouco interesse em estabelecer, amplas correspondências ponto a ponto entre experiências específicas (simbólicas), como totalmente descritas no idioma das histórias pessoais, e os eventos fisiológicos (simbólicos), como totalmente descritos no idioma das histórias físicas" (p. 64). Ver também A. Hardy, *The spiritual nature of man*, esp. pp. 8 ss. Para um levantamento dos estudos atuais sobre a base física da mente, ver J. Z. Young, *Philosophy and the brain*.

16. Hollis, introdução do editor a *Philosophy and economic theory*, eds. F. Hahn e M. Hollis, p. 13.

17. Marx, *Early writings*, p. 314.

18. Whitehead, *Science and the modern world*, p. 15.

19. Cleantes, discípulo de Zenão e seu sucessor na liderança da Escola Estóica no século III a.C., citado por Rist, *Stoic philosophy*, p. 127; segundo Zenão, "o homem é como um cão amarrado a um carro; se não andar junto, será arrastado" (p. 127).

20. Whitehead, *Adventures of ideas*, p. 27.

21. Gellner, *Legitimation of belief*, p. 187.

22. As fontes das citações deste parágrafo são: Berlin, "Two concepts of liberty", em *Four essays*, p. 119 (ver também pp. ix-xxxvii); T. M. Knox, *Action*, p. 175 (ver também p. 237); Burtt, *Metaphysical foundations*, p. 17.

23. James, *Pragmatism* (1907), p. 9. Nesta passagem, James está citando G. K. Chesterton.

1. Lineu, de *Nemesis Divina* (c. 1750), uma coleção de anotações encontrada em uma biblioteca particular em Kalmar em meados do século XIX, atualmente na Biblioteca da Universidade de Upsala. Esta passagem é citada por seu biógrafo K. Hagberg em *Carl Linnaeus,* pp. 231-2. Parece haver notáveis semelhanças entre algumas passagens de *Nemesis Divina* e a explicação de Adam Smith sobre a mudança científica em sua história da astronomia (EPS,33-53).

2. Porfírio, "On the life of Plotinus and the arrangement of his work", p. 1. Cf. Platão, *Phaedrus,* 249d, que se refere à alma humana no corpo como "a ostra na concha". Cf, porém, sobre a interpretação da filosofia de Plotino, o comentário de Cleantes em Hume, *Dialogues concerning natural religion,* p. 179.

3. Locke, *Essay concerning human understanding,* p. 239.

4. Epicteto, *The Encheiridion* [Manual], v. 2, p. 495.

5. J. Steuart, *An inquiry into the principles of political oeconomy* (1767), v. 1, p. 51.

6. Smith, "Of the external senses", em EPS,165: "Mas todos os apetites que têm origem em um certo estado do corpo parecem sugerir os meios para sua própria satisfação e, mesmo muito antes da experiência, alguma antevisão ou preconcepção do prazer que acompanha essa satisfação". Ver também TMS,27-31 e Hume, 2ºE,301. Sobre a taxionomia aristotélica, ver Aristóteles, *Historia Animalium,* p. 589a: "A vida dos animais, portanto, pode ser dividida em dois atos — procriação e alimentação; pois nesses dois atos concentra-se todo o seu interesse na vida". Sobre o uso dessa idéia na biologia setecentista, ver J. Larson, *Reason and experience,* p. 27.

7. Sobre os fracassos de Sêneca e a desconcertante disparidade entre suas prédicas e seu comportamento, ver V. Sorensen, *Seneca,* esp. pp. 166-70. Em seu diálogo "Da paz de espírito", Sêneca afirmou que "a riqueza é a fonte mais fértil de tristezas humanas" e que "a melhor quantidade de posses que se pode ter é a que basta para nos livrar da pobreza mas que não está muito distante desta" (*Minor dialogues,* p. 267). Contudo, no período em que foi preceptor de Nero e regente do Império, ele se tornou um dos homens mais ricos de Roma. Desafiado a explicar esse fato, ele replicou: *a)* que "não há necessidade de entoar louvores ao que está errado só porque você não consegue viver segundo o que está certo", *b)* que "o sábio não demonstra sua independência nada possuindo, e sim não sendo possuído por coisa alguma" e *c)* que ele nunca dissera ser sábio. Para uma interessante coletânea de estudos de caso sobre a disparidade entre pensamentos sublimes e vida ordinária, ver P. Johnson, *Intellectuals.*

8. Paley, *Principles,* pp. 104-5. "É somente a utilidade de qualquer regra moral que obriga a observá-la", afirmou ele (p. 72)

9. T. Carlyle, *Chartism,* (1839) em *Selected writings,* p. 168. A passagem sobre o "bilhete não premiado na loteria da vida" encontra-se em Malthus, *First essay on population* (1798), p. 204. Sobre a idéia da vida econômica como um jogo semelhante a uma "loteria perfeitamente justa" e envolvendo alto grau de "decepção imerecida" para os participantes, ver Smith, WN,122; Marx, *Early writings,* p. 309; Hayek, *Law, legislation and liberty,* v. 2, p. 71; F. K. Knight, "The ethics of competition", pp. 623-4.

10. Malthus, *Principles,* p. 403.

11. Hegel, *Philosophy of history* (1830-1), p. 82. Como uma fonte possível para Malthus e Hegel, ver os comentários de A. von Humboldt em *Political essay on the kingdom of Nova Spain* (1808), v. 1, esp. p. 122: "[...] os habitantes da região quente (*tierra caliente*) jamais despertarão do

estado de apatia no qual por séculos têm estado mergulhados até que um decreto régio ordene a destruição da cultura de bananas". Ver também Marx, *O capital*, p. 649: "Onde a natureza é demasiado pródiga em suas dádivas, 'mantém [o homem] sob controle, como uma criança em andadeiras'. O desenvolvimento próprio do homem não é, neste caso, uma necessidade imposta pela natureza"; Hume, "Of commerce" (1752): "Qual a razão por que pessoa nenhuma, vivendo entre os trópicos, poderá alcançar algum engenho ou civilidade, ou mesmo conseguir algum controle de seu governo e alguma disciplina militar, quando poucas nações nos climas temperados são totalmente desprovidas dessas vantagens? É provável que uma causa desse fenômeno seja a calidez e uniformidade do clima na zona tórrida, que torna as roupas e habitações menos indispensáveis aos habitantes e assim eliminam, em parte, aquela necessidade que é o grande incentivo à indústria e invenção" (*Hume's writings on economics*, ed. Rotwein, pp. 17-8).

12. F. Nietzsche, *The gay science* (1882), § 205, p. 207; cf § 329, pp. 358-60. Ver também R. McGinn, "Nietzsche on technology". O jovem Marx escreveu: "[...] cada homem pensa em como criar no outro uma nova necessidade, a fim de forçá-lo a fazer um novo sacrifício e seduzi-lo a um novo tipo de prazer e, assim, à ruína econômica" (*Early writings*, p. 358).

13. Ruskin, *Unto this last* (1860), § 243, p. 73. Cf. a visão epicurista segundo a qual "A riqueza exigida pela natureza é limitada e fácil de obter; a exigida pela imaginação estende-se ao infinito" (Epicuro, ed. Baley, p. 99).

14. Engels, "On authority" (1874), em *Writings on politics and philosophy*, p. 483.

15. Uma boa ilustração da crença de Marx de que mudando as relações sociais de produção e havendo mais progresso técnico o processo de trabalho poderia ser radicalmente transformado encontra-se em *O capital*, p. 607: "A frase de Mirabeau — 'Impossível! Nunca use essa palavra ridícula comigo!' — é particularmente aplicável à tecnologia moderna".

16. Aristóteles, *Nicomachean ethics*, 1096a5 (p. 7); 1099a32 (p. 17); 1110a2-3 (p. 48). Ver também 1178a29-30: "O homem liberal precisará de dinheiro para a execução de seus atos liberais, e o homem justo também precisará de dinheiro para retribuir os serviços (pois os desejos são difíceis de discernir, e mesmo quem não é justo finge agir com justiça)" (pp. 266-7). Neste capítulo sobre Aristóteles em *Philosophy and political economy*, Bonar interpreta (com bastante liberdade) a frase em 1099a32 da seguinte maneira: "É difícil ser bom sem uma renda" (p. 32). Ver também a introdução de Ackrill a *Aristotle's Ethics*, pp. 13-36; H. Arendt, *The human condition*, pp. 12-5.

17. N. Maquiavel, *The Prince* (1532), cap. 15, p. 110. Ver também Keynes, *General theory*, pp. 156-7; Elster, *Sour grapes*, esp. pp. 24 ss.: "A moralidade prática em grande medida diz respeito a escolhas não ideais". Para um levantamento esplendidamente exemplificado dos problemas e dilemas éticos nas sociedades por ações, ver Braybrooke, *Ethics in the world of business*.

18. Marx, *O capital*, p. 736. A veia estruturalista na análise de Marx sobre o modo de produção capitalista é examinada pormenorizadamente em J. Zeleny, *La estrutura lógica de* El capital *de Marx*.

19. Além do uso amplamente conhecido em WN,456, a metáfora da "mão invisível" de Smith também foi empregada, para finalidades diferentes, em TMS,184 e EPS,49. Para uma discussão sobre seus usos e significados na obra de Smith, ver A. L. Macfie, "The invisible hand of Jupiter". Cf. Hume, 1ºE,69 ("princípio inteligente invisível") e 1ºE,108 ("mão original da natureza"). Ver também N. Malebranche, *The search after truth* (1674): "Assim, nossa razão deve constantemente reconhecer essa mão invisível que nos supre de bens e está oculta de nossa mente sob aparências

sensíveis" (p. 311); S. Jenyns, *Origins of evil* (1757): "Entretanto, o Todo-Poderoso planejou a natureza das coisas de modo a que a felicidade seja distribuída com mão mais imparcial [...] É um remédio reconfortante administrado pela mão clemente da Providência" (pp. 64-5); especialmente J. Butler, "Sermon upon human nature" (1729): "[...] assim é que, agindo meramente com vistas à reputação, sem consideração alguma pelo bem dos demais, os homens amiúde contribuem para o bem público [...] são patentemente instrumentos nas mãos de outro, nas mãos da Providência, para realizar objetivos, a preservação do indivíduo e o bem da sociedade, que eles próprios não têm em vista ou na intenção" (p. 391).

20. Cf. J. Passmore, *Man's responsibility for nature*, p. 187: "Nossa sociedade condenou oficialmente a cobiça enquanto na prática observa a máxima de Horácio: 'Por meios corretos se possível, mas por qualquer meio ganhar dinheiro'." Extraído de *Epistles* (I,I,LL.65-6)

21. Esta discussão tem por base as pioneiras contribuições de Hayek à teoria econômica moderna em "Economics of knowledge" (1937) e "The use of knowledge in society" (1945). Para o contexto e um comentário sobre esses artigos embrionários, ver B. Caldwell, "Hayek's transformation".

22. Knight, "The ethics of competition, p. 602.

23. Nietzsche, *The gay science* § 42, p. 108. Ver também *Daybreak*, § 204: "O que antes se fazia 'em nome de Deus' agora se faz em nome do dinheiro, ou seja, em nome daquilo que agora proporciona a mais intensa sensação de poder e de agir corretamente" (p. 123).

6. AS PAIXÕES DA IMAGINAÇÃO, I [PP. 103-22]

1. B. Willey, *The eighteenth century background*, p. 126. Ver também S. C. Brown, "The 'principle' of natural order", esp. pp. 56-76.

2. Voltaire, *Philosophical letters*, p. 5. Cf. as observações de Hume sobre os quacres como "os mais notórios, embora, ao mesmo tempo, os mais inocentes entusiastas de que já se teve notícia" (E,75-6). A crítica de Locke ao "entusiasmo", em especial contra os extremistas protestantes, encontra-se no capítulo que ele acrescentou à quarta edição de seu *Essay* (cap. 19); sobre as bases dessa crítica, ver M. Cranston, *John Locke*, esp. pp. 277-8. Um estudo muito minucioso das mudanças semânticas de "entusiasmo" na história das idéias encontra-se em S. I. Tucker, *Enthusiasm*.

3. Hegel, *History of philosophy*, v. 1, p. xiii; *Theologische Jugendschriften*, citado em R. Plant, *Hegel*, p. 47. O primeiro aspecto é totalmente explicitado em sua *Philosophy of nature* (1830), pp. 191-220. Sobre as primeiras obras de Hegel sobre religião e o lugar delas em seu pensamento, ver Hyppolite, *Introduction à la philosophie de l'histoire de Hegel*, caps. 2 e 3.

4. Marx, *Difference between the Democritean and the Epicurean philosophy of nature*, em *Works*, v. 1, p. 104. Cf. Platão, *Apology*, p. 24.

5. Smith, WN,796. Para um comentário sobre essa sentença, ver Raphael, "Adam Smith: philosophy, science and social science", p. 81. Ver também o comentário de Hume em E,579.

6. Aristóteles, *Physics*, 185a11.

7. Swift, *A tale of a tub* (1710), p. 105. Em uma de suas primeiras obras, *Lectures on rhetoric*, Smith refere-se a Swift como "o mais franco, além de o mais correto e preciso de todos os escritores ingleses [...] Todas as suas obras mostram total conhecimento de seu tema" (p. 42).

8. L. Wittgenstein, *On certainty*, § 253, p. 33e. Ver também J. Annas e J. Barnes, *The modes of scepticism*, esp. p. 92; G. H. von Wright, "Wittgenstein on certainty". Sobre a fonte e as bases do lema de Hume, ver E. C. Mossner, *Life of David Hume*, pp. 78 e 296.

9. Os versos citados provêm de A. Pope, "Epitaph intended for Newton's tomb" (*Poetical works*, v. 2, p. 342). O comentário de Hume sobre o feito de Newton encontra-se em sua *History of England* (1776), v. 6, p. 542. Esta passagem foi citada pelos seguintes autores: Mossner, *Life of David Hume*, p. 75; N. Kemp Smith, *The philosophy of David Hume*, p. 52; Brown, "The principle of natural order", pp. 59-60; Passmore, *Science and its critics*, p. 5, e *Hume's intentions*, p. 43.

10. A carta a lorde Kames (Henry Home) é de 2 de dezembro de 1737 e encontra-se em *Letters*, v. 1, p. 25 e Burton, *Life and correspondence*, v. 1, p. 62. A expressão "ilusões do entusiasmo filosófico" provém de 2ºE,343. Sobre a importância da ciência do homem, ver também Malebranche, *The search after truth*, p. 291 e esp. p. xxv: "De todas as ciências humanas, a ciência do homem é a mais valiosa. No entanto, essa ciência não é a mais cultivada nem a mais completa que possuímos; os homens comuns a negligenciam por completo. Mesmo entre os que se orgulham da ciência, poucos há que se aplicam a essa ciência, e menos ainda os que se aplicam a ela com algum êxito". Sobre as origens do projeto de Hume em THN e suas relações com a ciência do homem, de Hobbes, ver P. Russell, "Hume's *Treatise* and Hobbes's *Elements of Law*".

11. Hume, *Dialogues*, p. 149. Para passagens semelhantes, ver THN,267-74 e 1ºE,9, 106 e 158-9: "Os grandes subversores do pirronismo ou dos princípios excessivos do ceticismo são a ação, o emprego e as ocupações da vida comum". Sobre as origens deste argumento e a história do ceticismo, ver Annas e Barnes, *The modes of scepticism;* eles afirmam que "A atitude de Hume quanto ao ceticismo é complexa [...] mas não há dúvida de que sua filosofia é moldada e alicerçada nos argumentos céticos que derivam de Sextus [Empiricus]" (p. 6).

12. Marx, *Early writings*, p. 326. Cf. Hume, E,179n e *Dialogues*, p. 150.

13. Em seu "Abstract" de THN, Hume escreveu: "Portanto, não é a razão que é o guia da vida, mas o costume" (THN,652); ver também sua *History of England*, v. 3, p. 192: "Mas em oposição a essas razões e a muitas outras que poderiam ser enumeradas, Henrique [VIII] tinha a seu lado o costume e o precedente, o princípio segundo o qual os homens são quase inteiramente governados em suas ações e opiniões." Cf. Malebranche, *The search after truth*, pp. xx-xxi; *Early writings of Charles Darwin*, p. 84: "Os homens são chamados criaturas da razão [porém] mais apropriadamente deveriam ser chamados criaturas do hábito." Ver também, de Hume, THN e sua exposição sobre a conduta humana; Teichgraeber III, "*Free trade and moral philosophy*", esp. pp. 85 e 97.

14. A. N. de Condorcet, *Sketch for a historical picture of the progress of the human mind*, pp. 163 e 168-9.

15. Hayek, *Law, legislation and liberty*, v. 3, pp. 175-6.

16. Smith, EPS,48 e TMS,157. Cf. a afirmação de Montaigne, "Percebo claramente que não prestamos devoção a nada além dos ofícios que exaltam nossas paixões" (*Essays* [1580], p. 222). Smith está citando, de Malebranche, *The search after truth:* "Que todas as paixões procuram sua justificação; os julgamentos que elas nos levam a fazer para justificá-las" (pp. 399-403). Ver também C. McCracken, *Malebranche and British philosophy*, esp. pp. 254-90.

17. B. de Spinoza, *Tractatus Politicus* (1677) em *Political works*, p. 263. Sobre seu uso de *affectus*, ver S. Hampshire, "Spinoza and the idea of freedom".

18. A *Ética* de Spinoza originalmente intitulou-se *Ethica Ordine Geometrico Demonstrata*. Sobre a abordagem de Hume e Smith para o estudo da história e da relevância deste para sua ciência do homem e da sociedade, ver Skinner, "Natural history in the age of Smith"; a introdução de Rotwein a *Hume: writings on economics*, pp. xxi-xxxi; Cassirer, *Philosophy of the Enlightenment*, pp. 226-8; Becker, *The heavenly city*, p. 3.

19. La Rochefoucauld, *Maxims* (1665), § 460, p. 95; § 43, p. 42; § 8, p. 38.

20. Spinoza, *Ethics*, p. 130. Cf. J. Ray, *Three physico-theological treatises* (1713): "Uma paixão, eu a denomino [vergonha], porque o corpo, tal qual em outras paixões, sofre com ela, e isto de um modo peculiar; ela causa súbita afluência do sangue para as partes externas, especialmente o rosto, a que se chama enrubescer, e uma tristeza nos olhos" (citado em Lovejoy, *Reflexions on human nature*, p. 165). Sobre a idéia de "paixão" (*pathos*) na história da filosofia grega, ver E. R. Dodds, *The Greeks and the irrational*, pp. 181-95 e 211-6.

21. Bacon, *Advancement of learning*, p. 71 e "Of adversity" em *Essays*, p. 11. Ver também Smith, TMS,252-3; Lucrécio, *De Rerum Natura*, Livro III, LL.55-8: "É mais apropriado observar um homem em dúvida e perigo e aprender de que maneira ele é na adversidade; pois então finalmente um grito verdadeiro lhe é arrancado do fundo do coração; a máscara cai e a verdade atrás dela permanece".

22. Teichgraeber III, *"Free trade" and moral philosophy*, p. 172; Sobre este tipo específico de equívoco sobre WN, ver também G. Himmelfarb, *The idea of poverty*, cap. 2.

23. Ver em especial suas *Lectures on rhetoric*, p. 173; também pp. 145-6 sobre os diferentes métodos de exposição científica e seus méritos. Em WN,768-9, Smith refere-se à "beleza de um arranjo sistemático de diferentes observações ligadas por alguns princípios comuns". Para um paralelo interessante entre o prazer derivado de uma "combinação bem composta" e de "um grande sistema em qualquer outra ciência", ver seu texto "Of the imitative arts" (EPS, 204-5).

24. Ver Hume, "Of curiosity, or the love of truth" (THN,451). Ver também THN,422-3: "Quando a alma aplica-se à execução de qualquer ação ou à concepção de qualquer objeto ao qual não está habituada, há certa inflexibilidade nas faculdades e uma dificuldade do espírito para mover-se em sua nova direção. Como essa dificuldade excita o espírito, é a fonte de admiração, surpresa e de todas as emoções que nascem da novidade". Esta passagem, podemos observar, contradiz o relato de W. Wightman sobre as origens da filosofia da ciência de Smith em "Adam Smith and the history of ideas", esp. p. 56. Para a filosofia da ciência de Smith, ver EPS,33-53 e WN,767-8. Sobre a importância de sua história da astronomia para a compreensão de suas obras, ver, além das duas introduções do editor a EPS, as seguintes obras: Skinner, "Science and the role of imagination"; Raphael, "'The true old Humean philosophy' and its influence on Adam Smith"; I. Lakatos, "Newton's effect on scientific standards", esp. p. 222.

25. Keynes, *Collected writings*, v. 9, p. 329.

7. AS PAIXÕES DA IMAGINAÇÃO, II [PP. 123-40]

1. Sobre a teoria da mudança econômica estrutural de Smith e suas concepções sobre como ela afeta as instituições econômicas e sociopolíticas, ver Skinner, "Historical theory"; R. L. Meek, "Smith, Turgot and the 'four stages theory'".

2. Sobre o papel dos motivos sub-racionais em Smith, ver Winch, *Adam Smith's politics*, esp. pp. 165-9: "Smith não usa o constructo conhecido como 'homem econômico'" (p. 167); Coats, "Adam Smith's conception of self-interest in economic and political affairs"; Viner, *The role of Providence*", pp. 77-85; *Bonar, Philosophy and political economy*, pp. 171-5; Lovejoy, *Reflections on human nature*, pp. 213-5 e pp. 258 ss. Sobre as origens humeanas da psicologia econômica de Smith, ver Teichgraeber III, *"Free trade" and moral philosophy*, esp. p. 85 e pp. 97 ss.; Skinner, *A system of social science*, pp. 14-5; introdução de Rotwein a *Hume: writings on economics*, p. xxxii-liii: "a paixão do ganho [...] é essencialmente da natureza de um desejo de acumular símbolos de esforço bem-sucedido" (p. xlv); Forbes, "Hume and the Scottish Enlightenment", esp. pp. 99-101.

3. Malebranche, *The search after the truth* (1ª ed. 1674, primeira tradução inglesa, 1694), p. 290. Em sua obra anterior *Lectures on rhetoric*, Smith observou: "A índole dos homens é tal que somos inclinados antes a rir dos infortúnios de nossos inferiores do que a tomar parte neles" (p. 24). Cf. Lucrécio, *De Rerum Natura*, Livro V, ll.1114-16: " [...] pois, ainda que em sua maioria nasçam homens fortes, por mais belos que sejam seus corpos, eles seguem a liderança do homem mais rico". Três cópias da obra de Lucrécio foram encontradas na biblioteca de Smith: ver J. Bonar, *A catalogue of the library of Adam Smith* e H. Mizuta, *Adam Smith's library.*

4. Cf. Aristóteles, *Nicomachean ethics*, 1155a4-8: "Pois sem amigos ninguém preferiria viver, ainda que possuísse todos os outros bens; julga-se que mesmo os homens ricos e os que detêm cargos e poder dominante são os que mais precisam de amigos" (p. 192).

5. Bentham, *Introduction to the principles of morals and legislation* (1789), p. 11.

6. Sobre as concepções de "bens posicionais" e "empregos posicionais", ver F. Hirsch, *Social limits to growth.*

7. Sobre esta importante questão, ver Bonar, *Philosophy and political economy*, p. 172: "Os homens lutam pela riqueza em grande medida porque têm uma idéia ilusória dos prazeres que podem obter com ela, sendo, com isso, seduzidos a uma linha de ação que tem conseqüências benéficas não devidas a intenções humanas"; Winch, *Adam Smith's politics*, p. 91: "O ceticismo de Smith em relação aos prazeres materiais é uma característica essencial de sua obra [TMS], e de modo algum se faz ausente em *A riqueza das nações*. Além de certas 'necessidades e conveniências do corpo', afirmava Smith, a busca de benefícios materiais era em grande medida ilusória para os indivíduos [...] Mas Smith reconhecia que a ilusão, embora derivada de uma corrupção de nossos sentimentos morais, era importante para a sociedade porque 'estimula e mantém em movimento contínuo a indústria dos homens'".

8. Cf. Montaigne, "An apologie of Raymond Sebond": "Oh homens, a maioria dementes e desgraçados, que se empenham em ser piores do que podem!" (*Essays*, p. 223).

9. Malthus, *First essay*, pp. 228-9: "O primeiro objetivo da mente é atuar como provedora das necessidades do corpo".

10. Malthus, *First essay*, pp. 261-2. Cf. Paley, *Principles*, p. 23: "a felicidade não consiste nos prazeres dos sentidos", ou seja, nas "gratificações animais do comer, beber e aquela pela qual a espécie se perpetua". Ver também Epicteto, *The Encheiridion*, v. 2, p. 535.

11. A expressão "obscurantismo do prazer" provém de R. Barthes, *The pleasure of the text*, p. 46: "Um em cada dois franceses, ao que parece, não lê; metade da França se encontra privada — priva-se do prazer do texto [...] Melhor seria escrever a história penosa, estúpida, trágica de todos os prazeres a que as sociedades fazem objeção ou a que renunciam: existe um obscurantismo do prazer". Cf. Nietzsche, *The gay science*, § 328-9, pp. 258-60; Russell, *The conquest of happiness*, p.

53: "Homens e mulheres parecem ter se tornado incapazes de apreciar os prazeres mais intelectuais [...] Não é só o trabalho que é envenenado pela filosofia da competição; o lazer é envenenado em grau idêntico".

12. S. Freud, "Creative writers and day-dreaming" (1907), p. 145. Cf. nesta questão: Tucídides, "Pericles' funeral speech": "[...] não é sentida tristeza com a perda do que nunca foi usufruído, e sim com a privação de prazeres que uma longa experiência tornou familiares" (pp. 44-5); Sêneca, "Peace of mind": "[...] verás que aqueles a quem a fortuna jamais sorriu são mais alegres do que aqueles a quem ela abandonou" (*Minor dialogues*, p. 267); Spinoza, *Ethics*, p. 134: "[...] a mente não é livre para esquecer ou lembrar alguma coisa conforme ache conveniente". Sobre a chamada "descoberta do inconsciente" por Freud, ver I. Dilman, *Freud and the mind.*

13. Ver Aristóteles, *Metaphysics*, 982b. Hegel já mostrara predileção por essa concepção, referindo-se a essa passagem aristotélica pelo menos três vezes, em: *Philosophy of nature*, v. 1, p. 194; *Philosophy of history*, p. 80; *History of philosophy*, p. 135. Ver também G. Duncan, *Marx and Mill*, pp. 185-6; Arendt, *The human condition*, pp. 132-5.

14. W. Godwin, *Thoughts occasioned by the perusal of Dr Parr's Spital Sermon*, p. 73.

15. Hume, "A dissertation on the passions", pp. 188-9. Esta passagem, assim como a "Dissertação" como um todo, constitui, em grande medida, uma cópia literal de partes do Livro II de THN; na citação aqui apresentada, por exemplo, além de mudanças na pontuação, ele substituiu "um animal bem-proporcionado na floresta" por "um animal no deserto" (cf. THN, 303-4). Mas na "Dissertação" (publicada pela primeira vez em 1757 como uma das *Quatro Dissertações* complementares aos dois *Enquiries*, Hume acrescentou uma observação importante (p. 486) sobre a relação de propriedade como sendo "a relação que tem a maior influência sobre essas paixões [orgulho e vaidade]", observação que não aparece em THN.

16. Hume, "A dissertation on the passions", p. 486.

17. Marx, *Grundrisse*, p. 173: "Quanto menos tempo for necessário à sociedade para produzir trigo, gado etc., mais tempo ela ganha para outras produções, materiais ou mentais. Exatamente como no caso de um indivíduo, a multiplicidade de seu desenvolvimento, seu prazer e sua atividade dependem da economia de tempo. Economia de tempo; a isto, em última análise, reduz-se toda economia".

18. Keynes, *Collected writings*, v. 9, p. 327.

19. Ver Marshall, *Memorials*, p. 339.

20. Ver Carlyle, *Selected writings*, pp. 222-6.

21. Nietzsche, *Daybreak*, § 179, p. 108. Cf. Bentham, *Rationale of reward*, em *Works*, v. 2, p. 253: "Preconceito à parte, o jogo de *pushpin* tem valor igual ao das artes e ciências da música e poesia. Se o jogo de *pushpin* proporciona mais prazer, é mais valioso que essas duas"; ver também Mill, CW10, 113-4. Sobre a concepção de capacidades, ver Sen, "Rights and capabilities" e "Goods and people". E sobre a impotência dos governos para trazer à luz certos estados sociais, ver Elster, *Sour grapes*, pp. 86 ss.

CONCLUSÃO DA PRIMEIRA PARTE [PP. 141-3]

1. E. Young, *Night-thoughts* (1744), Night IV, p. 298.

2. Malthus, *First essay*, pp. 252, 254.

8. COMPREENDENDO OS MAL-ENTENDIDOS [PP. 153-64]

1. Ver Alexander Pope, *Correspondence*, v. 4, pp. 171-2.

2. J. Rae, *Life of Adam Smith*, p. 403. Este caso é comumente citado na maioria das biografias de Smith e Pitt. Mas para uma discussão mais atenta e minuciosa, ver J. Ehrman, *The younger Pitt*, esp. p. 249: "Seria precipitado indicar um efeito demasiado preciso da grande obra de Adam Smith. Sua influência foi embrionária, e não específica. Raramente se pode ter certeza de que determinado ato de política originou-se diretamente de seus conselhos".

3. A história foi contada diretamente por Addington, e o *locus in quo* é a casa de H. Dundas, em Londres. Em publicações impressas, foi mencionada pela primeira vez em G. Pellew, *Life and correspondence of Henry Addington*, v. 1, p. 151. Embora não seja apontada uma data, Ehrman afirma que "a ocasião deve ter sido em 1787" (p. 512n). A história foi recontada pelos seguintes autores: Rae, *Life of Adam Smith*, p. 405; F. Hirst, *Adam Smith*, p. 228; Himmelfarb, *The idea of poverty*, pp. 73-4; Raphael, *Adam Smith*, p. 27. Sobre Pitt-Smith, ver também C. R. Fay, *Adam Smith and the Scotland of his day*, pp. 35-8; Winch, *Adam Smith's politics*, pp. 7-8.

4. Bagehot, "William Pitt" (1861), em *Works*, v. 3, p. 130. Ver também J. Burrow, "Sense and circumstances: Bagehot and the nature of political understanding", esp. p. 178: "Este é retrato do jovem Pitt feito por Bagehot. Ele é o tipo ideal de relação entre idéias e ação, combinando, na descrição de Bagehot, qualidades normalmente divididas entre tipos opostos de homens".

5. Lovejoy, *Great chain of being*, pp. 22-3; Koyré, *Closed world*, p. 246; Locke, *Essay concerning human understanding*, pp. 480 e 496.

6. Lovejoy, *Great chain of being*, p. 14.

7. Nietzsche, *Daybreak*, § 47, p. 32. A comparação entre palavras e moedas espelhou-se em F. M. Cornford, *The unwritten philosophy*, p. 40.

8. Ver Wiley, *The eighteenth century background*, p. 2. Ver também R. W. Harris, *Reason and nature in the eighteenth century;* R. Feingold, *Nature and society*, esp. cap. 2; R. Williams, *Keywords*, pp. 184-9. O trabalho mais abrangente sobre os significados de "natureza" é provavelmente o de Lovejoy e G. Boas, *Primitivism and related ideas in Antiquity*, pp. 103-16 e o apêndice ("Some meanings of 'Nature'"), no qual são mencionadas cerca de 66 acepções. Sobre o uso marxista-dialético de "natureza", ver A. Schmidt, *The concept of nature in Marx*.

9. Lewis, *Studies in words*, p. 5.

10. Kuhn, *The essential tension*, p. xii.

11. Wittgenstein, *Culture and value* pp. 79e e 43e. Cf. a curiosa observação de G. E. Moore em "Wittgenstein's lectures in 1930-33", pp. 2-3: "Sobre essas discussões na Áustria, sei apenas que Ramsay me disse que, em resposta às suas perguntas quanto ao significado de certas declarações [no *Tractatus*], Wittgenstein replicou mais de uma vez ter-se esquecido do que quisera dizer com a declaração em questão".

12. Hayek, *Law, legislation and liberty*, v. 1, p. 32 (cf. nota 26 do cap. 1 acima, parte I); Lukács, "On the responsibility of intellectuals", p. 268; para uma menção completa da tese de Lukács — a do "caminho da Alemanha até Hitler na esfera da filosofia" e do hitlerismo como a "'coroação' ideo-

lógica e política do desenvolvimento do irracionalismo" — ver Hayek, *The destruction of reason,* esp. pp. 11 ss.

13. Cassirer, *The myth of the State,* p. 248. Refletindo sobre o êxito e revivescimento da filosofia de Hegel na Alemanha e em outros países, Schumpeter concluiu que aquilo estava "além de qualquer explicação que eu pudesse dar. Eu poderia explicar o sucesso temporário na Alemanha do filósofo a quem se atribui ter dito: 'De todos os meus alunos, apenas um me compreendeu; e este me compreendeu errado'" (*History of economic analysis,* p. 413).

14. Robbins, *Theory of economic policy,* pp. 4-5. Para um comentário sobre essa passagem, ver A. Gerschenkron, "History of economic doctrines and economic history", p. 6.

15. Stigler, *Memoirs of an unregulated economist,* pp. 216, 214.

16. Sobre a interpretação errônea do passado como um "presente espúrio", ver L. Kruger, "Why do we study the history of philosophy", esp. pp. 79-85. Ver também Kuhn, "The relations between the history and the philosophy of science". Para aplicações da abordagem kuhniana mais refinada à história da economia, ver P. Deane, *The evolution of economic ideas;* A. K. Dasgupta, *Epochs of economic theory.*

17. Pareto, *Manual,* p. 94. Cf. o tratamento semelhante dado por J. A. Hobson à formação das crenças em Clarke, *Liberals and social democrats,* esp. p. 223. A comparação entre "clássicos" e "aristocratas" baseou-se na introdução de A. Flew ao *Essay* de Malthus, p. 8. Como escreveram os editores de Malthus no anúncio de *A summary view* (1830), "Com freqüência se observa que nenhuma obra foi tão comentada por pessoas que aparentemente não a leram quanto o *Ensaio sobre o princípio da população* de Malthus" (*Introduction to Malthus,* ed. D. Glass, pp. vii e 117).

9. CONTRATOS E ARMADILHAS [PP. 165-72]

1. Bacon, *Valerius Terminus,* manuscrito em latim publicado postumamente, citado e traduzido por Farrington em *Francis Bacon,* p. 60. O termo "conceito" (*conceit*) é empregado aqui em sua acepção mais antiga, significando concepção ou julgamento.

2. Nietzsche, *Human all too human,* § 153, p. 248.

3. Bartlett, *Remembering,* p. 175.

4. Locke, *Essay,* pp. 489 e 504. O memorando manuscrito (a John Freke) é citado por Cranston em *Locke,* p. 415; ver também pp. 273-4 sobre a idéia da concordância equivocada.

5. Carlyle, *Selected writings,* p. 155.

6. Bacon, *Advancement of learning,* p. 134.

7. Bacon, *Cogitata et visa,* p. 79 (sobre esta obra, ver nota 19 do capítulo 3, primeira parte acima).

8. Sobre a lição socrática, ver Platão, *Phaedo* 91b-c: "Se ouvires meu conselho, darás pouca atenção a Sócrates e muito mais à verdade: se te parece que digo algo verdadeiro, concorda, mas se não, resiste com todos os argumentos que puderes, cuidando para que em meu entusiamo eu não engane a ti e a mim mesmo também e parta como uma abelha que deixa seu ferrão para trás". Cf. Epicuro, ed. Bailey, p. 117 e a observação de Popper: "Nossas falsificações indicam os pontos em que tocamos a realidade, por assim dizer" (*Conjectures and refutations,* p. 116). O paradoxo de "tentar impressionar" encontra-se em Elster, *Sour grapes,* p. 66.

9. T. S. Eliot, *The use of poetry and the use of criticism*, p. 109. A observação de La Rochefoucauld encontra-se em *Maxims*, § 487, p. 98.

10. Ambas as cartas (datadas de 2 e 5 de julho de 1866) encontram-se em *More letters of Charles Darwin*, v. 1, pp. 267-71.

11. Ambas as cartas encontram-se em *Life and letters of Charles Darwin*, v. 2, pp. 316-8.

12. Bonar, *Malthus and his work*, p. 1. Ver também o "Memoir" de Bishop Otter, anexo à segunda edição de *Principles*, de Malthus, esp. p. xvi: "De fato, durante algum tempo pode-se dizer que ele ficou sozinho no terreno que conquistara. A maré da opinião pública fluiu obstinadamente contra ele".

10. SOBRE O USO ERRÔNEO DA LINGUAGEM [PP. 173-83]

1. Bacon, *Advancement of learning*, p. 128. O nome "tártaro" referia-se originalmente aos seguidores de Gengis Khan que invadiram a China no século XIII, mas foi depois aplicado a outros invasores estrangeiros; não consegui encontrar explicação para o "arco de um tártaro". A noção de pensar com a caneta provém de Wittgenstein, *Culture and value*, p. 17e. Ver também as esclarecedoras discussões de P. Ziff sobre significado e compreensão em *Understanding understanding*.

2. Smith, *Lectures on rhetoric*, pp. 203, 206-7 e 214. O ensaio de Smith foi publicado pela primeira vez em 1761 em *Philological miscellany* e depois acrescentado à terceira edição de TMS (1767).

3. Hegel, *Philosophy of right*, p. 270. A observação de Holderlin é citada por M. Hamburger em "Holderlin", p. 60. Segundo Hamburger, "os que viram Holderlin apenas como um visionário inspirado não notaram sua extraordinária capacidade de autocrítica e de reflexão crítica sobre sua própria obra. Como mostram seus ensaios e cartas, Holderlin repetidamente questionou, modificou ou mesmo rejeitou as premissas de sua arte" (*Art as a second nature*, p. 57).

4. Carta de 21 de novembro de 1807 a K. L. von Knebel, em W. Kaufmann, *Hegel*, p. 322. Em sua carta, Knebel (o tradutor de Lucrécio para o alemão) dissera: "Verdadeiramente, nós o consideramos um dos primeiros pensadores de nossa era; mas gostaríamos que pudesse ter defendido a força espiritual com mais forma física" (p. 320).

5. Nietzsche, *The gay science*, § 173, p. 201; *Beyond good and evil*, § 290, p. 229. Cf. seus comentários em *Daybreak*, § 193, onde ele discute o modo de escrever de Hegel e "seu característico estilo ruim". Ver também sua carta de 22 de janeiro de 1875 à sua irmã: "Serei assim tão difícil de ser compreendido e tão fácil de ser mal compreendido em todas as minhas intenções, planos e amizades? Ah, nós, os solitários e espíritos livres depreendemos que de um modo ou de outro constantemente parecemos diferentes do que pensamos. Enquanto ansiamos por nada mais que a verdade e a franqueza, somos cercados por uma rede de equívocos" (*Selected letters*, p. 101).

6. Ver *The letters of David Hume*, v. 1, p. 187. J. Stewart, o destinatário, era na época professor de filosofia natural na Universidade de Edimburgo. Ver Mossner, "The continental reception of Hume's *Treatise*"; também a observação de Hume, em carta de 6 de julho de 1759 a Adam Smith: "Se minhas obras anteriores não comprovam suficientemente que não sou jacobita, dez volumes *in-folio* não o farão".

7. Cf. a interpretação favorável dada por Kaufmann a esse aforismo: "É quase certo que Hegel não estava pensando em si mesmo [...] estamos todos condenados, na opinião de Hegel, a

tentar compreender o que o homem já pensou até a nossa época e a reviver, em forma condensada, as experiências do espírito do mundo" (*Hegel*, p. 365).

8. Ver Keynes, *General theory*, pp. 33e 378. Sobre essa questão, ver também, entre outros, Robinson, "History versus equilibrium"; T. Balogh, *The irrelevance of conventional economics;* Georgescu-Roegen, *The entropy law*, esp. pp. 330 ss.; Mises, "Comments about the mathematical treatment of economic problems": "As equações da economia matemática são [...] inúteis para todas as finalidades práticas. Mas também não têm valor como conhecimento" (pp. 97-8).

9. Locke, *Essay concerning human understanding*, p. 494. Sobre a filosofia da ciência de Bacon, ver Farrington, *Francis Bacon;* Kuhn, "Mathematical versus experimental traditions in the development of physical science"; Broad, *The philosophy of Francis Bacon.*

10. Ambas as cartas encontram-se em *Memorials*, pp. 422 e 427. O destinatário era A. L. Bowley, ex-aluno de Marshall e na época professor de economia na LSE.

11. Keynes, *General theory*, p. 371.

12. P. Dasgupta e F. Hahn, "To the defence of economics", p. 590. O artigo é uma resposta à crítica de A. S. Eichner em um texto intitulado "The lack of progress in economics".

13. Hahn, "Living with uncertainty in economics", p. 833.

14. Keynes, "The general theory of employment", em *Collected writings*, v. 14, p. 111.

15. *The early writings of Charles Darwin*, pp. 195-6. Ver também os comentários de H. E. Gruber sobre essa passagem em *Darwin on man*, p. 251. Para a reação de Huxley, ver a introdução de E. Mayr à sua edição de *Origem das espécies*, p. xv. Sua resenha de *Origem das espécies*, publicada pela primeira vez em 1860, encontra-se em *Darwiniana*, v. 2, pp. 22-79. Para a breve lista de Darwin sobre os que haviam entendido sua teoria em vez de tê-la interpretado mal, ver as cartas mencionadas na nota 11 do capítulo 9 acima.

16. Marshall, *Economics of industry*, p. 30. O comentário de Bagehot encontra-se em "Malthus" (1880), *Collected works*, v. 11, p. 341.

17. Nietzsche, *Human all too human*, § 532, p. 183.

11. ERROS E ILUSÕES [PP. 184-94]

1. Arrow, "Classificatory notes on the production and transmission of technical knowledge", p. 174.

2. A distinção proposta entre erros e ilusões fundamenta-se em Freud, *The future of an illusion*, p. 27.

3. Malthus, *First essay*, p. 210; Marx, *O capital*, v. 1, pp. 766-7n (grifo acrescido em ambos). Sobre a história das idéias a respeito da idade da Terra, ver G. Davies, *The Earth in decay*, pp. 12-8. Sobre o casamento de Malthus e seus filhos, ver o ensaio de Bishop Otter, publicado na segunda edição (1836) de *Principles*, de Malthus.

4. A asserção de Smith encontra-se em TMS, 140. A de Hegel, em *Philosophy of history*, pp. 26, 36. Sobre a posição de Smith, ver também sua declaração em TMS, 235 ("a própria suspeita de um mundo sem pai deve ser a mais melancólica de todas as reflexões"), e a posição assumida pelo deísta Cleantes em Hume, *Dialogues concerning natural religion*, p. 228: "A saúde é mais comum que a doença, o prazer que a dor, a felicidade que a tristeza. E para um aborrecimento que encontramos, logramos, ao contar, uma centena de contentamentos". Sobre a crítica de Hegel ao hedo-

nismo e a defesa da idéia de que na história os "períodos de felicidade são páginas em branco", ver H. Marcuse, "On hedonism"; sobre o desenvolvimento de sua filosofia da história, ver J. Hyppolite, *Introduction à la philosophie de l'histoire de Hegel.*

5. Bacon, *Novum Organum*, § 44, p. 18 e § 49, p. 23; *Advancement of learning*, pp. 126-7; *Novum Organum*, § 49, p. 23 e § 46, p. 20. Cf. as idéias cartesianas de que "não existe coisa alguma inteiramente em nosso poder além de nossos pensamentos" e "não há nada que para mim seja mais fácil conhecer que minha mente" (*Works*, v. 1, pp. 97 e 157).

6. La Rochefoucauld, *Maxims*, § 513, p. 105.

7. B. Russell, "The place of science in a liberal education", p. 57.

8. Bacon, *Advancement of learning*, pp. 128-9.

9. Viner, *The role of Providence in the social order*, pp. 18-9; ver também p. 85.

10. Peirce, "The fixation of belief", p. 11. Para uma análise minuciosa desse artigo, ver W. B. Gallie, *Peirce and pragmatism;* segundo Gallie, "o movimento filosófico conhecido como pragmatismo é, em grande medida, resultado do mau entendimento de Peirce por James" (p. 30).

11. Hayek, *Law, legislation and liberty*, v. 1, p. 61; Myrdal, "The trend towards economic planning", p. 40. A propósito, Hayek e Myrdal receberam juntos o Prêmio Nobel de Economia em 1974.

12. Darwin, *Autobiography*, p. 123.

13. Bacon, "Of truth" em *Essays*, pp. 1-2. Para o alerta do filósofo, ver a carta de Wittgenstein de 16 de novembro de 1944 em N. Malcolm, *Wittgenstein*, p. 94.

12. A PROTEÇÃO DA CRENÇA [PP. 195-202]

1. R. Bambrough, *Moral scepticism and moral knowledge*, pp. 113-4. Os exemplos citados no parágrafo seguinte provêm das páginas 113 e 115. Sobre a concepção de acrasia, ver também a introdução de Ackrill a *Aristotle's Ethics;* Dodds, *The Greeks and the irrational*, pp. 183 ss.; D. Evans, "Moral weakness".

2. Dostoyevsky, *The gambler*, pp. 31, 128; *Diary of a writer*, p. 270.

3. Bacon, citado por Broad em *The philosophy of Francis Bacon*, p. 49. Cf. Nietzsche, *Human all too human*, § 115: "[...] uma crença forte demonstra apenas sua força, e não a verdade daquilo em que se acredita" (p. 19). Em carta escrita em 1876, Nietzsche descreveu a si mesmo como "um homem que anseia por nada mais do que todo dia livrar-se de alguma crença tranqüilizadora" (*Selected letters*, p. 111). Ver também a observação de Pareto em uma carta particular: "Aprendi sobretudo a desconfiar de emoções, de modo que hoje, se alguma coisa adequar-se aos meus sentimentos, isso só me deixa desconfiado e me faz procurar argumentos contra ela com mais cuidado do que se ela fosse contrária a meus sentimentos" (*The other Pareto*, p. 178).

4. Ver os fragmentos de Heráclito. Segundo J. Burnet, "A luz pura é a alma mais sábia" é uma alteração das palavras textuais de Heráclito; a forma correta seria "A alma pura é a mais sábia e a melhor" (*Early Greek philosophy*, pp. 138 e 138n2). Ver também a nota de T. Fowler em sua edição de *Novum Organum*, p. 225n77. Em *The advancement of learning*, Bacon refere-se a "Heráclito, o profundo" como sua fonte para a metáfora da "luz pura" (p. 8); Em "Of truth" ele escreveu: "A mistura de uma mentira sempre acrescenta prazer" (*Essays*, p. 2).

5. Darwin, *Autobiography*, p. 125.

6. Popper, *Open society*, v. 2, adendo, p. 394. Explicando sua posição, acrescentou: "De certo modo, escrevi sobre Hegel de maneira que supunha que poucos o levariam a sério" (p. 394). A observação de Locke é citada por Cranston em *Locke*: "Ele ressaltou o perigo do hábito de conversar 'com um só tipo de homem' e de ler 'um só tipo de livro'. Os homens que agiam assim, disse Locke, 'separam para si uma pequena *Gósen* no mundo intelectual, onde a luz brilha e, como concluem, o dia os abençoa; mas o resto daquele vasto *expansum* eles deixam para a noite e as trevas, e assim evitam aproximar-se dele'" (p. 419).

7. Montaigne, "An apologie of Raymond Sebond", em *Essays*, p. 224.

8. J. N. Findlay, *Hegel*, p. 272. As afirmações de Hegel provêm de *Philosophy of Nature*, v. 3, pp. 22-3; em nota, M. Petry comenta: "Ao negar que 'o homem formou-se do animal', Hegel está evidentemente rejeitando a teoria da evolução proposta por Lamarck" (p. 230). Ver também sobre esta questão a introdução de Findlay à tradução de Miller da obra de Hegel, p. xv; C. Taylor, *Hegel and modern society*, p. 28n.

9. Para a carta de Darwin (13 de julho de 1856), ver *More letters*, v. 1, p. 94. Em carta de 11 de janeiro de 1844 a Hooker, Darwin pela primeira vez afirmara crer que as espécies não eram imutáveis — "é como confessar um assassinato", acrescentou ele entre parênteses. Em outra carta a Hooker (13 de setembro de 1864), comentou: "Você tem por muitos anos representado todo o grande público para mim". Ver também R. Colp Jr, *To be an invalid*, p. 55. A ligação entre o reverendo Taylor e Darwin tem por base uma alusão feita por J. R. Moore em sua contribuição a *Charles Darwin*, pp. 176 e 188. O reverendo Taylor fora bolsista da Queen Margaret's Foundation, em St John's College, Cambridge, graduando-se em 1813. Sua principal obra foi *The Devil's pulpit* (1831); a passagem citada no último parágrafo provém de seu sermão "A taça da salvação": "Bem que eles [seus perseguidores] procuraram expor-me à execração pública, cravando-me o título oprobrioso de Capelão do Demônio: pois, como o Demônio, estou lhes causando grandes danos à profissão, e verdadeiramente vos tento a pegar, arrancar e comer o fruto proibido da Árvore do Conhecimento" (p. 227).

10. Darwin, *Autobiography*, p. 57. Ver também *Early writings*, p. 125.

11. Montaigne, "An apologie of Raymond Sebond, em *Essays*, p. 222.

12. Keynes, *Collected writings*, v. 2, p. 6. Cf. C. Glacken, *Traces on the Rhodian shore*, p. 647: "O pensamento ocidental nunca mais foi o mesmo depois de Malthus".

13. SOBRE O MAU ENTENDIMENTO DE MALTHUS [PP. 203-13]

1. Ruskin, *Unto this last*, § 279, p. 84 e § 183, p. 57. A carta citada foi escrita para C. E. Norton (3 de abril de 1871), em *Ruskin today*, p. 118. Também usei nesse parágrafo expressões extraídas do prefácio de P. Shelley a *Laon and Cythna* e de W. Hazlitt, "Mr. Malthus", p. 270.

2. Malthus, *First Essay*, p. 350.

3. Coleridge, *Table talk*, v. 2, p. 88. Essa mesma passagem é citada também por Keynes em seu esboço biográfico de Malthus (*Collected writings*, v. 10, p. 85) e por H. A. Boner em *Hungry generations*, p. 123.

4. Ver Emerson, "Poetry and imagination", em *Complete works*, p. 603, grifo adicionado e ligeiramente adaptado. Cf., porém, sua crítica a Malthus em "Works and days" (esp. p. 409). As

anotações marginais de Coleridge foram impressas na íntegra (com as passagens correspondentes do *Ensaio* de 1803) em G. Potter, "Unpublished marginalia in Coleridge's copy of Malthus' *Essay on population*"; as expressões citadas encontram-se nas páginas 1063 e 1065: "Estou cansado de refutar esses erros infantis".

5. Hazlitt, *A reply to the "Essay on population"*, p. 5. Ver também sua carta de novembro de 1823 aos editores de *London Magazine*; essa carta foi reimpressa *in toto* em Quincey, *Collected writings*, v. 9, pp. 20-2. A mesma afirmação seria feita novamente por Hazlitt em seu perfil do "Sr. Malthus": "Nada realmente poderia ser mais ilógico (para não dizer absurdo) que todo o raciocínio de Malthus aplicado como resposta [...] ao livro de Godwin ou às teorias de outros filósofos utópicos" (p. 272).

6. Southey, "Malthus' *Essay on population*", p. 298; "On the state of the poor", p. 93, 150n. Sobre o contexto da resenha e o uso das anotações de margem de Coleridge, ver Boner, *Hungry generations*, pp. 45-50: "Ontem", escreveu Southey a um amigo em janeiro de 1804, "Malthus recebeu, acredito, um golpe mortal de minhas mãos".

7. Shelley, prefácio a *Laon and Cythna*, citado por Boner em *Hungry generations*, p. 87.

8. Coleridge, *The friend*, p. 240. Ver também Carlyle, *Chartism*, onde ele acusa o ensinamento "benthamista-malthusiano" de ser conducente à "inferência prática" de que "nada absolutamente pode ser feito ali [no atual mar de problemas] pelo homem, que tem simplesmente de sentar-se quieto e esperar ansiosamente pelo 'tempo e as leis gerais', com o que, sem ao menos recomendar o suicídio, calmamente se despede de nós" (*Selected writings*, p. 221).

9. Malthus, *Principles*, p. 16. Ver também sua carta de 26 de janeiro de 1817 a Ricardo: "Certamente inclino-me com freqüência a me referir às coisas como elas são, como o único meio de tornar as obras de alguém praticamente úteis para a sociedade e também, a meu ver, a única forma de garantir-se contra incorrer nos erros dos alfaiates de Laputa, chegando por um pequenino erro no início às conclusões mais distantes da verdade" (Ricardo, *Works*, v. 7, pp. 121-2); Bonar, *Malthus and his works*, p. 213: "Para Malthus, a descoberta da verdade era menos importante que a melhora da sociedade. Quando uma verdade econômica não pode ser transformada em meio de melhora, ele aparentemente perde o interesse por ela"; Winch, "Higher maxims: happiness versus wealth in Malthus and Ricardo".

10. R. M. Young, "Malthus and the evolutionists", p. 132. Ver também Bonar, *Philosophy and political economy*, p. 211; *Malthus and his work*, p. 5.

11. Malthus, *First essay*, p. 260 e sua carta a Ricardo na nota 9 acima. Sobre suas idéias acerca do progresso, ver S. Levin, "Malthus and the idea of progress"; D. LeMahieu, "Malthus and the theology of scarcity"; E. Santurri, "Theodicity and social policy in Malthus"; S. Rashid, "Malthus's *Principles* and British economic thought". A observação de Lenin provém de *Collected works*, v. 33, p. 229.

12. Coleridge, *A lay sermon*, p. 140.

13. Quincey, "Malthus on population", em *Collected writings*, v. 9, p. 17. Sobre seus textos econômicos e a amizade com Coleridge, ver A. Japp, *Thomas de Quincey*.

14. Engels, *Collected works*, v. 3, pp. 437 e 420. Segundo Engels, "essa teoria não se coaduna com a doutrina bíblica da perfeição de Deus e de Sua criação" (p. 437). Sobre a teologia de Malthus, ver, porém, J. Pullen, "Malthus' theological ideas and their influence on his principle of population".

15. Marx, *Early writings*, p. 306.

16. Marx, *O capital*, v. 1, p. 784.

17. Marx, *O capital,* v. 1, p. 766n. Os textos de Marx sobre Malthus foram preparados para publicação e traduzidos por R. Meek em *Marx and Engels on Malthus.* Ver também a longa e acentuadamente dogmática introdução de H. Parsons a *Marx and Engels on ecology.* É sugestivo o fato de *The concept of Nature in Marx,* de Schmidt, não conter uma única referência a Malthus.

18. O diagnóstico é de T. W. Hutchinson em *The politics and philosophy of economics,* p. 2.

19. Ver Z. Medvedev, *The rise and fall of Lysenko,* esp. pp. 166-7: "Segundo Lysenko, Darwin inventou essa competição [intra-espécies] quando por acaso o livro do reacionário Malthus caiu-lhe nas mãos." Para uma interpretação equivocada recente de Malthus, ver, por exemplo, Himmelfarb, *The idea of poverty:* "Quando Malthus enunciou o princípio da população, considerou-o aplicável aos homens mas não às plantas e animais: era a humanidade que crescia geometricamente enquanto os alimentos (plantas e animais) cresciam apenas aritmeticamente" (p. 128). Contudo, o próprio Malthus escrevera: "Entre as plantas e os animais, a visão do assunto é simples. São todos eles impelidos, por um poderoso instinto, ao aumento de suas espécies; e esse instinto não é tolhido pelo raciocínio ou por dúvidas quanto a sustentar a prole. Onde, portanto, houver liberdade, o poder do crescimento é exercido; e os efeitos de superabundância são posteriormente refreados pela falta de espaço e de nutrientes, o que é comum aos animais e plantas, e entre os animais por serem presas de outros" (*First essay,* p. 27). Portanto, Himmelfarb entendeu Malthus erroneamente e, contudo, afirmou depois que "o próprio Darwin não percebeu" o que estava fazendo quando aplicou a teoria de Malthus "com força multiplicada a todo o reino animal e vegetal".

20. Russell, "The place of science in a liberal education", pp. 37-8.

21. Ver E. J. Whately, *Life and correspondence of R. Whately,* v. 1, p. 301. (Agradeço a Richard Brent por chamar-me a atenção para essa carta.)

22. Senior, *Two lectures on population,* pp. 81-9.

23. Marshall, *Early economic writings,* v. 2, p. 388.

24. Essa carta não publicada a Whewell encontra-se atualmente na Trinity College Library, Cambridge, Whewell Papers, Add. Mss. c.53/2.

25. Lenin, "Conspectus of Hegel's *Science of logic*", em *Collected works,* v. 38, p. 180.

14. AS IDÉIAS NA POLÍTICA, I [PP. 214-21]

1. Lovejoy, *Reflections on human nature,* p. 68.

2. Nietzsche, *Human all too human,* § 17, p. 309.

3. Swift, *A tale of a tub,* X, p. 118n. Swift classificou os leitores em três classes: "os Superficiais, os Ignorantes e os Cultos", mas "os filósofos sábios", escreveu, "consideram todos os textos proveitosos na proporção em que são obscuros [...] Sendo as palavras desses autores como sementes que, embora espalhadas ao acaso, ao caírem em um solo fértil multiplicam-se muito além das esperanças ou da imaginação do semeador" (p. 118).

4. Kuhn, "The relations between the history and the philosophy of science", p. 7.

5. Santo Agostinho, *Confessions,* pp. 60 e 304. Ver também Sêneca, *Epistulae,* 108, citado por V. Sorensen em *Seneca,* p. 77.

6. Keynes, "My early beliefs", em *Collected writings,* v. 10, pp. 436-7. Sobre Bloomsbury-Keynes-Moore, ver também R. Harrod, *The life of J. M. Keynes,* p. 80; D. Moggridge, *Keynes,* pp. 13-26; P. Levy, *Moore and the Cambridge Apostles,* esp. pp. 6-7.

7. A. Bain, *J. S. Mill*, citado por Robbins em *Theory of economic policy*, p. 151n.

8. Sobre esta questão, ver o importante prefácio de Kuhn a *The essential tension*, esp. p. xix, e seu ensaio "Second thoughts on paradigms". Sobre o conceito de paradigmas, ver também M. Masterman, "The nature of a paradigm".

9. Schumpeter, *History of economic analysis*, p. 815. Sobre a existência de profundas diferenças metodológicas na história da economia, ver Bonar, *Philosophy and political economy;* Caldwell, *Beyond positivism.*

10. Sobre as origens e alguns dos problemas desse conceito, ver I. Cohen, "The eighteenth-century origins of the concept of scientific revolution": "Por cerca de três séculos tem havido uma tradição mais ou menos ininterrupta de considerar a mudança científica uma seqüência de revoluções" (p. 257). Cf., porém, entre outras, a afirmação de Blaug de que "a característica distintiva da metodologia de Kuhn não é o conceito de paradigmas que cada um captou, mas o de "revoluções científicas" como bruscas rupturas no desenvolvimento da ciência, e particularmente a noção de uma disseminada falha nas comunicações durante períodos de 'crises revolucionárias'" ("Kuhn versus Kalatos", p. 403).

11. Kuhn, "Second thoughts on paradigms", p. 293: "Concluo que uma mudança de *gestalt* divida os leitores de meu livro em dois ou mais grupos [...] Por essa plasticidade excessiva nenhum aspecto do livro é tão responsável quanto sua introdução do termo 'paradigma'."

12. Ver *The letters of David Hume*, v. 1, p. 305.

13. Santo Agostinho, *Confessions*, p. 308.

15. AS IDÉIAS NA POLÍTICA, II [PP. 222-37]

1. Keynes, *General theory*, pp. 383-4.

2. Malthus, *Principles*, p. 9.

3. Marshall, *Memorials*, p. 297. Sobre sua campanha pela separação entre economia e ciências morais, ver seu texto "A plea for the creation of a curriculum in economics". Ver também J. Maloney, "Marshall, Cunningham, and the emerging economics profession"; P. Groenewegen, "Marshall and the establishment of the Cambridge Economic Tripos"; Winch, "A separate science: polity and society in Marshall's economics".

4. Em seu texto "A plea", por exemplo, Marshall afirmou: "O aprendizado da economia deve conferir um elevado caráter intelectual à vida empresarial" (p. 169). Ver também "Social possibilities of economic chivalry", em *Memorials.* Sobre a concepção de Keynes de que a economia é uma ciência moral, ver suas cartas de 4 e 16 de julho de 1938 a R. Harrod (*Collected writings*, v. 14, pp. 295-7 e 299-301) e sua observação de que "Se os economistas pudessem conseguir ver-se como pessoas humildes, competentes, no mesmo plano que os dentistas, seria esplêndido" (*ibid.*, v. 11, p. 332). A obra de destaque sobre a evolução intelectual de Keynes e a interação entre teoria e política em seu pensamento é Clarke, *The Keynesian revolution in the making.*

5. Engels, prefácio à primeira tradução inglesa de *O Capital* de Marx, pp. 112-3.

6. D. Morgan, "The 'ortodox' Marxists", p. 6. Cf. F. Mehring, *Karl Marx*, p. 530: "[Marx] ficou insatisfeito com o modo como seus genros representaram suas idéias [...] pelo que soubesse, ele certamente não era um marxista." Ver também Tucker, *Philosophy and myth in Marx*, esp. p. 231.

7. É assim que Cícero descreve a realização de Sócrates na filosofia (*Tusculan Disputations*, p. 435).

8. Livingstone, *A defence of classical education*, p. 108.

9. Whitehead, *Adventures of ideas*, p. 24. O comentário de Bacon acima provém de *Essays*, p. 24.

10. Whitehead, *Science and the modern world*. pp. 85-6 e 288. Cf. B. Russell, *The conquest of happiness*, pp. 49-51 e 54-5; ao contrário de Whitehead, Russell não culpou a ciência moderna ou a economia moderna pela *rat race*.

11. Ver sua *Teoria geral*, p. 374 e seus comentários sobre o motivo monetário em "Economic possibilities for our grandchildren" (*Collected writings*, v. 9, p. 329). Sobre a história dessa idéia e seu contexto setecentista, ver A. O. Hirschman, *The passions and the interests*.

12. Keynes, *Collected writings*, v. 13, p. 492. A carta a B. Shaw (1º de janeiro de 1935) encontra-se em *Collected writings*, v. 28, p. 42. Ver também *Dialogues of Whitehead*, p. 281.

13. Cornford, "Plato's Commonwealth", p. 57. Cf. introdução à sua tradução de *República*, p. xxii. Ver também a discussão de Burnet sobre a atitude de Platão quanto à vida prática em sua contribuição a *The legacy of Greece*, ed. Livingstone, pp. 83-5.

14. Ryle, resenha de Poper, *Open society*, em *Mind*, v. 56, pp. 172, 1947.

15. Guthrie, *The Sophists*, p. 21. Ver também *Republic*, 493a.

16. Platão, "Seventh letter", 325 (p. 114). Sobre a questão da autenticidade das cartas, ver A. E. Taylor, *Plato*, pp. 15-6. Ver também Dodds, "The sophistic movement and the failure of Greek liberalism". Sobre o "problema socrático", ver Taylor, *Plato*, esp. pp. 24-5; Koyré, *Discovering Plato*; Cornford, *Before and after Socrates*.

17. Ver a dedicatória de Popper em *The poverty of historicism*; Lukács, *The destruction of reason*, p. 32. "Todo pensador", afirmou Lukács, "é responsável perante a história pela substância objetiva de sua filosofia. Assim, o assunto que neste momento se nos apresenta é o caminho da Alemanha em direção a Hitler na esfera da filosofia [...] Só agora podemos entender como Hitler arquitetou uma popularização demagógica de todos os motivos intelectuais da irredutível reação filosófica, o 'coroamento' ideológico e político do desenvolvimento do irracionalismo" (pp. 4, 11).

18. E. Gellner, *Legitimation of belief*, p. 21.

19. Locke, *Essay concerning human understanding*, pp. 489-90.

20. Ryle, resenha de Popper, *Open society*, p. 169; Popper, *Open society*, v. 1, p. 199.

21. Hayek, *A tiger by the tail*, p. 103. Ver também J. Buchanan *et al.*, *The consequences of Mr. Keynes*, esp. pp. 48-51.

22. Dodds, "Plato and the irrational", p. 107.

23. Marshall, *Industry and trade*, p. 724. Ver também A. Downs, *The economic theory of democracy*, esp. p. 112; A. Cairncross, "Economics in theory and practice". Em um editorial recente ("The dangerous science", 17 june 1989, pp. 19-20), *The Economist* atualiza o argumento de Marshall sobre a cegueira natural dos tomadores de decisão e discute quatro casos concretos do que denomina "abuso de conhecimento" que envolveram o seqüestro político de teorias econômicas: a curva de Laffer, a política cambial, a política de rendas e a política comercial estratégica. Os teóricos da economia são apontados no artigo como "uma classe mal compreendida": "Não é chocante que os economistas possam ser mais ignorantes sobre política do que os políticos sobre economia?".

1. Keynes, *Collected writings*, v. 28, p. 38. A carta tem a data de 2 de dezembro de 1934.

2. Hegel, *Philosophy of history*, p. 35.

3. Pareto, *Manual*, pp. 95 e 342.

4. Baudelaire, "My heart laid bare", em *Intimate journals*, p. 89. Cf. Goethe, *Poetry and truth*, pp. 436 e 524. Sobre a concepção de que os poetas são maus intérpretes de suas próprias obras, ver as observações de Sócrates em *Apology*, 22 e *Protagoras*, 374e. Para a afirmação de Bentham de que "toda poesia é uma desvirtuação", ver *Works*, v. 2, pp. 253-4: "A verdade, a exatidão de todo tipo, é fatal à poesia".

Bibliografia

ACKRILL, J. L. (ed.) *Aristotle's ethics.* Londres, 1973.

ANNAS, J., Barnes, J. *The modes of scepticism.* Cambridge, 1985.

ARENDT, H. *The human condition.* Chicago, 1958.

ARISTÓTELES. *The Nicomachean Ethics.* Trad. D. Ross. Oxford, 1980.

________, *Historia Animalium.* Trad. D. Ross. Oxford, 1910.

________, *Metaphysics.* Trad. C. Kirwan. Oxford, 1971.

________, *Physics.* Trad. W. Charlton. Oxford, 1971.

ARROW, K. J. "Clasificatory notes on the production and transmission of technical knowledge", em *Essays in the theory of risk-bearing.* Londres, 1971.

________, "Rationality on self and others in an economic system". Mimeo, 1976.

ATTFIELD, R. "Christian attitudes to nature" em JHI, v. 44, pp. 369-86, 1983.

________, *The ethics of environmental concern.* Oxford, 1983.

AGOSTINHO, Santo. *Confessions.* Trad. R. S. Pine-Coffin. Harmondsworth, 1961.

BACON, F. *The advancement of learning.* Ed. A. Johnston. Oxford, 1974.

________, *Novum organum.* Ed. T. Fowler. Oxford: 1899. Versão inglesa, Londres, 1844.

________, *Essays or counsels civil and moral.* Londres, 1906.

________, "Cogitata et visa", em *The philosophy of F. Bacon.* Trad. B. Farrington. Liverpool, 1964.

BAGEHOT, W. *Collected works.* Ed. Normam St John Stvas, v. 3 e 11. Londres, 1965-78, v. 3 e 11.

BAILEY, C. (ed.) *Epicurus: the extant remains.* Oxford, 1926.

BALOGH, T. *The irrelevance of conventional economics.* Londres, 1982.

BAMBROUGH, J. R. *Conflict and the scope of reason.* Hull, 1974.

________, *Moral scepticism and moral knowledge.* Londres, 1979.

BARRY, N. P. "Restating the liberal order: Hayek's philosophical economics", em Shackleton, J. R., Locksley, G. (eds.) *Twelve contemporary economists.* Londres, 1981.
BARTHES, R. *The pleasure of the text.* Trad. R. Miller. Nova York, 1975.
BARTLETT, F. C. *Remembering.* Cambridge, 1961.
BAUDELAIRE, C. *Intimate journals.* Trad. C. Isherwood. San Francisco, 1983.
BECKER, C. L. *The heavenly city of the eighteenth century philosophers.* New Haven, 1932.
BEER, M. *An inquiry into physiocracy.* Londres, 1939.
BENTHAM, J. *Chrestomathia.* Londres, 1817.
_________, *Works.* Ed. J. Bowring. Edimburgo, v. 2, 1843.
_________, *An introduction to the principles of morals and legislation.* Eds. J. H. Burns, H. L. A. Hart. Londres, 1982.
BERG. M. *The machinery question and the making of political economy.* Cambridge, 1980.
BERLIN, I. *Four essays on liberty.* Oxford, 1969.
_________, "Marx's *Capital* and Darwin", em. JHI, v. 39, p. 519.
BLACK, R. D. C. "Jevons and the foundation of modern economics", em Black, R. D. C., Coats, A. W. Goodwin, C. (eds.) *The marginal revolution in economics.* Durham, 1973.
_________, "Jevons and the development of the marginal utility analysis in British exonomics". Mimeo, 1985.
BLACK, R. D. C., Coats, A. W. Goodwin, C. (eds.) *The marginal revolution in economics.* Durhan, 1973.
BLAUG, M. *Economic theory in retrospect.* Cambridge, 1968.
_________, "Kuhn versus Lakatos, or paradigms versus research programmes in the history of economics". HOPE, v. 7, pp. 399-432, 1975.
BONAR, J. *Philosophy and political economy.* Londres, 1922.
_________, *Malthus and his work.* Londres, 1924.
_________, *A catalogue of the library of Adam Smith.* Londres, 1932.
BONER, H. *Hungry generations.* Nova York, 1955.
BOULDING, K. *The image: knowledge in life and society.* Michigan, 1956.
_________, "Economics as a moral science", em *American Economic Review,* v. 59, pp. 1-12, 1969.
BOWLER, P. J. "The changing meaning of 'evolution'", em JHI, v. 36, pp. 95-114, 1975.
_________, "Malthus, Darwin and the concept of struggle", em JHI, v. 37, pp. 631-50, 1976.
BRAYBROOKE, D. *Ethics in the world of business.* Totowa, 1983.
BROAD, C. D. *The philosophy of Francis Bacon.* Cambridge, 1926.
BROWN, S. C. "The 'principle' of natural order: or quath the englightened sceptics did not doubt", em Brown, S. C. (ed.) *Philosophers of the Enlightenment.* Sussex, 1979.
BUCHANAN, J., J. Wagner, R. *The consequences of Mr. Keynes.* I. E. A., Londres, 1978.
BUCOLO, P. (ed. e trad.) *The other Pareto.* Londres, 1980.
BURNET, J. *Early Greek philosophy.* Londres, 1930.
BURROW, J. "Sense and circunstances: Bagehot and the nature of political understanding", em Collini, S., Winch, D. Burrow, J. (eds.) *That noble science of political.* Cambridge, 1983.
BURTON, J. H. *The life and correspondence of David Hume.* Edimburgo, 1846.
BURTT, E. A. *The metaphysical foundation of modern science.* Londres, 1932.
BUTLER, J. "Sermon upon human nature", em *The analogy of religion.* Londres, 1889.

CALDWELL, B. *Beyond positivism.* Londres, 1982.

_________, "Hayek's ransformation", em HOPE, v. 20, pp. 513-44, 1988.

CAIRNCROSS, A. "Economics in theory and practice", em *American Economic Review,* v. 75, pp. 1-14, 1985.

CARLYLE, T. *Selected writings.* Ed. A. Shelston. Harmondsworth, 1971.

CARNAP, R. "The elimination of metaphysics trough logical analysis of language", em Ayer, A. J. (ed.) *Logical positivism.* Londres, 1959.

CASSIRER, E. *The philosophy of Enlightenment.* Trad. F. Koelln e J. P. Pettegrove. Londres, 1951.

_________, *The Platonic renaissance in England.* Trad. J. P. Pettegrove. Londres, 1953.

_________, *The problem of knowledge.* Trad. W. Woglom e C. Hendel. New Haven, 1950.

_________, *The myth of the State.* Trad. C. Hendel. New Haven, 1946.

CAVANAUGH, M. A. "Scientific creationism and rationality", em *Nature,* v. 316, pp. 185-9, 1985.

CHECKLAND, S. G. "Economic opinion in England as Jevons found it", em *Manchester School,* v. 19, pp. 143-69, 1951.

CÍCERO, M. T. *Tusculan disputations.* Trad. J. King. Loeb, 1927.

CLARK, G. N. *Science and social welfare in the age of Newton.* Oxford, 1949.

CLARK, S. R. L. *The moral status of animals.* Oxford, 1984.

CLARKE, P. F. *Liberals and social democrats.* Cambridge, 1978.

_________, *The Keynesian revolution in the making: 1924-1936.* Oxford, 1988.

COATS, A. W. "Adam Smith's conception of self-interest in economic affairs", em HOPE, v. 7, pp. 132-6, 1975.

COHEN, I. B. "The eighteenth century origins of the concept of scientific revolution", em JHI, v. 37, pp. 257-88, 1976.

COLEMAN, W. "Providence, capitlism, and environmental degradation: English apologetic in an era of economic revolution", em JHI, v. 37, pp. 27-44, 1976.

COLERIDGE, S. T. *Specimens of the table talk of the late S. T. Coleridge.* Ed. H. N. Coleridge. Londres, 1935.

_________, *The friend,* em Rooke, B. E. (ed.) *Collected works,* v. 4. Londres, 1972.

_________, *A lay sermon,* em White, R. (ed.) *Collected works,* v. 6. Londres, 1972.

COLLINGWOOD, R. G. "Economics as a philosophical science", em *International Journal of Ethics,* v. 36, pp. 162-85, 1925.

_________, *The idea of nature.* Oxford, 1960.

COLLINI, S. "The tendency of things: John Stuart Mill and the philosophic method", em Collini, S., Winch, D. Burrow, J. (eds.) *That noble science of politics.* Cambridge, 1983.

COLMAN, J. *John Locke's moral philosophy.* Edimburgo. 1983.

COLP JR, R. "Multiple independent discovery: the Darwin-Marx letter", em JHI, v. 40, p. 479, 1979.

_________, *To be an invalid: the illness of Charles Darwin.* Chicago, 1977.

CONDORCET, A. —N. De. *Sketch for a historical picture of the progress of the human mind.* Trad. J. Barraclough. Westport, 1979.

CONFORD, F. M. "Plato's commonwealth", em *The unwritten philosophy.* Cambridge, 1967.

_________, *Before and after Socrates.* Cambridge, 1932.

CRANSTON, M. *John Locke.* Oxford, 1985.

CROPSEY, J. "Adam Smith and policital philosophy", em Skinner, A. S., Wilson, T. (eds.) *Essays on Adam Smith.* Oxford, 1976.

DARWIN, C. *Autobriography.* Ed. N. Barlow. Londres, 1958.

________, *Early writings of Charles Darwin.* Transcrito e anotado por P. H. Barret, com comentário de H. E. Gruber. Chicago, 1974.

________, *The life and letters of Charles Darwin.* Ed. F. Darwin. Londres, 1887.

________, *More letters of Charles Darwin.* Ed. F. Darwin. Londres, 1903.

DASGUPTA, A. K. *Epochs of economic theory.* Oxford, 1983.

DASGUPTA, P., Hahn, F. "To the defence of economics", em *Nature,* v. 317, pp. 589-90, 1985.

DAVIES, G. *The earth in decay: British geomorphology, 1578-1878.* Londres, 1969.

DEANE, P. *The evolution of economic ideas.* Cambridge, 1978.

________, "The scope and method of economic science", em *Economic Journal,* v. 93, pp. 1-12, 1983.

DELEULE, D. *Hume et la naissance du libéralisme économique.* Paris, 1979.

DESCARTES, R. *Philosophical letters.* Trad. A. Kenny. Oxford, 1970.

________, *Philosophical works.* Vol. 1. Trad. E. S. Haldane e G. Ross. Cambridge, 1931.

DILMAN, I. *Freud and the mind.* Oxford, 1984.

DOBB, M. *Theories of value and distribution since Adam Smith.* Cambridge, 1973.

________, "The trend of modern economics", em Hunt, E. Schawartz, J. *A critique of economic theory.* Harmondsworth, 1972.

DODDS, E. R. *The Greeks and the irrational.* Berkeley, 1951.

________, "The sophisitic movement and the failure of Greek liberalism"; "Plato and the irrational", em *The ancient concept of progress.* Oxford, 1985.

DOOLEY, P. C. "Alfred Marshall: fitting the theory to the facts", em *Cambridge Journal of Economics,* v. 9, pp. 245-55, 1985.

DOSTOYEVSKY, F. *The gambler.* Trad. J. Coulson. Harmondsworth, 1966.

________, *The diary of a writer.* Trad. B. Brasol. Haslemere, Surrey, 1984.

DOWNS, A. *An economic theory of democracy.* Nova York, 1957.

DUNCAN, G. *Marx and Mill.* Cambridge, 1973.

EDGEWORTH, F. V. *Mathematical physics.* Londres, 1981.

________, "John Stuart Mill": "Mathematical method in political economy". *Palgrave's dictionary of political economy.* Londres, 1894-9.

EHRMAN, J. *The younger Pitt: the years of acclaim.* Londres, 1969.

ELIOT, T. S. *The use of poetry and the use of criticism.* Londres, 1964.

ELSTER, J. *Ulysses and the sirens.* Cambridge, 1979.

________, *Sour grapes.* Cambridge,1983.

________, *Making sense of Marx.* Cambridge, 1985.

EMERSON, R. W. *Complete works.* Ed. A. C. Hearn. Edimburgo, 1907.

ENGELS, F. "On authority", em Feuer, L. S. (ed.) *Marx and Engels: basic writings on politics and philosophy.* Londres, 1959.

________, "Outlines of a critique of policital economy", em *Collected works,* v. 3, Londres, 1975.

EVANS. D. "Moral weakness", em *Philosophy,* v. 50, pp. 295-310, 1975.

EPICTETO. *The Encheiridion,* v. 2. Trad. W. A. Oldfather. Loeb: 1928, v. 2.

FARRIGTON, B. *The faith of Epicurus.* Londres, 1967.

_________, *Francis Bacon: philosopher of industrial science.* Londres, 1951.

FAY, C. R. *Adam Smith and the Scotland of his day.* Cambridge, 1956.

FEINGOLD, R. *Nature and society: later eighteenth century uses of the pastoral and georgic.* Sussex, 1978.

FERGUSON, A. *An essay on the history of civil society.* Ed. D. Forbes. Edimburgo, 1966.

FETTER, F. W. "The influence of economists in parliament on British legislation from Ricardo to John Stuart Mill", em *Journal of Political Economy,* v. 83, pp. 1051-64, 1975.

FINDLAY, J. N. *Hegel: a re-examination.* Londres, 1958.

FINGARETTE, H. *Self-deception.* Londres, 1969.

FLEW, A. G. N. (ed.) *Malthus's essay on population.* Harmonsdworth, 1970.

_________, *David Hume: philosopher of moral science.* Oxford, 1986.

FOLEY, V. *The social physics of Adam Smith.* West Lafayette, 1976.

FORBES, D. "Hume and the Scottish enlightenment", em Brown, S. C. (ed.) *Philosophers of the Enlightenment.* Sussex, 1979.

_________, "Sceptical Whiggism, commerce and liberty", em Skinner, A. S., Wilson. T. (eds.) *Essays on Adam Smith.* Oxford, 1976.

FRASER, L. M. *Economic thought and language.* Londres, 1937.

FREUD, S. "Creative writers and day-dreaming", em Strachey, J. (ed.) *Complete works,* v. 9. Londres, 1959.

_________, *The future of an illusion.* Ed. J. Scrachey. Londres, 1962.

GALLIE, W. B. *Peirce and pragmatism.* Harmondsworth, 1952.

GELLNER, E. *Legitimation of belief.* Cambridge, 1974.

GEORGESCU-ROEGEN, N. *The enthropy law and the economic process.* Cambridge, Mass. 1971.

GERSCHENKRON, A. "History of economic doctrines and economic history". *American Economic Review,* v. 59, pp. 1-17, 1969.

GIDE, G., Rist, C. *A history of economic doctrines.* Trad. R. Richards. Londres, 1948.

GILLESPIE. N. C. *Darwin and the problem of creation.* Chicago, 1979.

GLACKEN, C. J. *Traces on the Rhodian shore.* Berkeley, 1967.

GLASS, D. V. (ed.) *Introduction to Malthus.* Londres, 1953.

GODWIN, W. *Thoughts occasioned by the perusal of Dr. Parr's Spital Sermon.* Christ Church, April 15, 1800; Londres, 1801.

GOETHE, J. W. Von. *Poetry and truth.* Trad. R. Heitner. Nova York, 1987.

GOODHUE, E. W. "Economics as a social philosophy", em *International Journal of Ethics,* v. 36, pp. 54-70, 1925.

GORDON, B. *Political economy in Parliament, 1819-1823.* Londres, 1976.

GOUDGE, T. A. "The concept of 'evolution'" em *Mind,* v. 63, pp. 16-25, 1954.

GRAMPP, W. D. "Adam Smith and the economic man" em *Journal of Political Economy,* v. 56, pp. 315-36, 1948.

GROENEWEGEN, P. "Alfred Marshall and the establishment of the Cambridge economic tripos", em HOPE, v. 20, pp. 627-67, 1988.

GRUBER, H. E. *Darwin on man.* Chicago, 1981.

GUTHRIE, W. K. *The sophists.* Cambridge, 1971.

HAGBERG, K. *Carl Linnaeus*. Trad. A. Blair. Londres, 1952.
HAHN, F. Hollis, M. (eds.) *Philosophy and economic theory*. Oxford, 1979.
________, *On the notion of equilibrium in Economics*. Cambridge, 1973.
________, "Reflections on the invisible hand", em *Lloyds Bank Review*, v. 144, pp. 1-21, 1982.
________, "Living with uncertainty in economics", em *Times Literary Supplement*, v. 1, pp. 833-4, August 1986.
________, "On some economic limits in politics". Mimeo, 1986.
HAMBURGER, M. *Art as a second nature*. Manchester, 1975.
HAMPSHIRE, S. "Spinoza and the idea of freedom", em Kashap, S. P. (ed.) *Studies in Spinoza*. Berkeley: 1972.
HARCOURT, G. "Marshall, Sraffa and Keynes: incompatible bedfellows?", em Kerr, P. (ed.) *The social science imperialists*. Londres, 1982.
HARDY, A. *The spiritual nature of man*. Oxford, 1979.
HARRIS, R. W. *Reason and nature in the eighteenth century*. Londres, 1968.
HARROD R. *The life of John Maynard Keynes*. Londres, 1951.
HAYEK, F. A. *The counter revolution of science*. Glencoe, Ill., 1952.
________, *The sensory order*. Londres, 1952.
________, *Studies in philosophy, politics and economics*. Londres, 1967.
________, *A tiger by the tail: the Keynesian legay of inflation*. I. E. A., Londres, 1972.
________, *New studies in philosophy, politics, economics and the history of ideas*. Londres, 1978.
________, *Law, legislation and liberty*, v. 1, 2 e 3. Londres, 1982.
________, "Economics and knowledge", em *Economica*, v. 4, pp. 33-54, 1937.
________, "The use of knowledge in society", em *American Economic Review*, v. 35, pp. 519-30, 1945.
HAZLITT, W. "Mr Malthus", em *The spirit of the age*. Londres, 1910.
________, *A reply to the "Essay on population" by the Revd T. T. Malthus*. Em uma série de cartas à qual se acrescentaram excertos do *Essay*. Londres, 1807.
HEGEL, G. W. F. *Philosophy of right*. Trad. T. M. Knox. Oxford, 1952.
________, *Lectures on the history of philosophy*. Trad. E. S. Haldane. Londres, 1892.
________, *The philosophy of history*. Trad. J. Sibree. Nova York, 1956.
________, *The philosophy of nature*. Trad. M. J. Petry. Londres, 1969.
HENDERSON, J. P. "Just notions of political economy: George Pryme, the first professor of political economy at Cambridge", em Samuels, W. J. (ed.) *Research in the history of economic thought and methodology*, v. 2, Greenwich, Conn., 1984.
HETHERINGTON, N. S. "Isaac Newton's influence on Adam Smith's natural laws in economics", em JHI, v. 44, pp. 487-505, 1983.
HIMMELFARB, G. *The idea of poverty*. Nova York, 1984.
HIRSCH, F. *Social limits to growth*. Londres, 1977.
HIRSCHMAN, A. O. *The passions and the interests*. Princeton, 1977.
HIRSHLEIFER, J. "Economics from a biological viewpoint", em *Journal of law and economics*., v. 20, pp. 1-52, 1977.
HIRST, F. W. *Adam Smith*. Londres, 1904.
HOLBACH, P. T. d'. *The system of nature*. Trad. H. D. Rson. Nova York, 1970.

HONT, I., Ignatieff, M. "Needs and justice in the *Wealth of nations*", em *Wealth and justice.* Cambridge, 1983.

HOLMES, R. *Coleridge.* Oxford Past Masters, 1982.

HUMBOLDT, A. von. *Political essay on the kingdom of New Spain.* Trad. J. Black. Nova York, 1966.

HUME, D. A. *A treatise of human nature.* Ed. L. A. Selby-Bigge. Oxford, 1978.

_________, *An enquiry concerning human understanding.* Ed. L. A. Selby-Bigge. Oxford, 1975.

_________, *An enquiry concerning the principles of morals.* Ed. L. A. Selby-Bigge. Oxford, 1975.

_________, *Essays moral, political and literary.* Ed. E. F. Miller. Indianapolis, 1985.

_________, *Dialogues concerning natural religion.* Ed. J. V. Price. Oxford, 1976.

_________, *The history of England.* Ed. W. F. Todd. Indianapolis, 1983-5.

_________, "A dissertation on the passions", em *Essays and treatises on several subjects.* Edimburgo, 1800.

_________, *The letters of David Hume.* Ed. J. Y. T. Greig. Oxford, 1932.

_________, *New letters of David Hume.* Ed. R. Klibanski, E. C. Mossner. Oxford, 1954.

HUTCHINSON, T. W. *Economics and economic policy in Britain, 1946-1966.* Londres, 1968.

_________, *The politics and philosophy of economics.* Oxford, 1981.

HUXLEY, T. H. " The hipothesis that animals are automata and its history"; "On Descarte's 'Discourse touching the method of using one's reason rightly and seeking scientific truth", em *Methods and results.* Londres, 1894.

_________, "The *Origin of species*", em *Darwiniana*, v. 2. Londres, 1899.

HYPPOLITE, J. *Studies on Marx and Hegel.* Nova York, 1973.

_________, *Introduction à la Philosophie de L'Histoire de Hegel.* Paris, 1947.

JAAP, A. *Thomas de Quincey: his life and writings.* Londres, 1890.

JAMES, W. *Pragmatism and the meaning of truth.* Cambridge, Mass., 1975.

JENYNS, S. *A free enquiry into the nature and origin of evil.* Londres, 1757.

JEVONS, W. S. "Brief account of a general mathematical theory of political economy", em *Journal of the Statistical Society of London*, v. 29, pp. 282-7, 1866.

_________, *Papers and Correspondence*, vol. 4, 6 e 7. Ed. R. D. C. Black. Londres, 1977-81.

_________, *The theory of political economy.* Ed. H. S. Jevons. Nova York, 1965.

_________, *The principles of economics.* Ed. H. Higgs. Londres, 1905.

_________, "Evolution and the doctrine of design", em *Popular Science Monthly*, May 1874, pp. 98-100.

JHA, N. *The age of Marshall.* Londres, 1973.

JOHNSON, P. *Intellectuals.* Londres, 1988.

KAMENKA, E. (ed.) *Intellectuals and revolution.* Londres, 1979.

KAUFMAN, W. *Hegel.* Londres, 1966.

KELSEN, H. *Society and nature.* Londres, 1943.

KEMP SMITH, N. *The philosophy of David Hume.* Londres, 1941.

KEYNES, J. M. *Collected writings.* Ed. Ger. D. E. Moggridge. Londres, 1971-82.

_________, *The general theory of employment, interest and money.* Londres, 1973.

KITTREL, E. R. "'Laissez-faire' in English classical economics", em JHI, v. 17, pp. 610-20, 1966.

KNIGHT, F. K. "The ethics of competition", em *Quarterly Journal of Economics*, v. 37, pp. 579-624, 1923.

KNOX, T. M. *Action.* Londres, 1968.

KOYRÉ, A. *From the closed world to the infinite universe.* Baltimore, 1968.

_________, *Discovering Plato.* Trad. L. Rosenfield. Nova York, 1945.

KRUGER, L. "Why do we study the history of philosophy", em Rorty, R., Schneewind, J., Skinner, Q. (eds.) *Philosophy in history.* Cambridge, 1984.

KUHN, T. S. *The structure of scientific revolutions.* Chicago, 1970.

_________, "The relations between the history and the philosophy of science"; "Mathematical versus experimental traditions in the development of physical science"; "Second thoughts on paradigms", em *The essential tension.* Chicago, 1977.

KUNTZ, R. N. *Capitalismo e natureza.* São Paulo, 1982.

LAFARGUE, P. "Reminiscences of Marx", em *Reminiscences of Marx and Engels.* Moscou, 1959.

LAKATOS, I. "Newton's effect on scientific standards", em Worral, J., Currie, G. (eds.) *The methodology of scientific research programmes.* Cambridge, 1978.

LA METTRIE, J. O. De. *L'Homme machine.* Ed. A. Vartarian, Princeton, 1960.

_________, "Discours preliminaire", em Thomson, A. *Materialism and society in the mid-eighteenth century.* Paris, 1981.

LANGE, F. A. *The history of materialism.* Trad. E. C. Thomas. Londres, 1925.

LA ROCHEFOUCAULD, Duc de, *Maxims.* Trad. L. Tancock. Harmondsworth, 1967.

LARSON, J. L. *Reason and experience: the representation of natural order in the work of Carl von Linneaus.* Berkeley, 1971.

LEEWEN, A. Th. van. *Critique of heaven.* Londres, 1972.

LEMAHIEU, D. L. *The mind of William Paley.* Nebraska, 1976.

_________, "Malthus and the theology of scarcity", em JHI, v. 40, pp. 467-74, 1979.

LENIN, V. I. *Collected works,* v. 33 e 38. Londres, 1957-61.

LEVIN, S. "Malthus and the idea of progress", em JHI, v. 17, pp. 92-108, 1966.

LEVY, P. *Moore and the Cambridge Apostles.* Oxford, 1981.

LEWIS, C. S. *Studies in words.* Cambridge, 1967.

LIVINGSTONE, R. W. (ed.) *The legacy of Greece.* Oxford, 1922.

_________, *A defence of classical education.* Londres, 1916.

LOCKE, J. *An essay concerning human understanding.* Ed. P. Nidditch. Oxford, 1975.

LOUIS, F. D. *Swift's anatomy of misunderstanding.* Londres, 1981.

LOVEJOY, A. O. *The great chain of being.* Cambridge, Mass., 1964.

_________, *Reflections on human nature.* Baltimore, 1961.

_________, *Essays in the history of ideas.* Baltimore, 1955.

LOVEJOY, A. O., Boas, G. *Primitivism and related ideas in Antiquity.* Baltimore, 1935.

LOW, J. M. "An eighteenth-century controversy in the theory of economic progress", em *Manchester School,* v. 20, pp. 311-30, 1952.

LUCRÉCIO. *De Rerum Natura.* Trad. C. Bailey. Oxford, 1910.

LUKÁCS, G. "On the responsibility of intellectuals", em San Juan Jr., E. (ed.) *Marxism and human liberation.* Nova York, 1973.

_________, *The destruction of reason.* Trad. P. Palmer. Londres, 1980.

_________, *The young Hegel.* Trad. R. Livingstone. Londres, 1975.

MABBOTT, J. D. "Interpretations of Mill's utilitarianism", em Foot, P. (ed.) *Theories of ethics.* Oxford, 1967.

MCCRAKEN, C. J. *Malebranche and British Philosophy.* Oxford, 1983.

MAQUIAVEL, N. *The Prince.* Trad. N. H. Thomson. Oxford, 1913.

MACFIE, A. L. "The invisible hand of Jupiter", em JHI, v. 32, pp. 595-9, 1971.

MCGINN, R. "Nietzsche on technology", em JHI, v. 41, pp. 679-91, 1980.

MCLELLAN, D. (ed.) *Karl Marx: interviews and recollections.* Londres, 1981.

________, *The young hegelians and Karl Marx.* Londres, 1969.

MC-WILLIAMS-TULLBERG, R. "Marshall's 'tendency to socialism'", em HOPE, v. 7, pp. 75-111, 1975.

MAGEE, B. *Modern Brithish Philosophy.* Londres, 1971.

MALCOLM, N. *Ludwig Wittgenstein.* Oxford, 1984.

MALEBRANCHE, N. *The search after truth.* Trad. T. Lennon e P. Olscamp. Ohio, 1980.

MALONEY, J. "Marshall, Cunningham, and the emerging economics profession", em *Economic History Review,* v. 29, pp. 440-51, 1976.

MALTHUS, T. R. *Principles of policital economy.* Londres, 1836.

________, *First essay on population.* Ed. J. Bonar, Londres, 1926.

________, *A sumary view on the principle of population,* em Glass, D. V. (ed.) *Introduction to Malthus.* Londres, 1953.

________, *An essay on the principle of population.* Londres, 1958.

________, Carta não publicada a W. Whewell. Cambridge: Trinity College Library, Whewell Papers, Add. Mss. C.53/2.

MARCHI, N. B. De. "The success of Mill's *Principles*", em HOPE, v. 6, pp. 119-57, 1974.

MARCUSE, H. "On hedonism". *Negations.* Boston, 1968.

MARSHALL, A. *Principles of economics.* Londres, 1949.

________, *Industry and trade.* Londres, 1919.

________, *The economics of industry.* Londres, 1896.

________, *Early economic writings, 1867-1890.* Ed. J. K. Whitaker, Londres, 1975.

________, *Memorials of Alfred Marshall.* Ed. A. C. Pigou, Londres, 1925.

________, "A plea for the creation of a curriculum in economics and associated branches of political science", em Guillebaud, C. W. (ed.) *Principles of economics.* Londres, 1961. Ed. crítica.

________, "Speech at the meeting of the British Economic Association", em *Economic Journal,* v. 3, pp. 387-90, 1893.

________, "Distribution and exchange", em *Economic Journal,* v. 8, pp. 27-59, 1898.

________, Manuscrito não publicado de um projeto de livro sobre progresso econômico, transcrito por H. M. Neimeyer. Marshall Library, Cambridge.

MARX, K. *Collecte Works,* v. 1, 4 e 40. Londres, 1975-83.

________, *Early writings.* Trad. R. Livingstone e G. Benton. Londres, 1975.

________, *Writings on the young Marx on philosophy and society, 1835-1847.* Ed. L. Easton, K. Guddat, Nova York, 1967.

________, *Grundrisse.* Trad. M. Nicolaus. Londres, 1973.

________, *Capital: a critique of political economy,* v. I. Trad. B. Fowkes. Londres, 1976.

________, *Theories of surplus value.* Moscou, 1969.

________, *Karl Marx: interviews and recollections.* Ed. D. McLellan, Londres, 1981.

________, *Marx and Engels on Malthus.* Trad. R. L. e D. Meek. Londres, 1953.

________, *Marx and Engels on ecology.* Ed. H. L. Persons, Westport, 1977.

MASTERMAN. M. "The nature of a paradigm", em Lakatos, I., Musgrave, A. (eds.) *Criticism and the growth of knowledge.* Cambridge, 1970.

MATTHEWS, R. C. O. "Morality, competition and efficiency", em *Manchester School,* v. 49, pp. 289-309, 1981.

MEDVEDEV, Z. A. *The rise and fall of T. D. Lysenko.* Trad. I. Lerner. Nova York, 1969.

MEEK, R. L. "Smith, Turgot, and the 'four stages theory'", em HOPE, v. 3, pp. 9-27, 1971.

_________, *The economics of physiocracy.* Londres, 1962.

MEHRING, F. *Karl Marx.* Trad. E. Fitzgerald. Londres, 1936.

MENGER, C. *Principles of economics.* Trad. J. Dingwall e B. Hoselitz. Nova York, 1976.

MILGATE, M. "On the notion of 'intertemporal equilibrium'", em *Economica,* v. 46, pp. 1-10, 1979.

MILL, J. S. *Collectd works.* Ed. Ger. J. M. Robson, Toronto, 1963-78.

_________, *The spirit of the age.* Ed. F. A Hayek, Chicago, 1942.

_________, *Mill on Bentham and Coleridge.* Ed. F. R. Leavis, Londres, 1950.

_________, *Autobiography.* Ed. H. Taylor, Londres, 1873.

_________, *Three essays.* Ed. R. Wollheim, Oxford, 1975.

MINI, P. V. *Philosophy and economics.* Londres, 1974.

MIROWSKI, P. "Physics and the marginalist revolution" em *Cambridge Journal of Economics,* v. 8, pp. 361-79, 1984.

MISES, L. von. *Liberalism in the classical tradition.* Trad. R. Raico. San Francisco, 1985.

_________, "Comments about the mathematical treatment of economic problems", em *Journal of Libertarian Studies,* v. 1, pp. 97-100, 1977.

MIZUTA, H. *Adam Smith's library.* Cambridge, 1967.

MOOGRIDGE, D. E. *Keynes.* Londres, 1980.

MONTAIGNE, M. *Essays of Montaigne.* Trad. J. Florio [1603]. Londres, 1885.

MOORE, G. E. "Wittgenstein's lectures in 1930-33", em *Mind,* v. 63, pp. 1-15, 1954.

MOORE, J. R. "1859 and all that", em Chapman, R. C., Duval, C. T. (eds.) *Charles Darwin, 1809-1882.* Wellington, 1982.

MORGAN, D. W. "The 'ortodox' Marxists: first generations of a tradition", em Bullen, R., Strandmann, H. von, Polonsky, A. (eds.) *Ideas into politics.* Londres, 1984.

MORISHIMA, M. *Why has Japan "succeeded"?* Cambridge, 1982.

MOSSNER, E. C. *The life of David Hume.* Oxford, 1954.

_________, "The Continental reception of Hume's *Treatise*". *Mind,* em v. 56, pp. 31-43, 1947.

MURDOCH, I. *The sovereignty of Good.* Londres, 1970.

MYRDAL, G. "The trend towards economic planning", em *Manchester School,* v. 19, pp. 1-42, 1951.

NEFF, E. *Carlyle and Mill: an introduction to Victorian thought.* Londres, 1964.

NICHOLS JR., J. *Epicurean political philosophy.* Ithaca, 1976.

NIESTZSCHE, F. *Human all too human.* Trad. R. J. Hollingdale. Cambridge, 1986.

_________, *Daybreak.* Trad. R. J. Hollingdale. Cambridge, 1982.

_________, *The gay science.* Trad. W. Kaufmann. Nova York, 1974.

_________, *Beyond good and evil.* Traf. W. Kaufmann. Nova York, 1966.

_________, *The will to power.* Trad. W. Kaufmann e R. J. Hollingdale. Nova York, 1968.

_________, *Selected letters.* Trad. A. Ludovici. Londres, 1985.

O'BRIEN, D. P. "Marshall, 1842-1924", em O'Brien, D. P., Presçey, J. R. (eds.) *Pioneers of modern economics in Britain.* Londres, 1981.

_________, *Lionel Robbine.* Londres, 1988.

PALEY, W. *The principles of moral and political philosophy.* Londres, 1814.

PARETO, V. *Manual of political economy.* Trad. A. S. Schwier. Nova York, 1971.

_________, *The mind and society*, v. 1, Trad. A. Bongiorno e A. Livingstone. Londres, 1935.

_________, *The other Pareto.* Trad. P. Bucolo. Londres, 1980.

PARSONS, H. L. (ed.) *Marx and Engels on ecology.* Westport, 1977.

PARSONS, T. "Wants and activities in Marshall"; "Economics and sociology: Marshall in relation to the thought of his time", em *Quarterly Journal of Economics,* v. 46, pp. 101-40 e 316-47, 1931-2.

_________, "The motivation of economic activities", em *Essays in sociological theory.* Nova York, 1964.

PASSMORE, J. *Hume's intentions.* Londres, 1952.

_________, *Man's responsibility for nature.* Londres, 1980.

_________, *Science and its critics.* Londres, 1978.

PAUL, E. Frankel. "Jevons: economic revolutionary and political utilitarian", em JHI, v. 40, pp. 267-83, 1979.

_________, "Adam Smith: a reappraisal", em *Journal of Libertarian Studies,* v. 1, pp. 289-306, 1977.

PAYNE, R. *Marx.* Londres, 1968.

PEIRCE, C. S. "The fixation of belief", em Bulcher, J. (ed.) *Philosophical writings.* Nova York, 1955.

PELLEW, G. *Life and correspondence of the Right Honourable Henry Addington, First Viscount Sidmouth,* v.1. Londres, 1847.

PLANT, R. *Hegel.* Londres, 1973.

PLATÃO, *Apology.* Trad. R. W. Livingstone. Oxford, 1938.

_________, *Phaedo.* Trad. R. S. Bluck. Londres, 1955.

_________, *Protagoras.* Trad. C. C. W. Taylor. Oxford, 1976.

_________, *Phaedrus.* Trad. R. Hackforth. Cambridge, 1952.

_________, *Republic.* Trad. A. Lindsay. Londres, 1976; F. Cornford, Oxford, 1941.

_________, "Seventh letter", em *Phaedrus.* Trad. H. Hamilton. Harmondsworth, 1973.

POPE, A. *Poetical works,* v. 2. Glasgow, 1785.

_________, *Correspondence.* Ed. E. Sherburn, v. 4. Oxford, 1956.

POPPER, K. R. *The open society and its enemies.* Nova York, 1963.

_________, *Conjectures and refutations.* Londres, 1963.

_________, *The poverty of historicism.* Londres, 1961.

PORFÍRIO. "On the life of Plotinos and the arrangement of his work", em *The Enneads.* Trad. S. Mackenna. Londres, 1930.

POTTER, G. "Unpublished marginalia in Coleridge's copy of Malthus' *Essay on population*", em *Publications of the Modern Language Association,* v. 51, pp. 1061-8, 1936.

PRENANT, M. *Biology and Marxism.* Trad. G. Greaves. Londres, 1938.

PULLEN, J. "Malthus's theological ideas and their influence on his principles of population", em HOPE, v. 13, pp. 39-54, 1981.

QUESNAY, F. "Natural right", em Meek, R. L. (ed.) *The economics of physiocracy.* Londres, 1962.

QUINCEY, T. De. *Collected writings*, vol. 9. Ed. D. Masson. Londres, 1897.
RAE, J. *Life of Adam Smith*. Nova York, 1965.
RAPHAEL, D. D. *Adam Smith*. Oxford Past Masters, 1985.
________, "Adam Smith and 'the infection of David Hume society'", em JHI, v. 20, pp. 225-48, 1969.
________, "Adam Smith philosophy, science, and social science", em Brown, S. C. (ed.) *Philosophers of the Enlightenment*. Sussex, 1979.
________, "'The true old Humean philosophy' and its influence on Adam Smith", em Morice, G. P. (ed.) *David Hume*. Edimburgo, 1977.
________, "The just and the charitable", em *Times Literary Supplement*, 15 de junho de 1984, p. 672.
RASHID, S. "Malthus's *Principles* and British economic thought", em HOPE, v. 13, pp. 55-79, 1981.
RÉE, J. *Philosophical tales*. Londres, 1987.
REISMAN, D. A. *The economics of Alfred Marshall*. Londres, 1986.
________, *Alfred Marshall: progress and politics*. Londres, 1987.
RICARDO, D. *Works and correspondence*. Ed. P. Sraffa. Cambridge, 1952-73.
RILEY, J. *Liberal Utilitarianism*. Cambridge, 1988.
RIST, J. M. *Stoic philosophy*. Cambridge, 1969.
ROBBINS, L. *The Great Depression*. Londres, 1935.
________, *An essay on the nature and significance of economic science*. Londres, 1984.
________, *The evolution of modern economic theory*. Londres, 1970.
________, *The theory of economic policy in English classical political economy*. Londres, 1965.
ROBINSON, J. *Economic philosophy*. Harmondsworth, 1964.
________, *Freedom and necessity*. Londres, 1970.
________, "History versus equilibrium", em *Thames Polytechnic Papers*, v. 1, 1974.
ROBSON, J. M. *The improvement of mankind*. Toronto, 1968.
ROSE, S., Kamin, L., Lewontin, R. *Not in our genes*. Harmondsworth, 1984.
ROTWEIN, E. (ed.) *Hume: writings on economics*. Edimburgo, 1955.
RUSKIN, J. *Unto this last*. Londres, 1862.
________, *Munera Pulveris*. Londres, 1907.
________, *Ruskin today*. Ed. K. Klark. Harmondsworth, 1982.
RUSSEL, P. "Hume's *Treatise* and Hobbe's *Elements of law*", em JHI, v. 46, pp. 51-63, 1985.
________, "Skepticism and natural religion in Hume's *Treatise*", em JHI, v. 49, pp. 247-65, 1988.
RUSSELL, B. *The conquest of happiness*. Londres, 1930.
________, "Joh Stuart Mill", em Schneewind, J. (ed.) *Mill*. Londres, 1969.
________, "The place of science in a liberal education", em *Misticism and logic*. Londres, 1963.
________, "Philosophy and politics", *Unpopular essays*. Londres, 1950.
RYAN, A. *John Stuart Mill*. Londres, 1974.
________, *The philosophy of the social sciences*. Londres, 1970.
RYLE, D. *Dilemmas*. Cambridge, 1954.
________, Resenha de *Open society* de Popper, em *Mind*, v. 56, pp. 167-72, 1947.
SAMUEL, V. *Belief and action: an everyday philosophy*. Harmondsworth, 1939.
SAMUELS, W. J. *Pareto on policy*. Amsterdam, 1974.

SAMUELS, W. J. "The history of economic thought as intellectual history", em HOPE, v. 6, pp. 302-23, 1974.

SANTURRI, E. "Theology and social policy in Malthus", em JHI, v. 43, pp. 315-30, 1982.

SCHIMIDT, A. *The concept of nature in Marx.* Trad. B. Fowkes. Londres, 1971.

SCHUMPETER, J. *History of economic analysis.* Ed. E. Schumpeter, Londres, 1954.

_________, "Science and ideology". *American Economic Review,* v. 30, pp. 345-59, 1949.

_________, *Ten great economists: from Marx to Keynes.* Londres, 1952.

SEN, A. K. "Description as choice", em *Oxford Economic Papers,* v. 32, pp. 353-69, 1980.

_________, "Rational fools: a critique of the behavioural foundations of economic theory", em Hahn, F., Hollis, M. (eds.) *Philosophy and economic theory.* Oxford, 1979.

_________, "Economics and the family"; "The profit motive"; "Rights and capabilities"; "Goods and people", em *Resources, values and development.* Oxford, 1984.

_________, *On ethics & economics.* Oxford, 1987.

SÊNECA. *Minor dialogues.* Trad. A. Stewart. Londres, 1889.

SENIOR, R. *Two lectures on population.* Proferidas na Universidade de Oxford em 1828, Easter Term. Anexa correspondência entre o autor e T. R. Malthus. Londres, 1829.

SIDWICK, H. *Outlines of the history of ethics.* Londres, 1931.

SIMON, H. A. "From substantive to procedural rationatlity", em Hahn, F. Hollis, M. (eds.) *Philosphy and economic theory.* Oxford, 1979.

SKINNER, O. *Machiavelli.* Oxford Past Masters, 1981.

SKINNER, A. S. "Science and the role of the imagination"; "Moral philosophy and civil society"; "Historical theory", em *A system of social science papers relating to Adam Smith.* Oxford, 1979.

_________, "Natural history in the age of Adam Smith", em *Political Studies,* v. 15, pp. 32-48, 1967.

_________, "Adam Smith and the American economic community", em JHI, v. 37, pp. 59-78, 1976.

SMITH, A. *Theory of moral sentiments.* Ed. D. D. Raphael, A. L. Macfie. Oxford, 1976.

_________, *An inquiry into the nature and causes of the wealth of nations.* Ed. R. H. Campbell, A. S. Skinner; edição textual W. B. Todd. Oxford, 1976.

_________, *Essays on philosophical subjects.* Ed. W. P. D. Wightman, J. C. Bryce, I. S. Ross. Oxford, 1980.

_________, *Lectures on jurisprudence.* Ed. R. Meek, D. D. Raphael, P. Stein. Oxford, 1977.

_________, *Lectures on rhetoric and belles lettres.* Ed. J. C. Bryce. Oxford, 1977.

SORENSEN, V. *Seneca: the humanist at the court of Nero.* Trad. W. Glyn Jones. Edimburgo, 1984.

SOUTHEY, R. "Malthus's *Essay on population*", em *Annual Review,* v. 2, pp. 292-301, 1803.

_________, "On the state of the poor, the principle of Malthus's population and the manufacturing system", em *Essays moral and political,* v. 1. Londres, 1832.

SPERRY, R. *Science and moral priority.* Oxford, 1983.

SPIEGEL, H. W. "Adam Smith's heavenly city", em HOPE, v. 8, pp. 478-93, 1976.

SPINOZA, B. De. *The political works.* Trad. A. G. Wernham. Oxford, 1958.

_________, *Ethics.* Trad. R. Elwes. Nova York, 1955.

STEKLOF, G. M. *The history of the First International.* Trad. E. e C. Paul. Londres, 1928.

STEPHEN, L. *The English Utilitarians,* v.1, 2 e 3. Londres, 1900.

STEUART, J. *An inquiry into the principles of political economy.* Ed. A. S. Skinner. Edimburgo, 1966.

STEUART, D. K. *The psychology of communication.* Nova York, 1968.

STIGLER, G. "The development of utility theory". *Essays in the history of economics.* Chicago, 1965.
________, *Memoirs of an unregulated economist.* Nova York, 1988.
STRAWSON, P. R. *Scepticism and naturalism.* Londres, 1985.
SWIFT, J. *A tale of a tube.* Ed. K. Williams, Londres, 1985.
TAYLOR, A. E. *Plato: the man and his work.* Londres, 1960.
TAYLOR, C. T. *Hegel and modern society.* Cambridge, 1979.
TAYLOR, Rev. R. *The devil's pulpit. Containing twenty-three astronomico-theological discourses with a sketch of his life,* v. 1. Londres, 1831.
TAYLOR, W. L. *Francis Hutcheson and David Hume as predecessors of Adam Smith.* Durham, 1965.
TEICHGRAEBER III, R. F. *"Free trade" and moral philosophy: rethinking the sources of Adam Smith's Wealth of Nations.* Durham, 1986.
THOMAS, B. "A plea for an ecological approach to economic growth", Parkin, M., Nobay, A. R. (eds.) *Contemporary issues in economics.* Manchester, 1975.
THOMAS, K. *Man and the natural world.* Harmondsworth, 1984.
THOMSON, A. *Materialism and society in the mid-eighteenth century.* Paris, 1981.
TOCQUEVILLE, A. De. *Democracy in America.* Trad. H. Reeve. Londres, 1862.
TUCKER, R. C. *Philosophy and myth in Karl Marx.* Cambridge, 1967.
TUCKER, S. I. *Enthusiasm: a study in semantic change.* Cambridge, 1972.
URMSON, J. O. "The interpretation of the moral philosophy of. J. S. Mill", em Foot, P. (ed.) *Theories of ethics.* Oxford, 1967.
VARTANIAN, A. (ed.) *La Mettrie's "L'Homme Machine".* Princeton, 1960.
VINER, J. *The role of Providence in the social order.* Filadélfia, 1972.
________, "Bentham and John Stuart Mill: the utilitarian background"; "Adam Smith and laissez-faire" em *The long view and the short.* Glencoe, Ill.: 1958.
________, Marshall's economics in relation to the man and to his times". *American Economic Review,* v. 31, pp. 223-35, 1941.
VOLTAIRE, F. M. A. *Philosophical letters.* Trad. E. Dilworth. Indianapolis, 1961.
WHATELY, E. J. *Life and correspondence of R. Whately,* v. 1. Londres, 1866.
WHITAKER, J. K. "Some neglected aspects of Alfred Marshall's economic and social thought", em HOPE, v. 9, pp. 161-97, 1977.
________, "John Stuart Mill's methodology", em *Journal of Political Economy,* v. 83, pp. 1031-47, 1975.
WHITEHEAD, A. N. *Science and the modern world.* Nova York, 1928.
________, *Adventures of ideas.* Harmondsworth, 1942.
________, *Dialogues of Alfred North Whitehead.* Ed. L. Price, Londres, 1954.
WICKSTEED, P. H. "The scope and method of political economy in the light of the 'marginal' theory of value and distribution", em *Economic Journal,* v. 24, pp. 1-23, 1914.
WIENER, M. J. *English culture and the decline of the industrial spirit.* Cambridge, 1981.
WIGHTMAN, W. P. D. "Adam Smith and the history of ideas", em Skinner, A. S., Wilson, T. (eds.) *Essays on Adam Smith.* Oxford, 1975.
WILLEY, B. *The eighteenth century background: studies on the idea of nature on the thought of the period.* Londres, 1965.
________, *Nineteenth century studies: Coleridge to Matthew Arnold.* Londres, 1949.

WILLIAMS, B. *Ethics and the limits of philosophy.* Londres, 1985.

WILLIAMS, R. *Keywords: a vocabulary of culture and society.* Londres, 1976.

WILSON, T. "Sympathy and self-interest", em Wilson, T., Skinner, A. S. (eds.) *The Market and the State.* Oxford, 1976.

WINCH, D. N. *Adam Smith's politics.* Cambridge, 1978.

_________, "Adam Smith's 'enduring particular result': a political and cosmopolitan perspective", em Hont, I., Ignatieff, M. (eds.) *Wealth and virtue.* Cambridge: 1983.

_________, "Higher maxims: happiness versus wealth in Malthus and Ricardo"; "A separate science: polity and society in Marshall's economics", em Collini, S., Burrow, J. (eds.) *That noble science of politics.* Cambridge, 1983.

_________, *Economics and policy.* Londres, 1972.

WITTGENSTEIN, L. *Culture and value.* Trad. P. Winch. Oxford, 1980.

_________, *On certainty.* Trad. D. Paul e G. E. M. Ascombe. Oxford, 1979.

WRIGHT, G. H. von. "Wittgenstein on certainty", em *Wittgenstein.* Oxford, 1982.

YOLTON, J. W. *Thinking matter: materialism in eighteenth-century Britain.* Minneapolis, 1983.

YOUNG, E. *Night-thoughts on life, death and immortality. Works.* v. 2. Londres, 1802.

YOUNG, R. M. "Malthus and the evolutionists: the common context of biological and social theory", em *Past and Present,* v. 43, pp. 109-45, 1969.

_________, *Mind, brain and adaptation in the nineteenth century.* Oxford, 1970.

YOUN, J. Z. *Philosophy and the brain.* Oxford, 1986.

ZELENY, J. *La estrutura lógica de "El capital" de Marx.* Trad. M. Sacristán. Barcelona, 1974.

ZIFF, P. *Understanding understanding.* Ithaca, 1972.

Índice remissivo

ESTA OBRA FOI COMPOSTA EM MINION PELA SPRESS E IMPRESSA
PELA RR DONNELLEY AMÉRICA LATINA EM OFSETE SOBRE PAPEL PÓLEN BOLD
DA COMPANHIA SUZANO PARA A EDITORA SCHWARCZ EM NOVEMBRO DE 2003